Como mudar alguém que você ama

BRAD LAMM

Como mudar alguém que você ama

TRADUÇÃO
JÚLIO DE ANDRADE FILHO

PRUMO
conhecimento

Título original: *How to change someone you love*

Direção editorial
Soraia Luana Reis

Editora
Luciana Paixão

Editora assistente
Deborah Quintal

Assistente editorial
Elisa Martins

Preparação de texto
Denise Katchuian Dognini

Revisão
Luciana Garcia

Capa, criação e produção gráfica
Thiago Sousa

Assistentes de criação
Marcos Gubiotti
Juliana Ida

Imagem de capa: Dan Woodruff\Getty Images

CIP-Brasil. Catalogação-na-fonte
Sindicato Nacional dos Editores de Livros, RJ

L23c Lamm, Brad
Como mudar alguém que você ama / Brad Lamm ; tradução Júlio de Andrade Filho. - São Paulo: Prumo, 2010.

Tradução de: How to change someone you love
ISBN 978-85-7927-073-4

1. Mudança (Psicologia). 2. Mudança de vida. I. Título.

10-1091. CDD: 158.1
CDU: 159.947

Direitos de edição para o Brasil: Editora Prumo Ltda.
Rua Júlio Diniz, 56 - 5º andar – São Paulo/SP – CEP: 04547-090
Tel: (11) 3729-0244 - Fax: (11) 3045-4100
E-mail: contato@editoraprumo.com.br
Site: www.editoraprumo.com.br

NOTA DO AUTOR

Os nomes e as características de boa parte das pessoas citadas neste livro foram modificados. E muitos dos estudos de caso são combinações, para que os problemas comuns e suas soluções sejam melhor representados.

Dedicado afetuosamente a Ledna Lamm – minha avó em todos os sentidos da palavra.

Sumário

PARTE III

Superando os obstáculos mais comuns para a mudança

PARTE IV

Aplicações práticas

Lide com as pessoas e restaure seus relacionamentos

Agradecimentos

À minha família e aos meus amigos: vocês têm meu amor. A todos aqueles com quem tive contato pelo meu trabalho: vocês têm minha gratidão. Obrigado por me deixarem partilhar minha esperança enquanto trabalhávamos juntos para melhorar.

Para Maggie Greenwood-Robinson, meus afetuosos e sinceros agradecimentos. Você me ajudou a fazer com que tudo isso se tornasse mais legível.

Para Todd Schuster, os meus agradecimentos, pois me ajudou a escrever de maneira mais adequada. Drew, Paul, Steven e Brian, obrigado pela ajuda criativa.

Para Jennifer Enderlin e todos na St. Martin's Press, eu agradeço a oportunidade de levar minha mensagem de mudança a muito mais gente.

Há muitas impressões digitais na minha recuperação. Obrigado a todos. Vocês sabem quem são. Jerry, Scott, Mark, Kelly, Bryant, Cathay, Corey. E meu grande Scott – o amor para todos de nossa família.

Para todos vocês que desejam mudar alguém em sua vida: façam com propósito e amor e não há como errar!

Introdução

A Mudança começa

Deixe-me perguntar-lhe uma coisa: existe alguém em sua vida que precisa se comportar de maneira mais aceitável? Que precisa abandonar maus hábitos? Que precisa colocar a vida de volta nos trilhos?

Se você já está cansado de ver o seu cônjuge, seu filho, um parente ou seu melhor amigo se afundar e arrastar você junto, vou ajudá-lo a guinar suas vidas. Você não precisa suportar um comportamento que não é saudável, que é abusivo e, possivelmente, fatal, e que ameaça destruir os relacionamentos. Você pode mudar isso.

Muitos livros lhe dirão que você não consegue mudar ninguém. Eles aconselham você a nem tentar. O problema é que esses livros ignoram o enorme poder que você realmente tem de mudar as pessoas. Este livro é diferente. Você tem o poder de mudar o seu cônjuge, seus filhos, seus parentes, seus colegas de trabalho e seus amigos sim; mas a maioria de nós não sabe como aproveitá-lo. Cada página deste livro lhe dará fé para agir e transformar suas esperanças em realidade.

Enquanto a maioria dos livros sobre mudança é escrita para as pessoas que são dependentes ou para aquelas que têm problemas, este livro estende a mão para os entes queridos dessas pessoas – para aqueles que sabem que a mudança é fundamental e urgente. Nestas páginas, eu lhe ofereço um conjunto único de ferramentas para ajudá-lo a deixar de lado boa parte daquela baboseira psicológica convencional sobre a não-interferência, sobre não tentar controlar o "Universo" e não criar uma relação de codependência. Em vez disso, este livro irá ajudá-lo a tomar decisões cuidadosas, serenas, amorosas, salvadoras, ou seja, decisões para intervir e iniciar a mudança. Dito de outra forma: não é um programa de autoajuda, é um programa para ajudá-lo a agir.

Ele irá ajudá-lo a: impedir que seu marido ou esposa beba até morrer, impedir que seu irmão venha a perder tudo no jogo, tirar seu filho das drogas, motivar sua melhor amiga a perder peso, fazer com que seu cunhado gastador destrua o cartão de crédito, ajudar sua irmã a sair de um relacionamento abusivo, apagar a raiva de seus colegas de trabalho. Este livro irá mostrar-lhe como eliminar o comportamento negativo das pessoas – mesmo que elas continuem insistindo em não procurar ajuda – e a colocá-las no caminho certo para a cura. Você pode provocar uma mudança duradoura. E fazê-lo com compaixão, aceitação, com a força da família, e, mais do que tudo, com amor. Como um ex-dependente que tem dedicado sua vida a ajudar os outros, eu sei em primeira mão o que é necessário para quebrar o ciclo negativo e os padrões autodestrutivos de vários tipos e em vários graus.

Mas como? Você já tentou de tudo. Ou não?

Talvez não. Você está prestes a descobrir algumas técnicas que nunca tentou antes. Elas não envolvem nenhum detalhe irritante, nada de pedir, implorar, argumentar, subornar, proteger, repreender, castigar, manipular; nada daquele tipo de intervenção que mais parece uma emboscada... Ao contrário, trata-se de um método verdadeiro e baseado no amor de mudar os outros para melhor – e que muda sua vida durante esse processo.

Vou lhe apresentar um processo eficiente em quatro etapas, que leva uma pessoa a aceitar a ajuda para que a mudança se inicie. Sim, é uma "intervenção". Mas não daquele tipo sobre o qual você já ouviu falar ou viu na TV. A maioria das intervenções é na base do confronto, um ataque estressante e de surpresa que pode acabar em relacionamentos danosos, em ressentimentos, ou em uma profunda sensação de traição e de alienação. Ao contrário, meu método convida a pessoa com dificuldades a participar desde o início. Não há nenhum segredo, nenhuma emboscada, nada de encurralar ninguém, mas sim um processo corajoso levado adiante por amigos e membros da família que estão preocupados com o bem-estar de alguém.

Meu programa ajuda você a apoiar um amigo ou um ente querido de modo que ele supere qualquer tipo de comportamento problemático: excesso de peso, transtornos alimentares, vícios, problemas com dívidas, compras compulsivas, problemas sexuais, melancolia, abusos, ansiedade, obsessão pela internet, problemas nos estudos, recusa em procurar tratamento médico e muito mais.

Neste livro, lhe mostrarei como:

- determinar se o problema que o incomoda é algo pouco complicado, e que provavelmente se resolverá com o tempo, ou se é algo mais grave que exige medidas imediatas;
- usar meu programa de quatro etapas, simples, mas eficiente, para criar uma mudança duradora por toda a vida;
- identificar e vencer seus próprios medos e a relutância em encarar o problema;
- excluir e superar a dinâmica externa e os obstáculos que se colocam no caminho de sua motivação, que são necessários para a mudança;

- descobrir sua fonte principal de poder – e se conectar a ela – para ajudar os outros a mudar.

Minha mensagem é de esperança e de coragem. Irá ajudá-lo a reivindicar seu poder, a não encarar a resistência de alguém como intransponível e a permitir que veja que pode ajudar a restaurar seu ente querido em todo o seu potencial. Acredito que, quando você toca nos pontos fortes de sua família – e em seus próprios –, qualquer conjunto de circunstâncias pode ser alterado e as vidas, transformadas para sempre.

Portanto, antes de se divorciar de seu marido ou de sua esposa, de despedir seu funcionário ou de se afastar de seu melhor amigo, respire profundamente e leia este livro. Quer eles bebam, fumem, cheirem, gastem, joguem ou comam em excesso, fazendo com que você suba pelas paredes, este livro irá ajudá-lo a fazer com que seus entes queridos parem de fazer o que os está destruindo. A mudança está para começar – de perturbações a vícios, passando por tudo o que existe entre eles. Com este livro como seu guia, irei ajudá-lo a encontrar as respostas que você procura, as respostas que merece e o entendimento que precisa obter para ajudar as pessoas a se tornarem o melhor que elas podem ser. Não se trata apenas de mudar a vida de alguém, mas também de mudar sua própria vida.

Parte I

No fim da linha há esperança

Capítulo 1

Você tem o poder!

Se existia alguém que precisava mudar, esse alguém era eu.

Desde quando eu era adolescente, sempre tentava dar um jeito de ficar alto. Sendo filho de pastor, cresci em um ambiente livre de drogas e de álcool em Eugene, Oregon. Nossa casa, localizada em um acre de terra, era modesta, de madeira, em Mistletoe Street, a uma quadra da igreja de meu pai. Era cercada por azaleias, roseiras, grandes carvalhos e um enorme gramado, que eu e meus três irmãos aparávamos regularmente. Havia uma horta no quintal, onde plantávamos boa parte do que consumíamos, e fazíamos conservas de toda a produção de frutas e legumes da estação. Os amigos da igreja, muitos dos quais eram fazendeiros e pescadores, passavam de vez em quando e deixavam carne de vaca, de carneiro, salmão e caranguejos suficientes para encher dois grandes freezers. Havia ainda as calçadas e os vizinhos acenando de seus portões; e a escola ficava a alguns quarteirões de casa. A vida em Eugene era em grande parte tranquila e previsível.

Mas a minha não era. Eu tinha um problema de nascença: uma anormalidade no tecido mamário. Em outras palavras, eu tinha peitos. Parecia que eu precisava usar sutiãs. Eu me recusava a tomar banho na escola e fazia de tudo para manter meu segredo. Mas, na quinta série, meu segredo foi exposto por um treinador que fez questão de me colocar num time que tinha que jogar sem camisa. "Vejam os peitos do Lamm!", gritou o treinador. Foi cruel.

Foi cruel rirem de mim. Ser diferente. Ser descoberto. Isso doeu demais. Decidi um dia me matar – e confessei minha intenção a meus pais. Eles ficaram chocados: "Nós nunca falamos sobre isso porque não queríamos que você ficasse ainda mais constrangido", disseram eles.

Minha crise emocional forçou uma decisão da parte deles: corrigir minha deformidade o mais rapidamente possível. Aos 15 anos, fiz a cirurgia e, *voilà*, o exterior mudou. Sim, a parte física melhorou, foi consertada. Mas aquela deformidade do nascimento, apesar de corrigida, deixou-me abalado emocionalmente; as cicatrizes psicológicas de zombarem de mim quando ainda era garoto permaneceram. Durante a maior parte da minha vida, eu me sentia como se não pertencesse a lugar nenhum, como se nunca pudesse pertencer, como se não fosse bem recebido em todos os ambientes em que entrasse.

No mesmo ano em que fiz a cirurgia, participei de uma festa de Natal em um lar de idosos, onde eu tocava piano nas manhãs de domingo, no serviço religioso dos velhinhos. Quando ninguém estava olhando, surrupiei uma garrafa de champanhe, me tranquei no banheiro e sequei-a todinha. Minha primeira experiência com o álcool anulou todo o desconforto em que eu vivia. Aos poucos, o álcool tornou-se algo de que eu precisava desesperadamente, a fim de eliminar minhas inseguranças, fazer com que eu me encaixasse nos lugares e proporcionar alívio às minhas sensações de constrangimento. Quanto mais álcool a bebida tivesse, melhor para mim, e passei a ler conscientemente os rótulos, para me certificar de beber aquilo que tivesse maior porcentagem.

Comecei a beber cada vez mais. No início do meu primeiro ano na faculdade, ficava bêbado antes das aulas e cheirava cocaína para me arrancar da sala. Conforme o tempo passava, todos os tipos de drogas se tornaram uma fixação, especialmente a cocaína. Ela era uma obsessão, dona e senhora da minha vida, a única coisa em que eu pensava.

Decidi deixar a faculdade aos 19 anos. Minha vida naquele momento tornou-se uma série interminável de flertes com momentos de recuperação de drogas e álcool, mas eu sempre acabava voltando ao ponto onde havia começado: droga, álcool, nicotina e até mesmo comida. Eu me automedicava com qualquer coisa que encontrasse e que pudesse me livrar da dor que sentia. Minha avó Lamm chamava minha dor de "um saco de galinhas mortas". "Por que insiste em levar esse saco a todos os lugares para onde vai?", ela perguntava.

É claro que ela tinha razão. Eu precisava largar aquele saco em algum lugar para melhorar. Mas não conseguia. Fazer isso significava que eu deveria fazer alguma coisa quanto aos meus vícios: precisaria enfrentar a temida palavra: MUDANÇA. Não estava pronto para fazer aquilo. A ideia de viver sem minha muleta era assustadora. Eu decidi "me encontrar" e me mudei para Kamakura, no Japão, uma antiga cidade costeira, onde morava em uma casa pitoresca numa ladeira perto da praia. Ensinava piano e inglês, estudava japonês e budismo e escrevi algumas músicas. Comprava peixe fresco dos pescadores locais, preparava comidas saudáveis, tentando viver um estilo de vida saudável e trabalhando para curar a dor que sentia por meio de explorações espirituais e da autodescoberta.

Não usava mais drogas pesadas, mas bebia muito álcool, principalmente vinho e cerveja, às vezes até o ponto de desmaiar. A cerveja estava me deixando obeso, e eu fumava para controlar o apetite e evitar o excesso de peso. Entrei em um estado de bulimia nervosa, colocando tudo para fora quando comia demais. Se não era uma coisa, era outra! Eu odiava minha falta de autocontrole. Eu rezava diariamente pedindo forças. "Por favor, Deus, livre-me disso!" Mas eu sentia que minhas preces não eram ouvidas nem respondidas, ou que talvez eu apenas não valesse a pena ser ouvido. Talvez eu estivesse muito prejudicado pelo meu passado – arrastando aquele saco de galinhas mortas e apodrecidas por todos os lugares por onde passava. Eu me perguntava se Deus virara as costas para mim.

Em uma tarde de sábado, enquanto passeava por uma pequena papelaria, escondi um livro de orações xintoístas em meu bolso. Raciocinei que não havia problema em roubar aquilo, que eu merecia uma recompensa por não beber nada nos últimos cinco dias. Eu merecia ganhar alguma coisa. Mas, como se viu, não foi nada de graça. Um segurança me puxou de lado e em poucos minutos me vi cercado por guardas, falando a mil por hora em uma língua que eu mal compreendia. Eles ameaçaram chamar a polícia, mas eu gritei muito, conseguindo como por encanto sair dali e chegar até minha bicicleta motorizada. Fui direto para casa e bebi até desmaiar.

Quando acordei, li uma oração em Coríntios 10, 13 – *Não sobreveio a vocês tentação que não fosse comum aos homens. E Deus é fiel; ele não permitirá que vocês sejam tentados além do que podem suportar. Mas, quando forem tentados, ele mesmo lhes providenciará um escape, para que o possam suportar.*

Mas foi em vão.

Minha saída sempre levava a outra oração não respondida. Será que eu não rezava com ardor suficiente? Ou seria eu um caso sem solução, como temia? Sempre acabava de volta ao mesmo ponto em que havia começado, que era lugar nenhum – e bem rapidamente.

Então um dia a solução me veio à mente: a ideia de que, se eu me mudasse para Nova York – o centro do Universo para mim –, eu poderia fazer a conexão, descobrir as respostas que me faltavam e moderar tudo aquilo que não fora capaz de controlar. Em uma semana, embalei tudo e estava pronto para partir. Começaria tudo novamente, do início! Levei ao correio as caixas feitas às pressas com toda minha vida dentro e as despachei para Nova York. Dei adeus aos amigos e fechei o último capítulo interrompido da minha vida, prometendo a mim que o futuro seria melhor.

Isso era uma fantasia, e a realidade estava bem longe dessa ideia. Poucos dias depois de minha chegada, consegui um emprego de porteiro no renomado e mundialmente conhecido Limelight, o clube noturno mais famoso da cidade. Eu estava no céu ou no inferno, dependendo do ponto de vista. Os traficantes me passavam drogas se eu os deixasse entrar. O álcool e a cocaína estavam sempre a um aperto de mãos.

Um encontro casual, enquanto trabalhava na porta do Limelight, me levou a um trabalho como apresentador de um programa de entretenimento que ia ao ar em seis cidades. Acabei me saindo muito bem diante das câmeras.

Um homem chamado Conrad Shadlin, o principal agente para os apresentadores de programas sobre o tempo na época, me observou. Ele me escreveu uma carta, oferecendo-se para me agenciar. Prometeu me treinar para ser uma personalidade na TV e me ensinar como apresentar programas de previsão do tempo. Assinei imediatamente. Talvez aquele homem me levasse a ter minhas orações respondidas.

Minha primeira exibição como homem do tempo foi em Boise, Idaho, em 1996. Meus pais e meu irmão Scott moravam lá, e fiquei feliz em me reunir a eles. A vida em Boise seria um novo começo. Prometi a mim (novamente) que terminaria com aquilo de beber. Jurei que nunca mais usaria drogas. Na época, usava um adesivo de nicotina no ombro. Daquela vez, as coisas funcionariam! Abasteci o carro e fui para Boise. Mas, no momento em que cruzava New Jersey, já havia arrancado o adesivo e acendido um cigarro. Voltei a beber em uma semana. Tentei parar, e entrava e saía das reuniões dos Alcoólicos Anônimos (AA) em Boise.

Apresentava o programa do tempo todas as manhãs, por três horas ao vivo, de segunda a sexta. Atirei-me no trabalho e me tornei uma espécie de celebridade local. Adorava o que fazia e quem eu estava me tornando – um filho, um irmão, um amigo, uma estrela local! Mas o álcool ainda era meu primeiro amor e minha companhia mais constante.

Assim que chegava em casa do trabalho, começava a beber e só parava quando desmaiava. O despertador tocava às três da manhã, eu tomava banho, engolia o café e voltava ao trabalho. Durante esse período, lutei como nunca contra a bulimia, contra o excesso de peso por causa do álcool e do abuso da comida. Estava desesperado para me manter magro e evitar os quilos a mais que as pessoas dizem que você aparenta na televisão. Para me curar, tentei rezar. Tentei jejum. Tentei implorar por mudança ao Poder Superior e, mesmo assim, terminava sozinho em casa, com meus cães, um maço de cigarros e um copo de algo que me levasse embora.

Em 2000, meu agente conseguiu um emprego melhor para mim em Washington, como homem do tempo em um dos dez maiores mercados do país. Era o emprego dos meus sonhos. Eu havia chegado lá. Mas, depois de algumas semanas, estava cheirando cocaína novamente e tudo o mais. Inexplicavelmente, havia escorregado mais profundamente no vício. Quando a vontade de cheirar chegava, o vício sempre vencia.

A cocaína e o álcool me faziam sentir segurança. Eu estava completamente seguro de mim. As drogas levavam embora todos os meus medos. Elas faziam isso socialmente, afastando-me das outras pessoas, me deixando menos vulnerável. E faziam isso do ponto de vista profissional, me fazendo passar entorpecido pelo estresse do trabalho. Os comprimidos de Xanax que eu engolia aos punhados deixavam meu trabalho mais leve...

Uma vez, quando fazia a previsão no jornal da hora do almoço, comecei a suar, mesmo com o ar-condicionado do estúdio ligado no máximo – resultado de todas aquelas drogas que ingeria, junto com a bile que gorgolejava em minha garganta. Era como aquela cena do filme *Bastidores da notícia*, em que o âncora, representado por William Hurt, começa a suar sem parar. Expliquei o ocorrido com algumas mentiras e desculpas esfarrapadas: "Tive uma febre" ou "Meu nível de açúcar no sangue deve ter caído"...

Com o tempo, substituí a cocaína por metanfetamina, uma forma aspirável de *speed*, de forma a controlar o meu peso. Minhas primeiras experiências foram tão agradáveis que comecei a pensar que não podia existir algo mais divertido do que aquilo. Mas fui longe demais. A droga escancarou uma porta, deixando entrar a paranoia, malévola e insana. Uma noite, bem tarde, tentei extrair um molar com um alicate, convencido de que alguém ouvia minhas conversas por meio de um implante colocado naquele dente.

Minha vida tornou-se profundamente fragmentada, com diversas *personas* emergindo e se tornando cada vez mais diferentes, mas não menos falsas. No trabalho, eu era o homem do tempo tranquilo e discreto; depois do trabalho, eu era o dependente, jogando garganta abaixo doses duplas de vodka com limão e aspirando a metanfetamina desenfreadamente. Eu não sabia mais quem eu era, separado do meu verdadeiro eu.

Pela manhã, eu olhava no espelho e pensava: o que aconteceu? Meu currículo era o de um cidadão respeitável; não o de um bêbado comum. Cidade natal: Eugene, Oregon. Profissão: homem do tempo na TV. Pais: um pastor amado e uma mãe dedicada, e ambos haviam me criado em um lar livre de bebidas alcoólicas e cheio de amor.

Em outras palavras, uma pessoa agradável, criada em uma família decente de classe média. Por que eu não conseguia me livrar de meus vícios? Claro, não há uma resposta simples. Tentar descrever o processo em que alguém se torna um dependente é como tentar descrever o espaço cósmico. É grande, misterioso e difuso demais para ser definido. Tudo o que você sabe é que não consegue viver sem esse escape.

Passei por incontáveis processos de desintoxicação, mas não conseguia cumprir as promessas pós-desintoxicação. Os dependentes ativos tentam, mas não conseguem. É assim que funciona. Eu fiz as promessas, e realmente tentei mantê-las, mas continuava a pensar depois da terceira dose, ou da quarta ou da quinta: "Só hoje", "Foi um dia terrível", "Mereço uma recompensa" ou mesmo "Amanhã eu paro."

Eu existia em um estado de caos autoimposto, mentia, me escondia e mantinha segredos, me sentia preso, absolutamente preso em toda aquela confusão. Doente, esgotado, incapaz de sentir – era um estado de entorpecimento perpétuo. Nem tristezas nem alegrias, nem altos nem baixos. Nada. É por isso que um vício como o meu era tão difícil de ser combatido. Meus receptores de prazer estavam tão fritos que meu cérebro não tinha mais a capacidade de sentir prazer por si. Quando está dependente a esse ponto, a pessoa fica tão deprimida que deseja ficar dependente sempre, cada vez mais. Por vezes, eu queria morrer, ou entregar os pontos.

Ao todo, passei vinte anos em estado de vício ativo. Então, a realidade amedrontadora começou a invadir minha vida – em última análise, sendo responsável por me afastar das drogas. Aos 35 anos, comecei a perceber que pequenos vasos começaram a se romper em meu rosto e em meu nariz. Meu médico contou que meu fígado estava em péssimo estado. Um tremor nas mãos começou a se instalar, ficando cada vez pior, persistindo por longos períodos, às vezes o dia todo. O vício é doloroso e cruel. Ele me levou a um lugar de desespero e solidão, a uma dor excruciante e à total humilhação.

Um dia, durante um breve momento de lucidez, a realidade terrível me alcançou: era apenas questão de tempo até que eu, voltando bêbado para casa, atropelasse alguém, fosse parar na cadeia e perdesse meu emprego. Se continuasse a viver daquele jeito, eu poderia realmente me matar.

Foi quando surgiu meu amigo e sócio, Paul. Seis meses antes, ele e um grupo de três amigos foram fundamentais para que eu retomasse a terapia que poderia me livrar dos abusos de álcool e das drogas. Eu já parara de usar metanfetamina, mas falhara completamente em moderar o consumo de álcool. Eu bebia doses industriais. Ironicamente, àquela altura, nem tinha mais prazer em beber. O prazer havia desaparecido há mais de dez anos, mas os padrões de comportamento estavam tão entranhados em minha química cerebral que tentar se colocar entre mim e meu vício era a mesma coisa que tentar separar dois pedaços de metal que juntos, haviam sido soldados.

Mas Paul, pessoa abençoada, não desistira de mim. Certo dia, ele me ligou na hora do almoço. Seis vezes seguidas. "Me liga", dizia ele na secretária eletrônica. "Tudo bem, esta é a quinta ligação... Me liga, Brad." Eu mal conseguia me levantar da cama para atender o telefone. Estava doente – me sentia mal por ter bebido durante a noite toda. Não estava bem certo do que havia acontecido na noite anterior, mas tinha a sensação de que não era coisa boa. Nem sabia como havia conseguido chegar até em casa. Paul queria se encontrar comigo para o almoço.

Eu sabia que estava uma merda, mas sabia também que não queria morrer. Eu tinha medo de perder meu sustento, e tinha medo de pôr a perder meu relacionamento com Paul, por isso tomei banho, me vesti e fui ao encontro dele. Paul insistiu novamente que eu fosse buscar ajuda. Paul me contou o que vira – e é isso o que aconselho aos amigos e familiares a fazer, hoje em dia: "Fizemos um trato há seis meses de que você moderaria, que diminuiria a bebida ou até que pararia se fosse preciso. Mas você não fez nada disso. Você é um dependente crônico e está muito doente, e acho que morrerá jogado por aí a menos que vá buscar ajuda imediatamente".

Eu respeitava Paul, e o que ele dizia me importava muito. Mas eu queria gritar: "Você não está entendendo, eu sou o filho de um pastor, eu toco piano na igreja. Eu estava na TV", só que eu sabia que ele tinha razão. Eu tinha 35 anos, estava desesperado e doente, muito doente. E precisava de ajuda.

Estava tão castigado e tão cansado que, quando o encontrei, disse *sim* para a ajuda. Disse: "Farei o que você me disser". Sabia que Paul se importava comigo. Sabia que ele me amava como amigo. Se você me perguntasse naquele dia se já estava "farto" dos vícios, eu responderia que precisava aprender a beber menos. Honestamente, nem havia considerado a hipótese de abandonar todas as drogas de uma só vez. Não que eu não gostasse – de fumar, de beber, de usar drogas. É que eu estava tão lá embaixo na escala que considerava impossível parar e continuar assim.

Eu era como um barco à deriva no mar, e Paul foi como o vento que soprava, me carregando numa direção que eu nem sabia qual era. Eu me permiti ser levado, e então comecei minha nova jornada em busca da transformação e da restauração de minha vida.

Meu terapeuta sugeriu um centro de recuperação em Minnesota, chamado Hazelden. Mas, teimoso, fui procurar na internet outro local que me parecesse mais confortável. Lembro-me claramente de pensar que seria bom fugir um pouco da ciranda em que vivia e conseguir alguma boa terapia que pudesse consertar tudo aquilo que me afligia.

Na manhã seguinte, com as malas prontas, fui até o aeroporto e embarquei num avião a caminho de um centro de tratamento em Laguna Beach, Califórnia. Eu não havia levantado a bandeira branca e entregado meu coração. Não me considerava "pronto", mas disse *sim* à ajuda, o que foi um começo.

A última vez em que bebi foi naquele avião, dia 4 de fevereiro de 2003. Pedi um Bloody Mary duplo. Enquanto bebia a segunda dose dupla, o menino sentado ao meu lado me cutucou e mostrou quatro dedos em sua mão. Ele havia contado quatro garrafinhas vazias de vodka em minha bandeja. "Isso é um bocado!", disse ele. O garoto não sabia a metade da história.

De cabeça baixa e dez mil dólares em dinheiro guardados em um envelope do FedEx, para emergências – lembre-se: eu não estava pensando com clareza), fiz o *check-in* na clínica. O centro de reabilitação oferecia um ambiente seguro e terapêutico no qual os dependentes como eu poderiam passar pela parte de desintoxicação física, e depois aprender a navegar por um mundo saturado de drogas e álcool, que é a parte do tratamento em si. Não ficava trancado; podia sair quando quisesse. Da janela de meu quarto no centro de reabilitação, podia ver uma loja de bebidas do outro lado da rua, me lembrando que o mundo estava lá, pronto para me receber de volta ao meu vício.

Tivemos programas de tratamento individuais, projetados para nos ajudar a trabalhar com a culpa e a vergonha, que são parte do vício. Havia grupos educacionais. Grupos de processos. Grupos. Grupos! Grupos!!! Recebi uma dica naquele primeiro dia: o que você precisa fazer não será possível fazê-lo sozinho.

Muitos dos dependentes têm problemas subjacentes, como depressão, ansiedade, traumas de infância ou ainda abusos sexuais ou domésticos. Muitos sofrem com graves transtornos alimentares ou com dores crônicas. Outros ainda passaram por perdas de pessoas queridas, ou de lugares ou de coisas que servem como lembretes diários de como eram as coisas antes – e que os empurram em direção à bebida, às drogas ou a outros comportamentos nocivos. Todas essas questões são gatilhos potenciais para ativar o vício e precisam ser abordadas para que se obtenha uma recuperação sustentável. Parar, e permanecer assim, é um trabalho duro e chato, mas a mudança realmente começa – e foi o que aconteceu comigo.

No terceiro dia de tratamento, minha conselheira, Carol Coleman, olhou-me diretamente nos olhos e disse que eu precisava me abrir totalmente se quisesse melhorar. "Brad, você está doente por causa de seus segredos... E só conseguirá melhorar quando começar a ser honesto." Algo soou dentro de mim. Chorei como uma maldita represa estourada. As lágrimas rolavam como se algo realmente se quebrasse dentro de mim.

A recuperação foi complicada, um trabalho pesado. Passei horas traçando a história de minhas recaídas e construindo uma linha de progressos, identificando muitos dos pensamentos e sensações que haviam levado a cada retrocesso. Eu acreditava que meu vício me marcava como um indivíduo moralmente deficiente. Eu acreditava que, se tentasse mais um pouco, lidaria melhor com o vício, e comigo mesmo. Mas a realidade foi que, quando me internei, comecei a compreender que, no fim das contas, eu não chegara a um acordo com minha doença. Eu realmente percebi que estava doente – e que não era uma má pessoa –, parei de me considerar um grande erro e comecei a me sentir como um ser humano. No fundo do coração, sabia que minha verdadeira recuperação começara.

Minha jornada para me tornar inteiro, curado e cheio de esperança foi complicada, para dizer o mínimo. Aquele primeiro ano de mudanças radicais foi o período mais difícil de minha vida. Afinal, eu havia passado décadas construindo aqueles padrões de comportamento que codificaram e alimentaram meus vícios. Arrancar aquilo tudo de minha pele exigiu um trabalho duro e consistente. Cometi muitos, muitos erros! Mas o único que não cometi foi pegar uma bebida ou usar droga. Em vez disso, aprendi a pegar o telefone e conversar com outras pessoas. Em muitos sentidos, meus pés provaram ser mais espertos que meu cérebro. Eles me levaram às reuniões dos 12 passos, enquanto meu cérebro dizia: "Vá encher a cara!".

Mas, então, houve um momento de crise. No 106º dia de minha nova vida, eu achei que não conseguiria continuar sem drogas ou álcool. Deparei-me com um muro enorme. Havia perdido um monte de coisas nesse caminho para a reabilitação. Muitas coisas haviam mudado.

Voltei ao trabalho e descobri que portas haviam se fechado. E começou uma batalha legal pela indenização. Meu relacionamento, que eu pensava ser o amor para a vida inteira, estava em frangalhos e despencava vertiginosamente em uma espiral de sofrimento. Além do mais, eu estava esgotado. Sentia que não dormia o suficiente, que não me alimentava o suficiente e que não tinha apoio suficiente. Não conseguia pensar claramente, e as opções pareciam fora de foco. A desesperança havia substituído completamente a esperança que eu sentia. E um drinque, de repente, pareceu uma boa ideia.

Eu estava bem no meio do trabalho de recuperação, aquele momento doloroso de autorrevelação que fazia com que muitos sentimentos, defeitos e realidades terrivelmente assustadores se tornassem evidentes. Eu olhava para o espelho de uma forma como nunca havia feito antes, e o que eu via doía como o diabo. Eu sofria mais do que jamais sofrera antes, e não havia nada para aliviar a dor.

Minha mente sofria. Meu corpo doía e minha alma gritava, literalmente. Gritei no meio da sala: "Não posso mais suportar!!!". Achei que não conseguiria sem bebida ou droga – e, por causa dessa constatação, decidi que o melhor seria me matar. "Pelo menos morrerei sóbrio", pensei.

Sentei-me calmamente, mas, espiritualmente, estava como um fio prestes a se romper. Resolvi acabar com minha vida.

Mesmo agora, enquanto escrevo isto, meus olhos se enchem de lágrimas, porque a realidade daquele momento tão doloroso volta a me inundar. Decidi que não pegaria uma bebida e nem usaria droga nenhuma, mas, como não havia maneira de viver com aquela dor sem a ajuda delas, deveria tirar minha vida.

Agora.

Sentimentos não são fatos, mas, naquele exato momento, eu não enxergava claramente, e a decisão de tirar minha vida parecia uma vitória diante da recaída inevitável. Eu acreditava que não havia nenhuma maneira de passar por tudo aquilo sem uma bebida.

Escrevi cartas para sete pessoas naquela manhã bem cedo, em um garrancho desesperado. Eu chorava e soluçava sozinho e com medo, mas resoluto. Este é o caminho. Eu não vou pegar uma bebida nem usar uma droga.

Uma faca de caça que pertencera ao meu avô Lamm foi o objeto que eu decidi usar. Ele era um velho fazendeiro que não gostava muito de gente como eu, raciocinei; aquela faca parecia ser a resposta certa para uma vida estragada como minha.

Parei para rezar. E, quando fiz isso, a dúvida instalou em mim. Fiz a pergunta e não tive certeza da resposta. Será que eu vou para o inferno por tirar minha vida? Será que eu serei perdoado?

Com essa pergunta em mente, chorando, a faca num bolso, as cartas no outro, entrei no jipe e fui até à igreja, Metropolitan Community Church (MCC).

Eu voltara para a igreja dois anos antes, numa tentativa de endireitar minha vida. Pensava que, se voltasse a me conectar com Deus, talvez então tivesse alguma chance. A MCC, dirigida pelo pastor Phil e pela pastora Candace, me receberam de braços abertos, e lá tive um tipo de despertar espiritual. Com os 500 membros da igreja, me senti cercado de amor e por um Deus que me amava. Doei mais dinheiro para a igreja do que jamais havia feito antes, pensando que talvez isso fosse meu erro no passado – ser materialista demais. Doe mais para ter mais de volta, não é isso?

Naquele dia fatídico – o 106º – cheguei tarde, usando óculos escuros para me esconder, e me sentei sozinho na última fila. Nos últimos dois anos, também aparecia, de vez em quando, usando o mesmo disfarce, ainda ruim graças às drogas da noite anterior, mas sempre em busca de respostas.

A pastora Candace perguntou se alguém gostaria de ir à frente para orar com ela. "Tem alguém sofrendo?", perguntou ela. Fiquei em pé e fui para a frente da igreja. Assim que ela colocou as mãos em meus ombros, com toda a congregação atrás de mim, chorei e gritei de dor. Ela me pediu que curvasse a cabeça e orou para Deus em uma voz suave e calma. As orações dela em minha intenção acalmaram minha alma.

Eu disse a ela: "Decidi me matar. É a única saída. Eu vou para o inferno se tirar minha vida? Simplesmente não consigo viver sem a bebida". Eu soluçava alto.

A pastora Candace me levou para o escritório dela depois do culto e conversou comigo por algum tempo. Entreguei-lhe a faca e nunca mais vi aquilo novamente. Ela chamou meu orientador no A.A., Mark, que foi até a igreja me buscar.

A pastora Candace me ajudou em minha luta contra o vício, e sei que, naquele dia, ela me salvou. Ela é uma das muitas pessoas, ao longo do caminho, que me ajudaram. Eu não podia, eu não conseguia ficar bem sozinho.

No restante daquele fatídico dia, fiquei cercado por um grupo de amigos. Fui alimentado, física e espiritualmente, e aquele momento de desespero passou. Hoje, enquanto escrevo estas palavras, mais de 2.400 dias de sobriedade vieram e foram embora, dias de dor, alegria, tristeza, gratidão, crises e oscilações.

Não se iludam – acredito que estou recuperado. Mas posso ter uma recaída, ou dar um passo em falso a qualquer instante. Então, para mim, o importante é encarar um dia de cada vez, mantendo uma relação saudável com essa doença.

A cada dia, acordo com uma escolha, e, optando por não beber, apenas por aquele dia, torno-me um filho melhor, um amigo melhor, um marido melhor e uma pessoa melhor. Eu escolho apreciar os dons e os presentes que vêm de uma vida recuperada, de um relacionamento amoroso com minha família, da capacidade de ajudar os outros por meio do meu trabalho e de uma fé poderosa.

Agora, muitos anos de sobriedade se acumularam. Muitos pequenos esforços resultaram numa família que me ama, numa comunidade que me compreende e em reconhecimento profissional. Nada disso exigiu que eu caminhasse sozinho, sem orientação e apoio de outras pessoas. Admitir meus erros e necessidades não foi fatal. Isso foi acrescentado ao tecido emocional de minha vida e me ligou aos outros. Tornei-me alguém motivado a ajudar as pessoas, e acreditei que havia um jeito de fazer isso; então, dei um salto de fé e me tornei um consultor treinado para ajudar famílias, amigos e outras pessoas a transformar a vida de alguém que amem.

Olhando para trás, Paul fez muito para iniciar a mudança em minha vida. Ele foi o grupo, sozinho. Não havia outros amigos ou alguém da família lá, naquele dia, para ampliar a mensagem de mudança. Havia apenas um homem ali. Imagine o que mais pessoas poderiam fazer! E este é o ponto do trabalho que faço hoje. Existe força nos números, e poder no amor que temos em relação às pessoas em nossas vidas.

Assim, no meu trabalho, uso um programa exclusivo criado com amor, um programa que qualquer um pode usar para fazer uma pessoa mudar, não importa quantas tentativas foram malsucedidas no passado. Algumas das mesmas técnicas que conduziram à minha mudança – um amigo preocupado dando o testemunho de meu comportamento, um convite sincero para mudar, um plano preconcebido para o tratamento – são parte integrante do processo de mudança que eu uso hoje. Esse método funciona e é quase milagroso em sua eficácia.

AS PESSOAS PODEM MUDAR

Entendo que você talvez seja um pouco cético neste exato instante. Temos a tendência de acreditar que as pessoas raramente mudam, com grande dificuldade, ou que não mudam de jeito nenhum. Nós nos convencemos de que fomos construídos para pensar, sentir e agir de determinadas maneiras, que tudo foi gravado em nós, como na pedra, em nossa mais tenra infância. É assim que somos e ponto final.

Em seus primeiros estudos, os psicólogos que trabalhavam com crianças determinaram que a faixa de idade em que assumimos as formas definidas de comportamento começava aos 5 e terminava aos 30 anos. Em outras palavras, ao atingir os 30 anos, os adultos deviam esquecer a ideia de fazer qualquer mudança significativa.

A boa notícia é que esse pressuposto estava completamente errado. A verdade é que as pessoas podem mudar facilmente, e, muitas vezes, quase instantaneamente. Um sujeito irresponsável pode se tornar uma pessoa responsável. Uma pessoa volúvel e nervosa pode começar a ser gentil e educada. Um fofoqueiro pode se tornar uma pessoa discreta. Um dependente de drogas pode ficar sóbrio. E um gastador pode se transformar em alguém mais econômico. Não importa como seja; o fato é que todo e qualquer traço de personalidade prejudicial pode ser transformado. As pessoas podem realmente mudar e melhorar sua vida, assim como a dos outros.

Tudo o que elas precisam é de uma pequena ajuda para mudar de atitude, de comportamento e de humor.

Esta é a chave: *as pessoas precisam de ajuda para mudar*, especialmente se estiverem envolvidas em comportamentos autodestrutivos, ou se estiverem emocionalmente instáveis, com grandes mudanças de humor, exibindo combatividade extrema ou outros comportamentos corrosivos que ameaçam destruir ou desfazer relacionamentos. O mais eficaz dos catalisadores de mudança é *você mesmo*. Você pode até não se ver como alguém capaz de influenciar outras pessoas, mas isso não altera o fato de que *você* é o mais eficiente dos catalisadores de mudanças!

Como você verá, as pessoas mudam, para melhor ou para pior, por meio de seus relacionamentos com outras pessoas. As provas disso estão por toda parte. Veja um exemplo que estava nas manchetes há pouco tempo: o fenômeno da obesidade e da magreza espalhando-se pelas redes sociais. Um estudo de referência, publicado no *The New England Journal of Medicine*, descobriu que a obesidade de uma pessoa pode aumentar significativamente as chances de que seus amigos, irmãos e esposos aumentem de peso. E, se uma pessoa emagrece, as pessoas à sua volta também emagrecerão. Tanto a obesidade quanto a magreza são "socialmente contagiosas", concluíram os autores do estudo. No cerne da questão está a partilha de normas aceitáveis para o peso, e não apenas compartilhar os mesmos hábitos de alimentação e de exercícios. Se alguém que é importante para você começa a ganhar peso, sua noção de um tamanho aceitável de corpo pode mudar. Você pode achar que não há problema algum em aumentar em dois números o tamanho de sua roupa. E, surpreendentemente, os pesquisadores descobriram que a questão do peso não era afetada pela distância geográfica. Se você tiver um irmão ou amigo próximo que viva a dois mil quilômetros de distância, o ganho ou a perda de peso dessa pessoa exercerá o mesmo efeito sobre você. O mesmo acontece com o hábito de beber ou fumar: eles também se espalham pelas redes sociais.

Os mesmos pesquisadores estudaram outros aspectos de mudança sobre os quais as redes sociais exercem influência. Um estudo, publicado em 2008 no *British Journal of Medicine*, mostrou que a felicidade é contagiosa, ondulando por redes sociais em até três graus de separação. Conhecer alguém que está feliz lhe dá 15,3% mais chances de ser feliz, segundo o estudo. Saber que o amigo de um amigo está feliz aumenta suas chances de felicidade em 9,8%, e até o amigo da irmã de seu vizinho pode lhe dar um aumento de 5,6%. As pesquisas apontaram respostas com a máxima pontuação para questões como: "Eu me senti esperançoso sobre o futuro?", "Eu fiquei feliz?", "Eu gostava da vida?", e "Eu achei que estava tão bem quanto os outros?". Para espalhar um pouco de felicidade ao seu redor, seja otimista. Ou, se você conhece alguém que é naturalmente feliz e você não é, fique mais perto dessa pessoa e saia com ela, tanto quanto for possível. Essa mesma pesquisa constatou que o mau humor também é contagioso! Cada conexão infeliz que tiver – isto é, um amigo, um parente ou um conhecido mal-humorado – aumenta suas chances em 7% de ser infeliz.

Toda essa pesquisa dá suporte a muitos estudos anteriores, mostrando que as relações mais próximas são extremamente influentes em nosso modo de agir e sobre aquilo que fazemos. De muitos modos, podemos dizer que somos como aqueles com quem andamos!

Pense sobre a validade desta afirmação por um momento: você aprendeu quase tudo o que sabe com os outros – como falar, como se vestir, como comer, como agir em sociedade e como ter relações íntimas. Quem você é, o que você sabe, como você age são partes do seu *self* formadas por meio de interações com seus pais, parentes, amigos, empregadores e professores. As pessoas em nossa vida nos afetam de uma maneira profunda. Então, por que não aproveitar esse princípio positivo para motivar um ente querido a mudar?

Em programas como os Alcoólicos Anônimos e os Narcóticos Anônimos, os dependentes ajudam outros dependentes a ficar sóbrios. No programa dos 12 passos, você é incentivado a conseguir um "orientador". Um orientador é alguém que esteve nesse programa por tempo suficiente para ajudar o novo membro a compreender como ele é e como funciona. Quando eu oriento alguém que está se recuperando de uma dependência de álcool ou drogas, eu sei que, quanto mais me mantiver em contato com essa pessoa, mais eficaz eu posso ser. Se espero que alguém mude para melhor, vou querer estar com essa pessoa por mais tempo porque terei mais oportunidades de exercer influência sobre ela e estarei mais conectado a ela. Ver essa pessoa quase que diariamente seria o ideal. Esse tipo de contato cria um vínculo de cura que leva à mudança.

E quem tem esse tipo de contato? Você! Você tem mais poder de mudar o comportamento de um amigo ou de uma pessoa querida que um terapeuta, porque tem muito mais contato com a pessoa do que ninguém. Muitas vezes, a gente espera que um especialista, um sabe-tudo apareça e leve o problema para longe, como por milagre. Mas é *você* quem detém o poder e a influência. Você me verá introduzir uma série de conceitos radicais neste livro, e um deles é este: os membros da família e os amigos são muito melhores que os terapeutas, especialmente para iniciar a mudança e apoiar essa mudança, de forma que ela seja duradoura. Meu programa de mudanças é construído sobre os vínculos naturais que existem em todas as famílias de origem e nas amizades.

Se você conhece alguém que precisa mudar desesperadamente – por ter um comportamento autodestrutivo ou simplesmente por tornar intolerável a vida dos outros, por causa de comportamentos problemáticos e recorrentes –, você pode começar a mudança. Seus esforços não envolverão aquelas coisas comuns do tipo reclamações, manipulações ou ameaças; nada disso. Claro, algumas dessas coisas podem funcionar, mas seu impacto será mínimo e temporário. Quanto mais tentar coagir um amigo que esteja em um processo de depressão a começar uma terapia, uma mãe gordinha a perder peso ou um filho preguiçoso a arrumar um emprego, mais eles resistirão. Eles argumentarão. Lutarão. Eles até mesmo negarão que estão com um problema. De fato, eles ignorarão você, mentirão, fugirão de você, ou farão tudo que puderem para se livrar de você. Quanto mais você pressionar, mais eles resistirão. Você exige mudança. Eles fincam o pé. Decepção e mentiras afastam vocês. Tudo se transforma numa luta de poder na qual um dos dois perderá. E é claro que ninguém gosta de perder.

É simplesmente da natureza humana a pessoa resistir quando se sente coagida e quando alguém lhe diz o que fazer, especialmente quando ela acha que tem algo bom acontecendo e não quer sair daquela zona de conforto. Mas também faz parte da natureza humana alguém mudar quando lhe é oferecido um plano amoroso, incentivador, com respeito e aceitação, compaixão, verdade e apoio. Então, desista da luta. Agite a bandeira branca. Interrompa essa luta pelo poder. Reduza o calor da raiva e aumente o calor do amor. Faça uma pausa no medo e dê um passo em direção à esperança. Você ficará surpreso com o que acontecerá.

Sarah Durham: entendendo o hábito

Não era raro para Sarah, 43 anos, passar 18 horas por dia online. Ela acordava cedo, agarrava seu laptop e ia às escondidas para o sótão de sua casa, sem nem se dar ao trabalho de trocar aquela velha camiseta da Flórida com a qual gostava de dormir. O sótão estava atravancado com caixas de enfeite de Natal, velhas latas de tinta e antigas malas empoeiradas. Não havia janela. A única iluminação vinha de uma lâmpada pendurada numa viga de madeira.

Sarah ligava o computador e se conectava aos sites de namoro e aos programas de mensagens instantâneas. Passava o dia em conversas com um catálogo de homens em Los Angeles que haviam se interessado pelo perfil que ela havia postado. Sarah saía do sótão apenas para se alongar em breves intervalos. Dois anos antes, ela havia postado seu perfil em um site de encontros muito popular. O perfil descrevia uma mulher solteira e divertida que adorava dançar, passear ao ar livre, e que gostava de todos os tipos de música. As fotos que enfeitavam o seu perfil eram de uma Sarah curvilínea, loura e atraente. Sarah de biquíni. Sarah num vestido de festa bem curto. Sarah num jeans apertado. Deu certo. Em apenas uma semana, ela recebeu 100 e-mails e 52 "piscadelas" (o equivalente online a mostrar interesse). Ela respondeu. E, antes que percebesse, as piscadelas se tornaram e-mails pessoais, e os e-mails pessoais tornaram-se namoro online. E então ela se viu pulando refeições, ficando até tarde da noite para conversar com seus recém-descobertos amigos. Não havia necessidade de sair de casa, trocar de roupa, arrumar o cabelo ou se maquiar. Com apenas algumas tecladas, Sarah havia conseguido trazer para dentro de casa namoros, romances e a capacidade de testar os limites sexuais sem nenhuma consequência possível num encontro pessoal. Todos os dias as mesmas cenas se repetiam, a vida passando na tela de um computador. As contas se empilhavam ao lado dos pratos sujos e das roupas para lavar. Num período de dois anos, Sarah se desligou do mundo exterior, abandonando qualquer semelhança com uma vida normal.

Entendeu a situação? E se eu lhe dissesse que Sarah era casada, dona de casa e mãe, morando em Jacksonville, na Flórida? E se eu lhe dissesse que ela se alienou, afastando-se do marido e dos filhos enquanto teclava obsessivamente, dia após dia? E se eu lhe dissesse que Sarah, uma mulher ruiva, com uma gordurinha se projetando acima do cinto da calça, nem mesmo usava suas próprias fotografias para seduzir seus amantes cibernéticos?

Pois tudo isso é verdade.

Hoje, Sarah rompeu totalmente com aquela vida.

Sua mudança começou quando o marido Rick me falou sobre essas crises. Nick tinha 39 anos, era piloto da força aérea, devoto à família e presbítero em sua igreja, ficando longe de casa durante mais ou menos seis meses por ano. Por diversas vezes, quando estava em casa, percebeu que Sarah tinha dificuldade para dormir e ficava agitada se não se conectasse ao computador. Desconfiado, Rick foi sorrateiramente até o sótão, viu sua esposa olhando fixamente para a tela do computador e pôde perceber uma imagem de relance. Mais tarde tudo aquilo fez sentido: ele percebeu que sua esposa tinha ligações românticas online e instalou programas espiões no computador dela para comprovar suas suspeitas.

Para algumas pessoas como Sarah, a muleta não é o álcool nem a comida, mas uma dependência igualmente poderosa e autodestrutiva de excitação que elas obtêm ao se envolver em barganhas online, jogando ou apenas passando horas surfando, postando em blogs, usando o MSN, namorando, jogando games ou assistindo à pornografia. Nos Estados Unidos, os especialistas em internet da *Computer Addiction Services*, uma clínica em Redmond, Washington, estimam que, dos 190 milhões de usuários, de 6% a 10% mantêm uma relação destrutiva com a internet, do mesmo tipo que os alcoólatras têm com a garrafa. Sarah era uma dessas pessoas.

Rick me ligou pedindo ajuda, desesperado para ver sua família voltar a uma vida normal. Fiquei comovido quando percebi que ele estava preparado para perdoar Sarah mesmo que seu casamento estivesse em frangalhos por causa da obsessão dela: "Eu ainda a amo. Achava que envelheceríamos juntos, e não consigo suportar isso acontecendo com nossa família".

Eu sabia que Rick estava magoado e reafirmei que todos os membros da família poderiam com certeza colar os pedaços. Enquanto ele ouvia atentamente, expliquei a Rick os quatro componentes de meu sistema de mudança e como deveríamos proceder. Perguntei a ele quem deveria ser convidado para uma reunião para ajudar a fazer as mudanças. Pedi a ele também que manifestasse o tipo de mudança que ele pensava ser necessária. Expliquei a Rick que, se ele seguisse alguns poucos princípios e com os quais eu o ajudaria, ele seria capaz de economizar um bocado de tempo e de lágrimas e salvar o precioso relacionamento que ele mantinha com a esposa.

Rick ficou mais encorajado e esperançoso. Conforme o que havíamos conversado, Rick convidou a mulher para uma reunião com a família. "Queremos nossa Sarah de volta," ele disse, terna, mas firmemente, abraçando-a no calor da sala de estar da casa deles. "Queremos que você fique saudável. Nós demos alguns telefonemas e encontramos o lugar ideal." A mensagem chegou ao coração de Sarah. Ela chorou, abraçou toda a família e aceitou a passagem aérea que eles haviam comprado para ela. Seis dias depois, Sarah embarcou num avião para uma localidade no Arizona onde teria ajuda e onde poderia se relacionar com outras pessoas que também haviam se dependente na internet. Três meses mais tarde, ela estava de volta, cuidando da família, mantendo-se longe dos chats. Ela ainda tem um computador em casa; mas Sarah o usa de maneira mais segura porque alguns programas foram instalados para limitar certos aplicativos.

A transformação emocional de Sarah começou tão rapidamente quanto você demorou a ler o parágrafo anterior. A mudança começou! Como Sarah e sua família descobriram, é possível uma renovação real, e ela pode começar agora.

Enquanto começamos esta viagem juntos, gostaria de equipar você com alguns pensamentos poderosos sobre a mudança. Aqui vão eles.

VOCÊ NÃO ESTÁ SÓ

Mesmo que você se sinta isolado enquanto lidar com o comportamento destrutivo da pessoa amada, o fato é que não está só. Neste exato momento, milhões de pessoas passam pela mesma coisa que você; e milhões de outras pessoas sobreviveram à tormenta e querem ajudá-lo, orientá-lo e encorajá-lo. Apesar de o fato de saber que outros sofrem certamente não diminui sua dor e sua ansiedade, é possível extrair esperança ao ter conhecimento de que muita gente resolveu seus problemas, viveu as mudanças possíveis e aprendeu a ter uma vida muito mais satisfatória. Você pode conseguir também – graças à ajuda que é oferecida pelos grupos de apoio. Há mais de 500 mil deles nos Estados Unidos (numa estimativa modesta), ajudando mais de 20 milhões de pessoas. Esses números incluem as sucursais e as filiais das organizações nacionais, assim como aqueles grupos que são apenas regionais.

Dentro desses grupos de apoio há duas categorias. A primeira delas é o grupo para pessoas dependentes ou angustiadas. Cite qualquer tipo de deficiência ou problema médico ou, ainda, qualquer situação que prejudique a condição normal de viver e, provavelmente, encontrará um grupo de apoio pronto a ajudar.

A segunda categoria é formada pelos grupos de apoio para pessoas como você – a família e os amigos daqueles que precisam de uma mudança. O Al-Anon, só para situá-lo, é um grupo que apoia os familiares dos alcoólicos, assim como as famílias de pessoas dependentes em drogas que alteram o humor. O ACOA (*Adult Children of Alcoholics*), o NAMI (*National Alliance of Mental Illness*) e o Celebrate Recovery são outros exemplos. Você ainda pode encontrar outros grupos de apoio em meu site, www.bradlamm.com.

Esses dois tipos de grupos de apoio existem em vários formatos. Alguns deles são bem estruturados; outros são mais informais. Alguns têm reuniões regulares – uma vez por semana, uma vez por mês – e em outros são realizadas na casa dos membros. Existem até mesmo grupos de apoio cujas reuniões são online, como o Al-Anon. Alguns dos grupos de apoio trabalham com profissionais de saúde ou psicólogos; outros trabalham sozinhos. Embora sejam diferentes quanto à estrutura, esses grupos de autoajuda compartilham um objetivo comum, que é reunir pessoas com experiências semelhantes e que, ao compartilhar essas experiências, possam obter força e ajuda dos outros.

Caso você se envolva com um dos grupos de apoio para os familiares, se sentirá menos isolado, sabendo que outras pessoas têm problemas similares. Você poderá também trocar ideias e aprender formas mais eficazes de lidar com os problemas, obtendo um novo sentido de controle sobre sua vida. Não importa qual seja o grupo ou qual sua forma de organização, a mensagem subliminar que eles enviam é: "Você não está só".

Os grupos de apoio foram fundamentais para minha recuperação. As pessoas me receberam com carinho. Minha meta era ficar vivo. Sobreviver, basicamente. Eles me disseram que, se por acaso eu ajudasse outras pessoas, receberia ajuda e me ajudaria. E uma coisa maravilhosa aconteceu, então. Fiquei melhor. Em dois ou três meses, eu me sentia melhor do que havia me sentido nos últimos 20 anos. Eu precisava de um milagre, e obtive um.

Na verdade, o conceito de grupos de apoio não é uma novidade. Supõe-se que eles se espalharam pela primeira vez há milhares de anos, de acordo com alguns antropólogos. Os primeiros seres humanos aprenderam que a sobrevivência de seu clã, de sua aldeia ou de sua colônia dependia basicamente de apoio, e que cada indivíduo devia cooperar com os outros para obter alimento e proteção contra os inimigos comuns. Através dos séculos, apoios dessa natureza foram providenciados por uma grande variedade de organizações, como as guildas dos tempos medievais, ou as "Sociedades de Amigos" que prosperaram durante a Revolução Industrial na Inglaterra, os movimentoss rurais nos Estados Unidos e as igrejas. Claro, o movimento de grupos de apoio moderno começou nos Estados Unidos na década de 1930, com um dos grupos que continua sendo dos maiores do mundo: os Alcoólicos Anônimos.

Os grupos de apoio são um meio poderoso e construtivo de ajudar as pessoas e a seus próprios membros. Se estiver interessado em fazer parte de um grupo, ou de formar um, a primeira providência é verificar se há algum escritório em sua região. Esses escritórios regionais mantêm uma lista dos grupos de apoio existentes, publicam jornais e livros, organizam seminários e ajudam as pessoas a encontrar um grupo de apoio apropriado às suas necessidades, ou ajudam a organizar um grupo. A lista telefônica ou a internet são bons lugares para começar a procurar. Um hospital ou um escritório de assistência social também podem ser de boa ajuda. As reuniões dos grupos de apoio são geralmente publicadas na seção de notícias locais do jornal da cidade. Existem duas grandes organizações com escritórios desse tipo – o *National Self-Help Clearinghouse Department* e o *Self-Help Center*[1] – e elas também são capazes de lhe dar informações sobre grupos de apoio regionais; também distribuem livros e panfletos que explicam o que se deve fazer antes de se juntar a um grupo, ou sugestões de como começar a organizar seu próprio grupo (veja no Apêndice outras informações).

Não guarde o problema consigo, tampouco fuja dele. Peça ajuda. Isso é uma boa coisa de fazer. Nós, seres humanos, gostamos de ter amigos; nos damos bem quando trabalhamos juntos e compartilhamos experiências e habilidades. Para aumentar a sua qualidade de vida e ajudar a pessoa amada, vá em busca de pessoas que o amam e que aprenderam a lidar com problemas parecidos com os seus. Peça apoio, aceite esse apoio e comece a contar as bênçãos que receberá, porque sua vida ficará muito melhor.

SEU AMOR TEM INFLUÊNCIA

Falando francamente, não existe influência maior do que a do amor. Uma canção antiga já dizia: "você não é ninguém até que alguém o ame", e, na época da adolescência,

1 – No Brasil, existem grupos na Universidade Federal do Brasil, Escola Paulista de Medicina, no estado de São Paulo.

provavelmente todos nós vivemos pelo menos um pouco da influência do amor. Descobrimos bem cedo que o amor faz você realizar coisas que normalmente não faria. Percebemos que o amor faz você dizer coisas que normalmente não diria. E nós sabemos que o amor nos faz sentir coisas que normalmente não sentiríamos.

Já presenciei mudanças radicais em amigos que estavam apaixonados. Cyndie, que costumava fumar um maço de cigarros por dia, passou os primeiros meses de seu relacionamento escondendo esse hábito do namorado maratonista, Jeremy. Ele a flagrou fumando escondido algumas vezes e, então, deu-lhe um ultimato: ou os cigarros ou ele. Cyndie o amava demais. Ela me contou que algumas coisas eram mais importantes do que o prazer que sentia em fumar. Desde então, ela abandonou o hábito e agora corre com Jeremy que, por acaso, tornou-se seu marido.

Também tenho amigos recém-casados, como os Ramsey, que começaram a vida de forma meio instável, depois que a esposa descobriu que o marido afundava em dívidas, principalmente por ele usar ao máximo o limite do cartão de crédito. Ela disse a ele: "Eu o amo demais, mas odeio esse negócio com os cartões de crédito. Você precisa dar um jeito nisso". Naquele mesmo dia, ele ligou para a empresa e negociaram uma forma de pagar as dívidas que coubesse em seu orçamento, e ficaram livres disso com o passar do tempo. Qual foi a motivação? O amor.

Quando eu era mais jovem, certamente não pretendia mudar por quem quer que fosse. Ou pelo menos acreditava nisso, até que percebi que a maioria de meus talentos havia sido influenciada por relacionamentos. Eu me transformei num cozinheiro de mão cheia, deixando de ser a pessoa que comia feijões diretamente da lata, por causa de alguém de quem gostava na época e queria impressionar. Aprendi a jogar cartas por causa de outro relacionamento. Os relacionamentos podem ter terminado, mas muitas de minhas realizações testemunham a influência do amor em minha vida.

Nada exerce maior influência na mudança de comportamento do que o amor, seja o amor romântico, seja o amor dos pais, seja o amor entre os irmãos ou entre amigos. A ligação amorosa entre esposos, amantes, parentes próximos ou amigos tem mais influência sobre as pessoas do que qualquer outro fator como forma de persuasão para tomar medidas que mudem sua rotina de vida. Como você descobrirá, uma intervenção, e até mesmo o processo completo de mudança, pode ser uma poderosa demonstração desse amor.

Então, sim, o amor é um grande agente de mudanças. Mas como exatamente você expressa esse amor? Como costumo dizer em meus seminários sobre mudança, o amor não é sempre uma emoção ou um sentimento piegas, o *amor é ação*. É como você trata as pessoas.

Quando ficamos frustrados ou estressados com o comportamento de alguém, ou por causa de seus péssimos hábitos, costumamos dizer coisas que não queremos ou que nem pretendíamos dizer, tudo fora da proporção da realidade. Ou nos tornamos taciturnos, nos comunicando por meio de um silêncio mal-humorado. Esse tipo de comportamento só consegue criar mais mágoa, produzir mais machucados e prejudicar as relações. Isso não é amor nem comportamento amoroso. Ser amoroso em relação a alguém é se segurar para não dizer coisas negativas, mesmo quando se sentir frustrado, provocado ou esgotado. Não dizer coisas desagradáveis ou extremamente críticas é uma atitude que mostra o amor em ação.

O amor também é ouvir a pessoa, não apenas com os ouvidos, mas também com o coração. Quando nos comunicamos com outra pessoa, precisamos lhe dar nossa total atenção, estarmos inteiramente presentes, sem censuras, sem críticas, sem dar lições e sem comparações. A verdadeira forma de ouvir alguém é muito ativa. Exige coragem e paciência. A pessoa amada só se abrirá para sua influência quando sentir que você a escuta.

O amor aceita e procura o melhor no outro. Quando acredita que o outro está tentando fazer o melhor, você manifesta uma influência poderosa que pode liberar o que o outro tem de melhor. A maioria das pessoas tem muito potencial, quase sempre óbvio, mas também quase sempre adormecido. E a pessoa tende a responder à forma como a tratamos e a quanto acreditamos nela. Como disse Goethe, "Trate um homem como ele é e ele permanecerá como é. Trate um homem como ele pode e deve ser e ele se tornará como pode e deve ser".

Finalmente, como digo a meus clientes, não desista e não ceda. Não é uma demonstração de amor – ao contrário, é extremamente prejudicial proteger as pessoas das consequências de seu comportamento. Ao fazer isso, nós ensinamos que elas são fracas e falhas. Quando cedemos ao comportamento irresponsável, acabamos perdoando e, inconscientemente, fomentando esse comportamento. E se desistirmos – dando as costas para a pessoa – sabotamos sua motivação para mudar. Minha abordagem de *não desistir* e *não ceder*, construída com base no amor, requer de sua parte responsabilidade e ação. Senão, você gerará uma resistência menor, cedendo quando na verdade se importa e desistindo quando não quer. Quando o verdadeiro amor for a real motivação, a mudança começará!

ESTEJA ACESSÍVEL AOS MENSAGEIROS DA ESPERANÇA

Quando perguntei recentemente a Shannon se doía não fazer nada enquanto seu filho se afundava no vício das drogas, ela deixou claro que sofria, embora quisesse que as coisas ficassem melhores. Mas ela se sentia presa. Seu estado "normal" era viver tão acostumada à dor, à decepção e ao medo que virou um verdadeiro desafio mudar seu foco e ganhar uma perspectiva mais real da situação. Ficar preso é uma coisa ruim, mas é possível se libertar: você só precisa de uma ferramenta chamada ESPERANÇA.

Foi assim que Shannon se libertou. E isso só foi possível porque ela se mostrou acessível aos mensageiros da esperança – as pessoas que demonstraram haver esperança naquilo que parecia completamente impossível de existir. Enquanto trabalhava com ela, instiguei-a a ingressar num grupo de apoio para as famílias de jovens dependentes em drogas. No início, Shannon se mostrou relutante em aceitar a sugestão, com medo de ficar constrangida em discutir seus problemas com outras pessoas. Ela também tinha medo de contatar o serviço social porque era mãe solteira e temia que tirassem os outros dois filhos dela. Ela estava com raiva do filho e com vergonha de si mesma, mesmo que não fizesse sentido pensar que ela era culpada de alguma coisa. Ainda assim, fiquei com ela até conseguir conectá-la com um grupo. Finalmente, Shannon aceitou meu conselho. O fato de fazer parte de um grupo de apoio, onde as pessoas lhe davam a chance de manifestar seus sentimentos e mostrando que ela não estava sozinha, fez toda a diferença. Shannon conheceu outros pais cujos filhos conseguiram se livrar das drogas. O grupo de apoio permitiu que ela voltasse a ter esperanças.

Mas o que exatamente pretendo dizer com ESPERANÇA? Não confunda isso com otimismo. O otimismo, que é uma ótima atitude para manter, é baseado nos sinais de que as coisas estão indo bem. Os medicamentos deram certo. A economia está dando sinais de melhora. Seu filho teve notas melhores neste semestre. O otimismo pressupõe que as coisas estejam caminhando bem e que assim continuarão, trazendo resultados mais positivos. O otimismo surge a partir de um padrão percebido de sucesso. A esperança não é assim. Ela brota bem no meio da pior espécie de melancolia. Ter esperança é acreditar apesar das circunstâncias, e depois observar as circunstâncias mudarem para melhor.

O falecido escritor e ministro Norman Vincent Peale um dia ofereceu esta pungente definição:

Você já se perguntou o que é que o mantém vivendo um dia depois do outro? O que existe por trás de sua capacidade de continuar lutando em meio a períodos de depressão e desânimo? O que o faz acreditar que os maus momentos um dia passarão? É uma palavra que possui um enorme poder. O poder de transformar as falhas de volta em sucesso. O poder de trazer a saúde de volta ao doente. O poder de fazer o fraco voltar a ser forte. É a esperança.

Cada um de nós tem a opção de escolher ficar cheio de desespero ou esperançoso, de ser trágico ou vitorioso, de assumir o papel de vítima ou de triunfar. A esperança é uma atitude poderosa que abre as portas que foram trancadas pelo desespero. Uma atitude de esperança nos ajuda a enxergar o melhor, a trabalhar para conseguir o melhor e a experimentar o que de melhor a vida tem a oferecer.

Shannon escolheu a esperança e abandonou o desespero. A esperança acabou inspirando suas ações. Foi o seu combustível, o fogo que a induziu a se levantar, a convidar os amigos a ajudá-la e a começar a mudança em nome de seu filho. Os pais movem montanhas. Também o fazem os irmãos e irmãs, e as pessoas que nos amam. Assim como Shannon, você pode escolher a esperança, em vez de optar pelo desespero e por não fazer nada.

Ajudar uma pessoa amada com problemas é não só totalmente possível como muitas vezes urgente e muito importante. A atitude que você toma é essencial: escolher o apoio, a ação, o amor e a esperança acima de qualquer outra coisa. Você é a força mais poderosa para conseguir a mudança da pessoa que ama! Você pode dar a essa pessoa um novo começo – e pode até mesmo salvar uma vida! Você pode e deve fazer isso!

Capítulo 2

Cães velhos, leopardos e escorpiões - pondo fim em cinco mitos relativos à mudança

Nossa mitologia cultural afirma que não é possível mudar alguém, que você só consegue mudar a si. Todos já ouvimos esse mantra, certo? Mas, como eu disse lá no começo, você é capaz, sim, de mudar uma pessoa, é capaz de mudar qualquer pessoa, e, quero reafirmar, *qualquer* pessoa.

Se você der as costas a essa crença fundamental, perderá muito porque estará comprando um daqueles mitos profundamente arraigados em nossa cultura. Eu chamo essas afirmações de mitos porque não são verdadeiras e silenciam as discussões sobre o poder que temos de mudar outros seres humanos. Se eu acreditasse nisso e agisse de acordo com essa crença, tais mitos poderiam causar muitos danos, já que se colocam no caminho da possibilidade de ajudar a si e de ajudar alguém que se ama, impedindo-nos de viver uma vida com mais qualidade. E, como sei que você não pretende fazer isso, então começaremos desbancando alguns dos mais populares mitos que surgiram em torno do ato de mudar.

Mito 1: As pessoas nunca mudam

Existe uma antiga fábula sobre um escorpião e uma tartaruga que estão na margem de um rio e querem chegar ao outro lado. O escorpião não sabe nadar, então pede à tartaruga para levá-lo sobre o casco. A tartaruga concorda em levar o escorpião em suas costas, raciocinando que ele seria muito tolo em colocar sua vida em risco se a atacasse durante a travessia. Afinal, ambos se afogariam nas águas do rio. Mas, no meio do caminho, o escorpião deu uma ferroada no pescoço da pobre tartaruga. Quando os dois estavam morrendo – a tartaruga por causa da picada e o escorpião porque estava se afogando –, ela perguntou: “Mas por que você me deu uma ferroada com seu veneno?”. E o escorpião respondeu: “Porque essa é a minha natureza, isso é o que eu sei fazer”.

Essa fábula combina perfeitamente com o provérbio africano “A chuva bate na pele de um leopardo, mas não tira suas manchas”. E, para fazer uma analogia com o mundo canino, poderia lembrar outro provérbio: “Não se ensinam novos truques a um cão velho”. Todas essas três citações implicam que você não consegue mudar o comportamento estabelecido das pessoas nem suas opiniões porque isso faz parte da “natureza” delas.

Bem, só posso responder educadamente com um “Mentira!!!”. Minha experiência como intervencionista e palestrante em meus seminários sobre mudanças mostra que as pessoas que não desejam mudar citam esses três antigos clichês como desculpa para continuar agindo como sempre fizeram. Se essas pessoas fossem completamente honestas, diriam: “Estou acomodado demais em meu modo de ser para mudar agora”. Quase sempre, o que acontece é que elas estão presas em uma rotina, um hábito ou um estado de espírito que é confortável, e nada ou ninguém tem a capacidade de mudá-las, ou pelo menos é o que elas dizem.

Mas será que isso é verdade? Será que alguém pode parar de comer em excesso quando souber que isso faz mal? Alguém pode superar antigas lições e hábitos arraigados desde a infância? E sairá daquela situação terrível em que se meteu?

Pense sobre isso por um instante. Não é incomum a gente ouvir frases desse tipo: "Este sermão mudou minha vida", "Você não é a mesma pessoa que era quando nos casamos," ou "Eu não sabia nada disso na sua idade, mas sou diferente agora".

Faça uma avaliação sobre sua vida até este momento. Existe alguma coisa nela que continua sendo do mesmo jeito que era quando você tinha 15 anos? Ou 25 anos? Que tal 35 anos? Se você deliberadamente mantivesse as coisas como estavam naquela época, você acha que sua vida seria bem-sucedida atualmente? Você sente que cresceu, que se desenvolveu, que amadureceu de alguma forma significativa? É claro que sim. Entende o que eu quero dizer? Nem a personalidade nem o comportamento estão fixados para sempre. Você pode mudar, assim como qualquer pessoa.

Tecnicamente falando, um leopardo não pode perder as manchas da pele, mas é capaz de subir uma colina diferente de vez em quando. Quanto aos cães, é bem possível ensinar novos truques ou novos comportamentos a um cachorro velho, ou, neste caso, a uma pessoa. Muitos pesquisadores acreditam que, embora certas partes da personalidade tendam a ser inerentes e relativamente estabilizadas, os seres humanos se adaptam a novas circunstâncias e contingências, e de modo mais fácil e com mais êxito do que as demais espécies do planeta. Nós podemos mudar e fazemos isso constantemente.

Até muito recentemente, a ciência médica sustentava que nosso cérebro, que controla tudo, se desenvolvia até certo ponto e assunto encerrado. Então, os cientistas descobriram algo chamado "plasticidade" do cérebro. Isso quer dizer que ele é flexível e maleável; nosso cérebro não é um sistema rígido e limitado. Ele pode gerar novos neurônios, e mais regiões do cérebro podem ser recrutadas, para nos ajudar a mudar nosso comportamento e, certamente, toda a nossa maneira de ser neste mundo.

Muito desse discernimento veio de estudar as pessoas mais velhas, que são quase sempre vistas como as menos suscetíveis a mudanças em nossa sociedade. A verdade é que as pessoas mais velhas são ótimos aprendizes, porque possuem um conhecimento acumulado maior. Sim, já têm por onde começar: essas pessoas têm um vocabulário melhor e muito mais amplitude de visão do que os mais jovens. De fato, o cérebro envelhecido tem uma capacidade contínua e notável de fazer novas conexões, de absorver novas informações e de adquirir novas habilidades.

Em poucas palavras: ninguém é velho demais (ou jovem demais) para realizar uma mudança significativa em sua vida. Vovó Moses só começou a pintar quando estava com 78 anos. Aos 80 anos, George Burns recebeu seu primeiro Oscar. Ronald Reagan tinha 69 anos quando se tornou a pessoa mais velha a ser eleita presidente dos Estados Unidos. Golda Meir tinha 71 anos quando se tornou a primeira-ministra de Israel. Com pouco mais do que seu cheque da previdência e uma ótima receita de frango frito, Harland Sanders – que havia abandonado os estudos no ginásio – fundou o Kentucky Fried Chicken aos 62 anos. Então, na próxima vez em que ouvir a frase "Não se ensinam novos truques a um cão velho", lembre-se: muitos desses cães velhos se tornam artistas, estrelas no mundo dos negócios, governam países e aprendem todo tipo de novas habilidades e comportamentos. A gente pode sempre aprender a sentar, rolar, ficar quieto e – mudar!

Quanto à desculpa do escorpião, "Esta é a minha natureza", vamos discutir um pouco sobre ela. O fato de ser parte da natureza do escorpião dar suas picadas não significa que você deva abandonar a vontade de mudar a pessoa que ama e impedi-la de esbanjar esse tesouro que é a vida. A natureza humana é um pacote de qualidades e características, incluindo os modos de pensar, sentir e agir que são compartilhados por todos os seres humanos. E tudo isso está sujeito a mudanças. Por quê? Porque a capacidade de mudar é inerente à natureza humana. Nossa capacidade de fazer escolhas é grande parte daquilo que nos torna humanos. As escolhas podem trabalhar a nosso favor ou contra nós. Todos nós já agimos de um jeito que não gostaríamos que fosse divulgado em cadeia nacional. Nós cometemos erros, e alguns de nós cometem grandes erros, até erros criminosos. As escolhas que fazemos podem nos levar por caminhos que não queremos necessariamente percorrer. A fim de mudar a pessoa que ama e impedi-la de ir por essa estrada, você precisa lhe dar amor, apoio e informação, de forma que ela possa fazer as melhores escolhas. E o processo de mudança que aprenderá aqui lhe mostrará como fazer isso.

Minha formação Quaker também me ensinou algo que observei, no dia a dia de meu trabalho, ser absoluta e essencialmente verdadeiro, seja você religioso ou não: todos nós somos recuperáveis. Qualquer um pode viver uma transformação pessoal, apesar dos muitos obstáculos e limitações insuperáveis. Os seres humanos são capazes de mudar! Permaneça fiel àquilo que de melhor existe dentro de você, e se tornará uma força capaz de mudar alguém que você ama.

Mito 2: Você é fraco

O segundo mito da mudança diz que você é impotente para mudar alguém. Essa é uma crença largamente aceita, e muitas pessoas nem mesmo a questionam. Suas raízes estão no Al-Anon, cujo credo declara que você não tem forças para controlar o desejo da pessoa de beber, tomar drogas ou assumir comportamentos destrutivos. Antes que alguém reclame, deixe-me explicar que este não é um parágrafo contra o Al-Anon; eles são uma organização fantástica que já ajudou milhares de pessoas, e sempre a recomendo a meus clientes. Mas, assim como qualquer outra organização desse porte, eles têm alguns problemas que mereceriam uma revisão.

Tem havido uma grande mudança em nossa cultura. Saímos daquela visão da pessoa forte e independente, capaz de realizar grandes conquistas individuais, para a noção de uma vítima frágil e impotente. A ideia de que somos mesmo fracos, que deveríamos observar e esperar até que alguém chegue ao fundo do poço, é realmente perigosa. Você espera, observa, reza e tem esperanças e acaba com um marido morto, ou com um filho com asma porque tem alguém fumando dentro de casa, ou com a família falida porque mamãe apostou no jogo e perdeu toda a poupança. O fundo do poço que você deve identificar – e agir em relação a ele – é o seu. "Não me afundarei mais e começarei a mudar agora."

Dizer que o hábito autodestrutivo de alguém realmente ficou fora de controle não significa que você seja impotente para ajudá-lo. Isso quer dizer apenas que esse hábito ficou descontrolado e que essa pessoa precisa mudar. Claro, as mudanças podem ser difíceis, extremamente dolorosas e complicadas, mas não são impossíveis – não significam que a pessoa não consiga realizá-las, ou que você não tem forças para ajudar.

Se você se importa com alguém que está com um problema autodestrutivo, eu acredito que acha que esse comportamento é frustrante, enlouquecedor e extremamente confuso. Algumas vezes não consegue fazer nada mais do que arrancar seus cabelos. Fica agoniado em querer saber o que fazer, ou o que não fazer. Você pensa: "se ele ou ela me amasse, não faria isso!". Ou seja, não há dúvidas de que alguma coisa precisa mudar. Os abusos de seu ente querido, sua ausência permanente, seus problemas com dinheiro estão arruinando sua vida também – e é por isso que você precisa ajudar essa pessoa a mudar esse comportamento destrutivo.

Mas a maioria das pessoas toma o caminho errado na maneira de fazer a abordagem. O cérebro humano se comporta como o de uma criança de dois anos: diga o que fazer e ela vai automaticamente rechaçar o que você disse. Você pode pedir a seu namorado, um milhão de vezes, para parar de extrapolar o limite do cartão de crédito ou para lidar melhor com o dinheiro, mas, se reclamar ou apontar o dedo, nada mudará. Então, o que se deve fazer? No capítulo quatro, ensinarei algumas técnicas, mas aqui vai uma cena: uma das formas de fazer isso é descrever o que você observou enquanto seu amigo ou a pessoa amada se debatia nas garras do mau comportamento. Você não exige nada, não reclama nem ameaça ou grita. Apenas levanta um espelho em sentido figurado, mostrando de forma clara aquela informação, apenas porque se importa com a pessoa. Descreva o que está vendo; aponte ocasiões específicas, e como esse comportamento afetou você e as outras pessoas. Seja sempre o mais claro possível. Eu chamo isso de "relatório da testemunha". Fazer isso é muito mais fácil do que parece, especialmente se você se importar com a pessoa. E, enquanto estiver aprendendo a fazê-lo, é vital conseguir ajuda e apoio de outras pessoas. Mas, se você conseguir apresentar esse relatório de testemunha, a pessoa será capaz de enxergar as coisas de maneira mais clara e entrar em um processo que fará toda a diferença. E, no final, se tiver paciência de investir seu tempo e passar por todo o processo de mudança, seus esforços serão recompensados com um futuro mais feliz – para você e para a pessoa amada. Por favor, não desista jamais: a transformação acontecerá.

Mito 3: As pessoas podem mudar sozinhas

Se as pessoas pudessem mudar sozinhas, fariam isso num piscar de olhos. Afinal, quem quer viver uma vida em total descontrole? Quem quer ser gordo? Quem quer ficar bêbado ou drogado o tempo todo? Quem deseja ficar acordado de noite, morrendo de medo de acabar nas ruas? Quem consegue viver com medo, estressado, sem ter certeza sobre o que acontecerá no futuro?

A grande maioria das pessoas não muda inteiramente por sua própria conta. Permita-me usar minha história como exemplo mais uma vez. Eu fumava desde 1982, bebia desde 1982 e usava cocaína e outras drogas desde 1984. Por ocasião de minha primeira reunião no A.A.

em 1991, eu havia passado por uma sólida década de mau comportamento. Fui às reuniões, com o rabo entre as pernas, envergonhado por estar num grupo dos A.A. Participei dessas reuniões durante dois anos, e cheguei a pegar minha "moeda de um ano" para comemorar 12 meses de sobriedade ininterrupta. O único problema é que eu não estivera sóbrio naquele ano. Eu estava vivendo uma mentira. Naquela época, eu ia às reuniões, mas nunca conversava com ninguém. Mantinha a cabeça baixa, enquanto esperava que algum tipo de osmose criada pelo A.A. ocorresse, apenas por aparecer por ali. Estava acabado, esgotado e fragilizado.

Então, perto do fim de minha carreira de bebedeiras e drogas, decidi deixar meu emprego dos sonhos como âncora na TV porque esse trabalho interferia em minhas bebedeiras. Meus amigos ficaram chocados com essa decisão e se afastaram. Meu agente ficou irritado. Mas mudei de carreira assim mesmo...

Eu vivia em tal estado de negação quanto ao meu vício que acabei entrando no negócio de bares. Acredite se quiser: entre tantas outras coisas, entrei no ramo de bares! Fui tão bem-sucedido nisso que rapidamente abri um clube e depois um lounge. No fundo, essa nova carreira era apenas outra desculpa para continuar bebendo e tomando drogas impunemente.

Quando olho para trás e analiso esse período de minha vida, torna-se muito claro para mim que, se alguém conversasse comigo, se alguém fizesse algum tipo de intervenção mais cedo, eu aceitaria ajuda. Eu iria para o tratamento e pararia de usar drogas. Mas, em vez disso, pensava que tinha as coisas sob controle, que seria capaz de largar as drogas no momento em que quisesse. "Vou largar amanhã", costumava dizer a mim. Mas o amanhã só veio muito mais tarde.

Muita coisa precisou acontecer antes que eu conseguisse mudar. Você pode achar que o fato de apagar quase todos os dias por causa da bebida teria alguma influência, mas não em meu caso. E assim prossegui. Mentindo e me desviando da vergonha, e o buraco que cavei para mim foi ficando cada dia mais fundo. A negação – primeiro da bebida, depois do meu próprio eu – se alargou para incluir mais e mais pedacinhos da realidade e, depois de algum tempo, eu literalmente não conseguia mais enxergar a verdade, não conseguia mais saber quem eu era ou de que precisava. Se eu pudesse parar, faria isso.

Sem ajuda, simplesmente não era possível desistir daquela vida, mesmo em face das graves consequências. Quando meu amigo Paul insistiu para que eu procurasse ajuda sem negociação – e sem demora –, dei o passo seguinte. Para mim, a mudança começara. Surgiu uma pessoa que me estendeu a mão, e eu a segurei, finalmente.

A mudança começa quando você estende a mão para uma pessoa que precisa de ajuda. E essa pessoa nem mesmo precisa estar pronta para recebê-la. Esse é o próximo mito que vou desmentir.

Mito 4: Você não pode ajudar alguém enquanto ele não estiver preparado

Essa é outra pilha de bobagens. "Não podemos ajudar alguém..." Ouço essa besteira milhares de vezes, vindo de famílias com as quais trabalho. Esse é um mito com M maiúsculo! Na verdade, aquilo que fazemos durante o processo de mudança é *ajudar as pessoas para que fiquem prontas*.

Em minha opinião, esse mito se originou em parte de um instrumento chamado Modelos de Estágios de Mudança - MEM, para resumir. Ele diz que, no processo de mudança, a maioria das pessoas passa por uma série de fases previsíveis. Isso foi formulado por psicólogos da Universidade de Rhode Island depois de estudarem a maneira como os fumantes eram capazes de abandonar seu hábito. Esses modelos foram aplicados em uma extensa gama de comportamentos, entre eles a perda de peso, a prevenção de ferimentos e a superação do hábito de beber e usar drogas. É ainda usado com bons resultados em diversos centros de tratamento por todo o país.

O conceito é que a mudança de comportamento não ocorre de uma só vez. Em vez disso, as pessoas tendem a atravessar diferentes estágios a caminho de uma mudança bem-sucedida. O primeiro deles é chamado de estágio de *pré-contemplação*, quando o indivíduo ainda não quer ou não tem a intenção de mudar seu comportamento; depois vem a *contemplação*, quando ele tem a intenção de mudar, mas não está pronto para agir; a *preparação*, quando o indivíduo está pronto para agir; e a *ação*, quando a pessoa decide que é hora de agir. Além disso, essa teoria diz que as pessoas progridem ao longo desses estágios seguindo sua própria escala de velocidade. Então, esperar que o comportamento mude simplesmente ao dizer a alguém, por exemplo, que ele deve ir às reuniões do A.A. pode não dar certo porque a pessoa ainda está no estágio de pré-contemplação, ou seja, ainda não está pronta para mudar. Cabe a cada pessoa decidir quando o estágio foi completado e quando está pronta para seguir para a fase seguinte.

Admito que algumas pessoas podem realmente passar por esses estágios durante o processo de mudança, mas sua progressão (ou a falta dela) não ajuda nem um pouco. Neste exato momento, você pode estar lidando com um amigo ou uma pessoa querida que esteja enfrentando algum tipo de dificuldade, algum perigo ou passando por um comportamento desastroso. Não está apenas comprometendo a própria vida; está também prejudicando a sua vida – e provavelmente isso ocorre há algum tempo. Quem sabe a situação seja mais benigna; quem sabe esteja lidando com uma pessoa que seja apenas um tremendo aborrecimento. Seja como for, elas podem causar um estresse importante se não forem ajudadas e se não começarem a mudar de comportamento. Há outros obstáculos, também. Para as pessoas que são física ou psicologicamente dependentes em algo, por exemplo, fica difícil se movimentarem por esses estágios de mudança. Os dependentes, em especial, se beneficiam de uma intervenção, independentemente de em qual estágio se encontram.

Em resumo: se uma relação pessoal trouxer mais estresse do que prazer, ou se a pessoa amada está nas garras do vício, não acho que você possa ficar sentado esperando que ela se prepare ou contemple. Você não pode esperar até que essa pessoa esteja pronta para mudar, ou até que ela chegue ao fundo do poço por si mesma – arriscando-se a ser presa, matar alguém, divorciar-se ou perder o emprego – antes de aceitar ajuda. Você precisa tomar medidas para preservar sua sanidade e para dar à pessoa amada a chance de um novo começo. Se não fizer isso, será sugado até o fim.

O MEM também afirma que a decisão da pessoa deve vir de dentro dela, porque uma mudança permanente não pode ser imposta de fora. Um estudo chamado "Invitational Intervention: The ARISE Model", publicado em 2008 no *Alcoholism Treatment Quarterly*, refuta essa afirmação. Ele avaliou os fatores que mantêm a pessoa saudável e em abstinência durante o período de um ano. Dê uma olhada nos resultados:

- *As pessoas enviadas pelo juiz para tratamento foram as mais bem-sucedidas quanto à abstinência.*
- *As pessoas que entraram em tratamento depois de uma intervenção foram o segundo grupo mais bem-sucedido quanto à abstinência.*
- *As pessoas que entraram voluntariamente em tratamento foram as menos bem-sucedidas.*

As mudanças impostas por uma força externa – pelo juiz ou por uma intervenção – foram as mais bem-sucedidas. Vejo isso em meu trabalho: as pessoas que têm ajuda depois de uma intervenção são aquelas que conseguem fazer as mudanças mais relevantes em suas vidas – e as mudanças são permanentes. Novamente, e não me canso de repetir: você é a força que pode mudar a pessoa que ama!

Esse é o ponto: muita gente nunca se vê pronta para mudar – elas precisam de ajuda para que fiquem prontas – e um bocado de pessoas nem mesmo se move entre os estágios previsíveis. De fato, tenho visto algumas pessoas largarem hábitos bem ruins, como o cigarro e o álcool, em minutos e continuarem em abstinência para sempre.

Mas, na maioria das vezes, as pessoas que estão em crise se veem em mau estado, exaustas e quase sempre sem conseguir pensar com clareza. Elas jamais levantarão a bandeira branca em rendição. Então, por que você as impediria de entrar num padrão que exige um pensamento mais direto e ainda uma capacidade de processar as coisas de forma mais saudável? Você não faria isso, nem deveria fazê-lo. Então, não se engane com esse velho mito. Deixe-o de lado, com a teoria de que a Terra é plana.

Por favor, considere esta verdade: com amor, ajuda e apoio, a mudança pode começar; e você pode tentar quantas vezes forem necessárias. Quando colocar minhas técnicas em prática, crie coragem quando as coisas correrem bem, mas não fique desanimado demais se as coisas não saírem como o planejado. A próxima palavra, o próximo dia, a próxima interação lhe darão mais uma chance para criar um impacto positivo.

Mito 5: O medo é a melhor motivação para a mudança

Minha irmã é gorda. Meu marido fuma. O tio Joe bebe demais. Meu pai não faz exercícios. As pessoas estão se matando e sabem disso. E, mesmo assim, continuam comendo demais, acendendo outro cigarro e se jogando no sofá em frente à TV com mais uma cerveja nas mãos.

Reflita sobre isto: os médicos da Faculdade de Medicina Washington em St. Louis descobriram que, em um grupo de fumantes que tinha feito cirurgia para remover um câncer de pulmão em estágio inicial, a maioria voltou a fumar apenas dois meses depois dessa cirurgia. Em outro estudo, conduzido pelos pesquisadores da John

Hopkins University, nove entre dez pacientes com problemas coronários não realizaram as melhorias necessárias em sua alimentação, não fizeram mais atividades físicas nem reduziram o estresse. E, apesar das intensas campanhas educativas, mais de 23% dos americanos continuam a fumar, 15% bebem em excesso (dos quais 21% são mulheres entre 18 e 25 anos) e um terço nem sempre usa o cinto de segurança no carro.

Nós, seres humanos, algumas vezes somos perversamente resistentes em fazer as coisas que sabemos serem boas para nós. Ou não deixamos de fazer aquilo que é claramente ruim. Ainda assim, as técnicas utilizadas para tentar mudar o comportamento das pessoas, como amedrontá-las sobre os riscos para a saúde, são formas ineficazes para motivar tal mudança, de acordo com os estudos realizados sobre aquilo que funciona quanto a fazer as pessoas terem vidas mais saudáveis. Como uma pessoa envolvida na motivação de mudanças pessoais, sei que o medo está bem ao lado da reclamação e dos resmungos. Nenhum deles funciona.

As pessoas se escondem na negação quando lhes dizem todas as coisas ruins que acontecerão com elas, e nunca ouvem as palavras de amor e de encorajamento. Ninguém pretende mudar quando lhe dizem que aquilo que anda fazendo é errado. Seu amigo ou a pessoa amada sabe muito bem que você desaprova suas escolhas; então aqueles longos sermões, raciocínios complicados e táticas amedrontadoras não ajudarão a provocar nenhum tipo de mudança. Quando você tenta "ajudar" dessa forma, falando à pessoa apenas sobre as coisas ruins, ela faz aquilo que todos fazemos – ela desliga, diz aquilo que você quer ouvir ou prepara uma retaliação. Ela apenas entra na defensiva e nunca ficará motivada para mudar. Não espere que ela diga: "Oba, obrigado por me dizer isso novamente". E, quanto mais passar sermões, mais doido você ficará. Embora seja perfeitamente razoável comunicar seus medos a alguém, usar admoestações baseadas no medo – excluindo as outras técnicas – não funcionará.

Se você deseja que o ente querido mude, precisará fazer alguma coisa diferente do que vem fazendo. Os pesquisadores da Brandeis University, em Waltham, Massachusetts, perguntaram a 44 casais o que fizeram para que os esposos ou as esposas se alimentassem direito, fizessem exercícios e realizassem outras mudanças saudáveis. Tanto os maridos quanto as esposas disseram que as abordagens abaixo foram as mais eficazes:

- *Faça junto. Convide o marido ou a mulher a dar uma caminhada ou um passeio de bicicleta; entrem em aulas de culinária* light.
- *Dê uma mão a essa pessoa. Pague para ela algumas sessões com um* personal trainer *ou inscreva-a numa academia; prepare almoços mais saudáveis para ela.*
- *Dê apoio. Os elogios funcionam mais para a mudança de comportamento. Elogie quando ela não quiser a sobremesa; seja paciente enquanto ela estiver nervosa por causa da abstinência da nicotina.*

Mas por que essas estratégias deram certo? Elas fazem com que o receptor se sinta bem porque são vistas como tendo sido motivadas pelo amor e pela preocupação do parceiro, e não por um desejo de controle.

Assim como no ditado que diz "é mais fácil atrair as abelhas com mel do que com vinagre", é mais fácil fazer com que a pessoa amada ouça suas palavras carinhosas do que suas críticas. Então, como alternativa às reclamações e às ameaças, use o mel e ajude a pessoa amada contando-lhe sobre as coisas de que gosta nela e como as mudanças positivas deixam você mais feliz. Embora você não queira resmungar, é importante dar voz às suas preocupações, mas de uma maneira carinhosa. Você poderia dizer a seu marido que gostaria que ele ficasse em sua vida por muito mais tempo. Deixe sua amada saber quanto ela é importante para você. Diga a ele que você o valoriza demais. Aproveite cada oportunidade para deixá-la saber quanto você aprecia tê-la como esposa, sócia, amiga ou parente. Fale sobre as coisas que gostaria que fizessem juntos no futuro. A alegria de viver é um fator de motivação mais poderoso do que o medo de morrer, então é nesse aspecto que se deve dar ênfase para poder "vender" a mudança.

Visões atraentes e positivas sobre o futuro representam uma forte inspiração para a mudança, e você aprenderá como criar essas visões no capítulo quatro. As pessoas sempre escolhem o amor e não o medo como motivação para buscar ajuda. O amor é a dimensão mais poderosa da imaginação humana e libera as forças incríveis da mudança.

Muitas pessoas passam pela vida aceitando esses mitos que ouvimos o tempo todo, agarrando-se a eles porque foi isso que aprenderam a fazer ou porque eles parecem ser a verdade absoluta. Porém, as mudanças só poderão acontecer quando a gente desaprender esses mitos e deixá-los de lado. Então, diga adeus aos leopardos, aos escorpiões e aos velhos cachorros. Uma vez que fizer isso – e sei que o fará –, estará pronto para tomar as medidas necessárias e que exercerão uma diferença profunda e duradoura na vida das pessoas que ama.

Capítulo 3

Quando intervir

A maioria de nós tem uma pessoa querida, seja um familiar ou um amigo chegado, que se encontra com problemas e precisa de ajuda. Gostaria de compartilhar com você algumas provas disso, reunidas de informações governamentais, de centros de tratamento de pessoas dependentes, de pesquisas nacionais e de organizações de saúde:

- 1 em cada 6 americanos relata que "bebe demais"; enquanto 1 em cada 20 diz que tem problemas sérios com abuso de álcool;
- 1 em cada 38 americanos apresenta transtornos alimentares, sendo que 1 em cada 10 pessoas são homens e 9 em cada 10 são mulheres;
- 1 em cada 43 americanos tem problemas com jogo;
- 1 em cada 15 americanos usa substâncias ilícitas de forma regular;
- 1 em cada 20 americanos está atualmente com depressão;
- 1 em cada 5 americanos adultos fuma;
- 1 em cada 13 americanos sofre de dependência do uso da internet.

Quando você analisa essas estatísticas impressionantes, acaba se perguntando: por que as pessoas fazem coisas que sabem ser prejudiciais ou até mesmo mortais? Na próxima vez em que for visitar aquela tia que está ligada a um balão de oxigênio – e continua fumando seu cigarrinho enquanto respira através dos tubos que entram pelas narinas –, pare e pense. Qual será o motivo que a leva a continuar fazendo uma coisa que destruiu sua saúde e, muito provavelmente, encurtou sua vida? Isso não faz sentido, ou faz? Sua tia possivelmente o aconselharia a evitar o cigarro, enquanto continuaria ao mesmo tempo sendo incapaz de resolver seu problema.

Você já foi a um desses restaurantes com um bufê – no qual pode se servir à vontade por um preço fixo – acompanhado de alguém acima do peso e, de repente, percebeu que ele voltou a se servir por uma segunda vez, ou por uma terceira vez? Dá vontade de coçar a cabeça e perguntar: O que está acontecendo? Ele não sabe que já está satisfeito? Talvez ele nem dê bola pra isso. Mas cadê o botão de liga/desliga? Vamos avaliar isso um pouco mais.

Existem numerosas razões pelas quais as pessoas fazem coisas que são prejudiciais a elas. Podemos citar, dentre tantas, as pressões da sociedade, o estresse, o tédio, o vício pela adrenalina, depressão, rebeldia adolescente, rompimentos familiares, problemas econômicos, crimes, alívio para as dores físicas ou emocionais, além de se manter numa posição distanciada de sua harmonia interna e do equilíbrio espiritual. E, se as drogas como cocaína, álcool ou tabaco estiverem envolvidas na equação e você perguntar para a pessoa por que ela está agindo daquela maneira, as respostas serão as mais diferentes possíveis: "Porque eu gosto", "Isso me deixa feliz", "Isso me acalma". E assim por diante. Estando ou não conscientes do que fazem, seja ou não um comportamento perigoso, as pessoas fazem o que fazem por terem motivos.

E a pergunta mais difícil para nós é: devemos intervir ou devemos nos retirar? É bastante normal apresentar hesitação quando se tenta ajudar um amigo ou um familiar enredado em comportamentos problemáticos ou destrutivos. Você não quer se intrometer; ao contrário, quer fazer o melhor em defesa dos interesses desse amigo, especialmente quando ele estiver machucando a si e aos outros.

Uma vida salva pela intervenção

Lauren Conley, professora do ensino fundamental, de 29 anos, se viu com essa pergunta nas mãos. Sua melhor amiga, Bette, tentara o suicídio poucos anos antes. Conheci Lauren quando ela fazia parte de uma intervenção familiar para ajudar uma irmã caçula a entrar num tratamento para anorexia. Lauren me contou sobre Bette, que vinha enfrentando depressão – que Lauren atribuía a um romance fracassado. Elas conversavam quase todas as noites pelo telefone, uma vez que Bette morava em Denver e Lauren, em Chicago.

— Vou me matar — Bette dissera de uma forma triste e meio brincalhona.

— Por quê? — perguntou Lauren.

— E por que não?

— E como você vai fazer isso? — Lauren questionou.

Então, Bette descreveu diferentes métodos, e Lauren explicava por que não funcionariam. Pular de uma sacada? Você estragará sua plástica do nariz. Cortar os pulsos? Faz a maior sujeira no banheiro. Tomar uma overdose de comprimidos? E se você não tomar a quantidade suficiente? Lauren tentava fazer Bette dar algumas risadas. Afinal de contas, pensou ela, as pessoas que dão risadas não se matam, certo?

Mas Lauren acabou ficando com medo. Ela já ouvira muitas vezes que as ameaças de suicídio deveriam ser levadas a sério. Com receio de ter esperado demais, ou de não dar mais tempo de fazer nada, Lauren telefonou para o irmão de Bette, que também levou a coisa a sério. Ele foi até a casa da irmã e a encontrou desesperada e deprimida. Um laço feito de fios elétricos e que foi encontrado no banheiro mostrou que Bette estava pensando em se enforcar. Finalmente, ela admitiu sua intenção e concordou em ir a um hospital para fazer uma avaliação de seu estado mental. Logo depois, ela foi inscrita num programa de recuperação, tendo em vista os resultados da avaliação médica. Resumindo a história, a vida de Bette foi salva porque as pessoas que a amavam tomaram medidas para salvá-la.

Mas como fazemos para decidir quando é o momento de intervir? Talvez eu devesse, talvez não... Essa é uma pergunta torturante. Bem, caso esteja esperando que alguém faça uma mudança por sua própria conta e esteja se perguntando por quanto tempo esperar, pare agora mesmo de fazer isso e saia dessa calculadora mental. O fator decisivo será fácil de calcular: some os custos desse comportamenta pessoal, os custos para a pessoa e também para sua família e amigos, incluindo os seus.

FAÇA AS CONTAS

O comportamento autodestrutivo sempre machuca e pode até mesmo matar. Veja só estas estatísticas dissonantes, obtidas junto ao Centro de Controle de Doenças dos Estados Unidos (CDC, em inglês): cada fumante gasta cerca de 4 mil dólares por ano para fumar. Em anos de vida, um homem gasta 13,2 anos e uma mulher gasta 14,5 anos por causa do hábito de fumar. O cigarro é responsável por aproximadamente 440 mil mortes anuais. Logo em seguida, vem a obesidade.

Dados mais recentes estimam que cerca de 400 mil óbitos por ano estão associados à obesidade. O CDC acaba de liberar um estudo afirmando que o custo para tratar as doenças relacionadas com a obesidade foi às alturas – 147 bilhões de dólares, o dobro do que custava há dez anos. É assustador, mas a pura verdade: a gordura mata.

Quanto à violência doméstica, cerca de 1.500 mulheres e 500 homens morrem todos os anos, assassinados pelo parceiro. Mais de 31 mil pessoas cometem suicídio nos Estados Unidos a cada ano. E as tentativas de suicídio chegam a quase 1,5 milhão de pessoas. Na média, 89 pessoas tiram suas vidas diariamente. E a maioria dessas pessoas sofre de depressão, de vícios ou outras doenças mentais diagnosticáveis, mas dois terços das pessoas que morreram *não estavam recebendo cuidados* para suas doenças no momento da ocorrência.

O custo de meu vício chegou perto de um milhão de dólares. Eu calculo que, durante os vinte anos de vício ativo, gastei em média 40 mil dólares por ano no vício. Foram sacolas e sacolas de dinheiro desperdiçadas com álcool, comprimidos, cocaína e metanfetamina, além de cigarros e outras besteiras. E isso é apenas a soma do dinheiro gasto, sem contar os salários perdidos, a produtividade e os sonhos desperdiçados, e todos aqueles "e se...".

Seja de que modo for que você avalie as estatísticas, os números são alarmantes. Mas o problema nunca chega até nós de verdade até que a gente veja um ente querido, um funcionário ou um parente associado a um desses problemas – e observe que esse ente querido se autodestruirá diante de nossos olhos. O custo de esperar para intervir até que algo realmente terrível aconteça é alto demais.

AVALIE O CUSTO PESSOAL

Como disse antes, além de todos esses custos, há o pessoal. Pense um pouco sobre isto: o que esse comportamento faz com sua vida? Está abalando sua paz de espírito? Sua saúde? Suas finanças? Seus relacionamentos? O que esse comportamento custa para você? Acredite: há custos – e são enormes. Vamos falar um pouco sobre eles.

Custos emocionais

Se a pessoa amada tem um vício ou sofre de outros problemas graves, você – e todas as pessoas na família – será afetado de um modo ou de outro. Os membros da família, por exemplo, quase sempre vivem com sentimentos de solidão, frustração, medo, raiva, e principalmente vergonha. Às vezes, eles podem sentir raiva e ressentimento em relação à situação toda e então, em seguida, sentirem-se terrivelmente culpados por terem ficado com raiva. Podem também se sentir desesperançados em relação ao problema. Alguns familiares até acabam usando drogas, ou álcool, ou até passam a jogar como uma forma de lidar com os problemas em sua família e na tentativa de neutralizar a dor emocional.

Vícios em droga ou álcool ou a violência doméstica são problemas que criam um ambiente familiar muito instável.

As crianças podem se sentir inseguras ou achar que não são amadas. E também têm grande probabilidade de começar a exibir um comportamento antissocial e a ter problemas como faltar na escola, demonstrar agressividade, hiperatividade e transtornos alimentares. Nos ambientes dominados pelo vício ou controlados por outros tipos de caos instalados, a segurança das crianças – assim como seu desenvolvimento emocional e psicológico – pode correr riscos.

Você precisa se perguntar quanto de dor vive nessa situação. Você já se perguntou como consegue se manter inteiro? O que isso causa em seus filhos? A dor emocional se apresenta de diferentes formas – como depressão, ansiedade ou como um sentimento de estar sendo negligenciado, mal-compreendido, triste, vulnerável, ou simplesmente de estar sendo torcido como um pano molhado.

É fundamental que tire sua temperatura emocional e reconheça que é magoado e ferido. A dor emocional não é algo pelo qual valha a pena sofrer. Quando você chegar nesse ponto de consciência, acredito que se verá fortalecido e motivado para ajudar a colocar a pessoa amada na direção de uma mudança que faça sentido.

Os custos para a saúde

Normalmente, os relacionamentos mais próximos costumam ser um manancial de apoio para a melhora da saúde. Mas injete um conflito doméstico persistente, problemas entre as pessoas, um vício ou qualquer outro comportamento destrutivo nessa mistura, e você terá um grande problema. Evidências acumuladas ao longo dos anos indicam que esses problemas e conflitos dão um golpe em seu corpo – e especialmente no seu coração. Em um dos estudos, os pesquisadores descobriram que os adultos britânicos – aqueles que viviam um relacionamento próximo adverso – tinham 34% mais chances de sofrer de problemas cardíacos, desde angina até ataques cardíacos fulminantes, em comparação aos adultos que viviam em harmonia. Diversos estudos realizados nos Estados Unidos produziram descobertas similares. Por exemplo, numa análise feita por um longo período, enfocando mil casamentos, descobriu-se que os matrimônios inamistosos cobram um pesado imposto à saúde com o passar do tempo.

Os relacionamentos assolados pela negatividade são desastrosos em parte por causa do estresse crônico. Além de causar danos ao coração, esse estresse constante pode exaurir o sistema imunológico – abrindo passagem para resfriados, câncer e outras moléstias – e também pode levar à depressão e a comportamentos arriscados para lidar com a situação, como beber em excesso.

Reflita sobre o que essa situação em particular causa à sua saúde. O que ela pode causar? Então, decida tomar medidas baseadas em suas respostas.

Custos financeiros

É óbvio que há custos financeiros. Talvez você não tenha conseguido aquela promoção que desejava porque vive distraído pelo comportamento autodestrutivo de sua esposa. Ou então ela perdeu o emprego por causa de suas bebedeiras, e agora há um furo bem grande nas finanças da família. Ou você se viu esmagada em dívidas por causa do vício em jogo do marido.

Veja esta situação que talvez não lhe tenha passado pela mente: suponha que você seja o supervisor em seu trabalho e, de repente, se vê enfrentando um dos problemas de mais rápido crescimento nas empresas: o uso excessivo da internet pelos funcionários. De acordo com um relatório do Instituto Gallup, o tempo de uso médio do computador da empresa para atividades não ligadas ao trabalho é de 75 minutos diários. Se calcularmos vinte dólares por hora, isso representa uma perda anual de produtividade de cerca de 6.250 dólares por funcionário.

Tudo bem, talvez isso não o afete diretamente, mas, para as pessoas em funções de gerência e responsáveis por produtividade, isso representa custos – tanto pessoais quanto profissionais. Os funcionários que jogam games online, ou ficam em chats, ou visitam sites de pornografia durante as horas de trabalho não apenas prejudicam a produtividade da empresa, mas também ajudam a diminuir os lucros e criam um tremendo estresse para sua chefia.

Muitos supervisores e gerentes ainda não perceberam que esse uso problemático do computador na internet pode facilmente se tornar um vício psicológico, que é um transtorno clínico legítimo. Caso seja um empregador atualmente, você não pode simplesmente demitir alguém por uso indevido da internet no trabalho. Os empregados que foram demitidos por esse motivo acabaram processando seus antigos empregadores, alegando que sofrem de um transtorno mental e acusando a empresa de ter fornecido acesso à sua "droga", o computador ligado à internet. Claro que processos desse tipo podem parecer frívolos e tolos, mas vemos um número crescente de casos chegarem aos tribunais todos os anos – mais e mais razões para intervirmos. Na verdade, os empregadores precisam criar melhores políticas quanto ao uso da internet no local do trabalho. Se você se encontrar numa situação dessas, compreendendo os custos envolvidos para você e para sua empresa, estará pronto então para intervir e levar aqueles empregados a um programa de apoio.

Os custos das crises em que você se encontra, sejam elas quais forem e que formas tomarem, são enormes. Você precisa intervir, não apenas em nome da pessoa em apuros, mas também para deter o estrago em sua vida – e de todos os que estiverem envolvidos nela.

Aqui está o ponto central: qualquer coisa que aconteça a uma pessoa tem consequências sobre as pessoas que a rodeiam. Por exemplo, quando um membro da família se torna deprimido, adquire um vício, fica obeso, ou seja lá o que for, o efeito daquele comportamento não se localiza apenas dentro da pessoa, mas se espalha pela família e afeta todos os seus membros. Os efeitos colaterais são reais e graves.

A CONSCIÊNCIA LEVA À AÇÃO

Preste atenção ao comportamento do ente querido, de seu parceiro, parente ou funcionário. Talvez tenha mudado recentemente e para pior. Ele pode ter começado a beber em excesso, a fazer uso de drogas, ficado taciturno e desinteressado, ou começo a provocar brigas com você. Talvez se mostre irritado e nervoso o tempo todo e o menor motivo o faz explodir. Ou então começou a ter problemas para se relacionar com o chefe, com os colegas, com os amigos e com a família. Quem sabe percebeu nessa pessoa sentimentos de desesperança, de que nada vale a pena ou mesmo de culpa – ou mudanças no sono, uma falta de energia e de motivação, ou exaustão. Todo aquele preto e branco ficou cinza? O peso dela flutua incessantemente? Ela perdeu interesse nas atividades que adorava fazer antes? Ela se afasta das pessoas com frequência? Parece confusa e desconcentrada?

Talvez ela começou a dar pouca atenção às áreas importantes da vida ou se recuse a cuidar da saúde, a procurar um emprego melhor, a cuidar das finanças pessoais ou a tentar melhorar seu relacionamento com você. Ela, por acaso, prejudicou um relacionamento importante, o emprego, os estudos ou perdeu uma oportunidade na carreira por causa de um mau hábito? Ela pediu dinheiro emprestado aos amigos, aos familiares ou até mesmo a pessoas pouco íntimas para pagar alguma dívida catastrófica? Ela mentiu sobre a quantidade de dinheiro gasta em um hábito qualquer? Cometeu algum tipo de crime para conseguir dinheiro na tentativa de resolver seu problema?

Bem, então pergunte-se: o que esse comportamento lhe causa? Você ficou deprimido, ansioso, triste ou se sente uma pilha de nervos? Você comete erros de julgamento, acidentes e se vê em mau estado físico e mental? Você sente que as coisas estão fora de controle e podem ficar potencialmente perigosas? Você está com problemas financeiros? Está satisfeito com o rumo que as coisas tomaram? Agora, responda a essas perguntas.

Assim que refletir sobre essas questões, será preciso escrever. O ato de escrever é uma forma de tornar claro aquilo que você já sabe, em contraponto às vozes interiores de negação e indecisão. Quando você anota certas coisas, tudo começa a ficar compreensível. Você passa a acessar suas próprias opiniões sobre o que deve ser feito a seguir.

Criei oito breves questionários para ajudá-lo. Escolha aqueles que se apliquem a você. Se você acha que seu ente querido está com algum comportamento que envolve questões ligadas à depressão, então talvez prefira responder ao formulário de perguntas que trata das questões emocionais, por exemplo. Para cada questão, tudo o que você deve fazer é responder apenas *sim* ou *não*. Se a resposta for *sim*, então dedique algum tempo para listar os custos para você e para a pessoa amada. E, enquanto reflete sobre cada questão, pergunte-se:

- *O que esse modo de conduta pessoal causa a ela? E a você e à sua família?*
- *Como isso interfere em sua paz de espírito e em sua qualidade de vida?*
- *Esse problema o deixa deprimido e ansioso durante grande parte do tempo?*
- *O que isso custa a seus relacionamentos?*
- *Você tem problemas de saúde por causa do comportamento da pessoa amada? Quais são eles?*
- *Quais são os custos financeiros?*
- *Quem mais é afetado de forma adversa, em sua família e em seu círculo de amigos? E como?*

E então, está pronto? Pegue uma caneta e anote tudo o que essa situação roubou de você. Esse exercício não objetiva colocá-lo numa situação de vítima; é o contrário. Se desejar realmente ser honesto (e precisa ser, caso queira tomar medidas), então o exercício de fazer uma lista dos custos verdadeiros é um passo inestimável para se posicionar de fato no meio de toda a confusão.

Vamos em frente.

Problemas com álcool

1. Você acha que a pessoa querida bebe mais do que as outras pessoas?

Sim ( ) Não ( )

Caso responda positivamente, como isso afeta a pessoa? E como o afeta?

___

2. Você se preocupa ou emite queixas sobre o fato de ela beber?

Sim ( ) Não ( )

Caso responda positivamente, como isto o afeta?

___

3. A pessoa querida já tentou parar de beber, mas foi incapaz?

Sim ( ) Não ( )

Caso responda positivamente, como isso afeta a pessoa? E como o afeta?

___

4. O fato de ela beber já criou problemas entre vocês?

Sim ( ) Não ( )

Caso responda positivamente, quais são os problemas? E como eles o afetam e ao seu relacionamento?

___

5. A pessoa querida já enfrentou problemas no trabalho porque bebe?

Sim ( ) Não ( )

Caso responda positivamente, como isso afeta a pessoa? E como o afeta?

---

6. A bebida já fez com que ela deixasse de lado suas obrigações, sua família ou o trabalho por mais de dois dias seguidos?

Sim ( ) Não ( )

Caso responda positivamente, como isso afeta a pessoa? E como o afeta?

---

7. Ela já foi presa ou multada por dirigir bêbada, ou depois de beber?

Sim ( ) Não ( )

Caso responda positivamente, como isso afeta a pessoa? E como o afeta?

---

8. Ela já perdeu amigos por causa da bebida?

Sim ( ) Não ( )

Caso responda positivamente, como isso afeta a pessoa? E como o afeta?

---

9. A pessoa querida já foi hospitalizada por causa de bebedeiras?

Sim ( ) Não ( )

Caso responda positivamente, como isso afeta a pessoa? E como o afeta?

Problemas com drogas

1. A pessoa querida já usou drogas diferentes daquelas receitadas por razões médicas?

Sim ( ) Não ( )

Caso responda positivamente, como isso afetou a pessoa? E como o afetou?

___

2. Ela usa drogas mais de uma vez por semana?

Sim ( ) Não ( )

Caso responda positivamente, como isso afeta a pessoa? E como o afeta?

___

3. A pessoa querida já tentou parar de usar drogas, mas foi incapaz?

Sim ( ) Não ( )

Caso responda positivamente, como isso afeta a pessoa? E como o afeta?

___

4. Você está preocupado por ela usar drogas?

Sim ( ) Não ( )

Caso responda positivamente, como isso o afeta?

___

5. O uso de drogas por parte da pessoa querida já criou problemas entre vocês?

Sim ( ) Não ( )

Caso responda positivamente, quais são os problemas? E como eles o afetam?

___

6. Ela perdeu amigos por causa das drogas?

Sim ( ) Não ( )

Caso responda positivamente, como isso afeta a pessoa? E como o afeta?

___

7. A droga já fez com que ela o deixasse de lado as obrigações, a família ou o trabalho?

Sim ( ) Não ( )

Caso responda positivamente, como isso afeta a pessoa? E como o afeta?

___

8. Ela já teve problemas no trabalho por causa do uso de drogas?

Sim ( ) Não ( )

Caso responda positivamente, como isso afeta a pessoa? E como o afeta?

___

9. Ela já perdeu empregos por causa do uso de drogas?

Sim ( ) Não ( )

Caso responda positivamente, como isso afeta a pessoa? E como o afeta?

___

10. Sua pessoa querida já se envolveu em atividades ilegais para conseguir drogas?

Sim ( ) Não ( )

Caso responda positivamente, como isso afeta a pessoa? E como o afeta?

____

Compulsão pelo computador ou pela internet

1. Ela passou a usar a internet com mais frequência e por mais tempo que antes?

Sim ( ) Não ( )

Caso responda positivamente, como isso afeta a pessoa? E como o afeta?

____

2. Sua pessoa querida já tentou alguma vez diminuir, controlar ou cortar de vez seu tempo de uso na internet, mas foi incapaz de fazê-lo?

Sim ( ) Não ( )

Caso responda positivamente, como isso afeta a pessoa? E como o afeta?

____

3. Ela tem se mostrado taciturna, impaciente, deprimida ou irritada quando não está usando a internet?

Sim ( ) Não ( )

Caso responda positivamente, como isso o afeta?

____

4. Alguma vez esse uso excessivo da internet por parte dela afetou o relacionamento familiar?

Sim ( ) Não ( )

Caso responda positivamente, como? E qual o efeito que esse relacionamento familiar tem sobre você?

---

5. Alguma vez a pessoa querida mentiu para disfarçar o tempo que passou na internet?

Sim ( ) Não ( )

Caso responda positivamente, como isso afeta a pessoa? E como o afeta?

---

6. A pessoa amada enfrentou problemas na escola ou no trabalho por causa do uso que faz da internet?

Sim ( ) Não ( )

Caso responda positivamente, quais são os problemas? E como eles o afetam?

---

7. Ela já teve problemas com a família ou com amigos por causa do tempo excessivo que passa conectado à internet?

Sim ( ) Não ( )

Caso responda positivamente, quais são os problemas? E como eles o afetam?

---

8. A pessoa querida se mostra preocupada no computador, com períodos cada vez mais longos online, e demons-

tra sintomas como raiva e ansiedade quando é impedida de se conectar?

Sim ( ) Não ( )

Caso responda positivamente, como isso afeta você?

____

9. Ela já mostrou sinais elevados de estresse, ansiedade ou insegurança sempre que não encontra um computador?

Sim ( ) Não ( )

Caso responda positivamente, como isso afeta você?

____

10. Ela se mostra inquieta ou desconfortável quando não usa a internet?

Sim ( ) Não ( )

Caso responda positivamente, como isso afeta você?

____

Problemas com jogo

1. A pessoa querida já jogou alguma vez até o último centavo?

Sim ( ) Não ( )

Caso responda positivamente, como isso afeta a pessoa? E como o afeta?

____

2. Ela já perdeu a hora da escola ou do trabalho por causa do jogo?

Sim ( ) Não ( )

Caso responda positivamente, como isso afeta a pessoa? E como o afeta?

---

3. O jogo alguma vez criou problemas em casa ou nos relacionamentos?

Sim ( ) Não ( )

Caso responda positivamente, quais são os problemas e como eles o afetam?

---

4. Depois que ganha, a pessoa querida tem uma intensa necessidade de voltar a jogar para ganhar mais?

Sim ( ) Não ( )

Caso responda positivamente, como esse comportamento o afeta?

---

5. Depois que perde, ela deseja voltar a jogar o mais rápido possível para recuperar as perdas?

Sim ( ) Não ( )

Caso responda positivamente, como isso o afeta?

---

6. A pessoa querida alguma vez vendeu alguma coisa para arrumar dinheiro para as apostas?

Sim ( ) Não ( )

Caso responda positivamente, como isso afeta a pessoa? E como o afeta?

---

7. A pessoa querida alguma vez jogou com dinheiro emprestado ou usando saques do cartão de crédito?

Sim ( ) Não ( )

Caso responda positivamente, como isso o afeta?

---

8. Alguma vez ela negligenciou o próprio bem-estar, ou o bem-estar da família, por causa do jogo?

Sim ( ) Não ( )

Caso responda positivamente, como isso o afeta?

---

9. Alguma vez ela cometeu (ou pensou em cometer) um ato criminoso, como roubar, desfalcar ou fraudar, para conseguir dinheiro para as apostas?

Sim ( ) Não ( )

Caso responda positivamente, como isso afeta a pessoa? E como o afeta?

---

10. O ato de jogar compulsivamente alguma vez levou a pessoa querida a pensar em suicídio ou em outra forma de autodestruição?

Sim ( ) Não ( )

Caso responda positivamente, como isso afeta a pessoa? E como o afeta?

Transtornos Alimentares

1. A pessoa querida tem a tendência de ganhar ou perder peso de uma forma que chame a atenção?

Sim ( ) Não ( )

Caso responda positivamente, como isso afeta a pessoa? E como o afeta?

---

2. Ela usa roupas largas ou com várias camadas, na esperança de disfarçar a perda ou o ganho de peso?

Sim ( ) Não ( )

Caso responda positivamente, como você se sente com relação a isso?

---

3. Ela está obcecada em fazer exercícios (por exemplo, quer se exercitar depois de comer)?

Sim ( ) Não ( )

Caso responda positivamente, como isso afeta a pessoa?

---

4. Ela vive reclamando que está acima do peso, mesmo estando muito magra?

Sim ( ) Não ( )

Caso responda positivamente, como isso afeta a pessoa?

---

5. É gasto muito dinheiro em açúcar e alimentos com muita gordura?

Sim ( ) Não ( )

Caso responda positivamente, como isso afeta a pessoa? E como o afeta?

____

6. Ela baseia a autoestima no peso e na imagem?

Sim ( ) Não ( )

Caso responda positivamente, como isso afeta a pessoa? E como o afeta?

____

7. Ela sempre inventa desculpas para evitar comer ou para pular as refeições?

Sim ( ) Não ( )

Caso responda positivamente, como isso afeta a pessoa? E como o afeta?

____

8. Ela ganha peso com frequência e reage exagerada e emocionalmente à menor flutuação do peso?

Sim ( ) Não ( )

Caso responda positivamente, como isso afeta a pessoa? E como o afeta?

____

9. Ela evita as situações sociais onde serão servidas refeições?

Sim ( ) Não ( )

Caso responda positivamente, como isso afeta a pessoa? E como o afeta?

____

10. Você já observou ou encontrou evidências de compulsão alimentar, bulimia ou uso excessivo de laxantes?

Sim ( )   Não ( )

Caso responda positivamente, como isso afeta a pessoa? E como o afeta?

Problemas com raiva/ violência

1. Você está sempre com medo de seu parceiro?

Sim ( )   Não ( )

Caso responda positivamente, como isso o afeta?

---

2. Você evita certos assuntos (ou passa bastante tempo tentando descobrir um jeito de falar sobre eles) de forma a não estimular a raiva de seu parceiro?

Sim ( )   Não ( )

Caso responda positivamente, como isso o afeta?

---

3. Você teme que seu parceiro possa machucá-lo ou mesmo matá-lo?

Sim ( )   Não ( )

Caso responda positivamente, com que frequência você se sente assim? O que isso lhe causa?

---

4. Seu parceiro alguma vez ameaçou machucá-lo ou mesmo matá-lo?

Sim ( )   Não ( )

Caso responda positivamente, com que frequência? O que isso lhe causa?

---

5. Seu parceiro já machucou você fisicamente?

Sim ( ) Não ( )

Caso responda positivamente, o que aconteceu? Como você se sentiu?

---

6. Alguma vez seu parceiro ameaçou cometer suicídio como uma forma de evitar que você fosse embora?

Sim ( ) Não ( )

Caso responda positivamente, como você reagiu? Como você se sentiu?

---

7. Alguma vez seu parceiro forçou você a fazer sexo, mesmo quando você não queria?

Sim ( ) Não ( )

Caso responda positivamente, como isso o afetou?

---

8. Alguma vez seu parceiro fez ameaças enquanto você estava no trabalho, seja pelo telefone ou pessoalmente?

Sim ( ) Não ( )

Caso responda positivamente, como isso o afetou?

---

9. Seu parceiro procura impedi-lo de ver seus amigos ou sua família?

Sim ( ) Não ( )

Caso responda positivamente, como isso o afeta?

---

10. Seu parceiro o ofende e o insulta?

Sim ( ) Não ( )

Caso responda positivamente, como isso o afeta?

Problemas financeiros

1. Você desconfia da capacidade da pessoa querida administrar as finanças?

Sim ( ) Não ( )

Caso responda positivamente, como essa desconfiança afeta seu relacionamento e você mesmo?

---

2. Os cartões de crédito representam um problema para a pessoa amada?

Sim ( ) Não ( )

Caso responda positivamente, como isso afeta a pessoa? E como o afeta?

---

3. Ela compra compulsivamente, mesmo sabendo que aquilo que comprou não era necessário?

Sim ( ) Não ( )

Caso responda positivamente, como isso o afeta?

---

4. Essas compras obsessivas da pessoa querida lhe causam algum tipo de sofrimento emocional?

Sim ( ) Não ( )

Caso responda positivamente, descreva esse sentimento.

---

5. Ela costuma esconder as compras, ou mente sobre aquilo que comprou ou sobre quanto gastou?

Sim ( ) Não ( )

Caso responda positivamente, como isso o afeta?

---

6. Ela ignora as consequências desses hábitos de compra, como o acúmulo de dívidas ou as tensões entre vocês?

Sim ( ) Não ( )

Caso responda positivamente, como isso afeta a pessoa? E como o afeta?

---

7. Você já entrou em discussões com a pessoa amada ou arruinou o relacionamento por causa do tempo que ela passa fazendo compras, ou sobre a ilusão dessas compras, ou sobre a péssima administração do dinheiro?

Sim ( ) Não ( )

Caso responda positivamente, como isso afeta a pessoa? E como o afeta?

---

8. Ela usa o cartão de crédito para comprar coisas que geralmente compraria com dinheiro vivo?

Sim ( ) Não ( )

Caso responda positivamente, como isso afeta a pessoa? E como o afeta?

---

9. Seu ente querido começou a receber avisos de credores, cobrança por contas atrasadas ou cobrança judicial?

Sim ( ) Não ( )

Caso responda positivamente, como isso afeta a pessoa? E como o afeta?

---

10. Ela pegou empréstimos para pagar dívidas ou já usou a poupança para pagar contas que normalmente seriam pagas com o salário?

Sim ( ) Não ( )

Caso responda positivamente, como isso afeta a pessoa? E como o afeta?

Problemas emocionais (Depressão, Angústia)

1. A pessoa querida se sente sempre triste ou irritada?

Sim ( ) Não ( )

Caso responda positivamente, como isso afeta a pessoa? E como o afeta?

---

2. Ela perdeu o interesse em atividades que antes gostava de fazer?

Sim ( ) Não ( )

Caso responda positivamente, como isso o afeta?

---

3. Ele perdeu o interesse em sexo?

Sim ( ) Não ( )

Caso responda positivamente, como isso o afeta?

___

4. Você observou mudança no peso ou no apetite da pessoa querida?

Sim ( ) Não ( )

Caso responda positivamente, como isso afeta a pessoa? E como o afeta?

___

5. O padrão de sono dela mudou? Por exemplo, está com problemas para dormir ou para ficar acordado, ou dorme demais?

Sim ( ) Não ( )

Caso responda positivamente, como isso afeta a pessoa? E como o afeta?

___

6. A pessoa amada chora facilmente, ou tem sentimento de culpa?

Sim ( ) Não ( )

Caso responda positivamente, como isso afeta a pessoa? E como o afeta?

___

7. Ela deixou de cuidar da aparência, do asseio e da limpeza?

Sim ( ) Não ( )

Caso responda positivamente, como isso o afeta?

___

8. Ela se tornou crítica ao extremo ou perde o controle facilmente?

Sim ( ) Não ( )

Caso responda positivamente, como isso o afeta?

____

9. A pessoa amada se sente sem esperança e imprestável, inútil?

Sim ( ) Não ( )

Caso responda positivamente, como isso o afeta?

____

10. Ela tem pensamentos de acabar com a própria vida?

Sim ( ) Não ( )

Caso responda positivamente, como isso o afeta?

____

Outros problemas

A pessoa amada pode viver problemas diferentes daqueles que foram tratados nos questionários anteriores. Por exemplo, pode ser um workaholic *(quem tem necessidade compulsiva de trabalhar muito), ou ser um dependente ao sexo, ou ter problemas com a intimidade do casal, só para citar alguns. Se qualquer outro problema o estiver aborrecendo, simplesmente escreva as respostas para a pergunta seguinte:*

Como resultado do comportamento de ________, eu perdi:

1. ____________________
2. ____________________
3. ____________________
4. ____________________
5. ____________________

Se você é influenciado pelos problemas, e suas verificações comprovam isso, chegou a hora de ouvir sua voz interior, que é quase sempre silenciada pelo barulho em volta. Você pode chamar essa voz como quiser – intuição, consciência, espírito divino, o poder maior, qualquer que seja o nome mais adequado para sua crença religiosa. Essa voz é seu pequeno guia interior. Ela deve ser ouvida, respeitada e seguida. E, para descobri-la, afaste-se do meio do caos. Acalme-se. Fique quieto e ouça. E aí, siga o que a voz disser. Você descobrirá na calma e no silêncio que é melhor lidar com seu ente querido o mais cedo possível. E isso é ser honesto. A honestidade é a base essencial para que possamos ajudar as pessoas que amamos a sair do buraco que cavaram para si. Ao compreender quanto isso nos custa pessoalmente, seremos capazes de agir com mais clareza, à luz do débito que é criado em torno dessa gigantesca onda de coisas ruins.

Mais uma coisa: se isso servir de consolo, dentre os milhares de pessoas com quem trabalhei, nunca houve uma só pessoa, ou empregador, ou membro da família que dissesse que interveio sem motivo. Nunca, nem uma única vez.

Agora é o momento de aprender como fazer isso.

Parte II

O programa de quatro passos para estabelecer as mudanças agora

Este não é um livro comum sobre mudanças. Não é um livro que ensina a coerção, a manipulação, ou que força as pessoas a fazerem aquilo que você deseja que façam. Ele também se opõe à sabedoria convencional que diz que você não tem a capacidade de mudar as outras pessoas. O que você está a ponto de aprender é um processo único e original em quatro etapas, construído com amor e carinho, e que exerce um efeito notável nas pessoas. Ele funciona tanto para influenciar seu esposo, sua esposa e/ou seus filhos em casa, quanto para afastar um ente querido de um vício debilitante. Ou apenas ajuda a resolver um problema aflitivo, a lidar com pessoas difíceis no escritório ou a persuadir as pessoas a fazerem escolhas melhores. Em poucas palavras, os quatro passos são:

Passo 1 – Construa um círculo de mudanças

Use a influência natural dos amigos e da família e reivindique seu inigualável poder para fazer com que o ente querido resistente se encaminhe em direção à mudança.

Passo 2 – Envie o convite

Peça a alguém que você ama para tomar as medidas necessárias a fim de conseguir uma mudança duradora.

Passo 3 – Apoie a mudança

Apoie seu ente querido durante sua transformação, para que a mudança dure.

Passo 4 – Cuide de você

Você precisa se cuidar. Sua vida é valiosa. Você não foi colocado neste planeta para ser obrigado a lidar para sempre com o comportamento destrutivo de alguém. Esse passo mostra como criar, educar, prover e sustentar-se, de forma que você permaneça física e emocionalmente forte, mentalmente alerta e espiritualmente equilibrado.

Você está singularmente posicionado para intervir e agir com amor, paixão e propósito. Dê uma chance a esses passos e você mudará alguém que ama.

Capítulo 4

Passo 1
Construa um círculo de mudanças

Você está prestes a verificar que o meu processo simples de quatro passos pode ajudá-lo a mudar alguém para uma vida melhor. Esse poderoso processo começa com o Passo 1: construa um círculo de mudanças. E aqui eu lhe mostro como reunir um grupo de pessoas que se importa em mudar a vida da pessoa amada e que está ansioso para ajudá-lo a fazer isso.

Hellen Keller disse uma vez: "Sozinhos podemos fazer pouco; juntos podemos fazer muito". E não há em nenhum lugar em que esse belo pensamento possa ser melhor aplicado do que no Passo 1. Para que a mudança comece, você não pode – e não deve – fazer tudo sozinho. É claro que seu instinto será fazer as coisas por conta própria, mas você deve resistir. A mudança bem-sucedida depende da ajuda, do amor e do apoio de um grupo de pessoas escolhidas a dedo. Existe força na quantidade. Eu chamo esse grupo de "círculo de mudanças".

O círculo de mudanças exerce poderosa influência. Porque quando alguém enfrenta diversas pessoas, fica difícil rejeitar toda a questão como se fosse uma desaprovação pessoal, ou ignorar os desejos sinceros dos pais, dos filhos, de seus esposos e amigos. Ele será capaz de ter melhor compreensão da gravidade da situação. E um número maior de pessoas pode apresentar mais evidências de que um problema existe de verdade. Seja ele vício, transtorno alimentar, raiva ou violência, depressão, angústia ou obsessão; o primeiro passo rumo à mudança é rodear o ente querido com palavras de incentivo, de verdades, de gestos sinceros, de carinho desinteressado e de apoio. E o mais importante de tudo: o abraço caloroso do amor.

A REUNIÃO FAMILIAR

O círculo de mudanças coloca a pessoa amada num processo muito especial e que é tradicionalmente chamado de intervenção. Talvez você conheça esse processo como uma técnica usada para ajudar as pessoas que são dependentes. Sim, a intervenção funciona muito bem para isso, mas os princípios podem ser amplamente praticados em qualquer comportamento que precise mudar.

A intervenção é quase sempre erroneamente entendida como um evento pré-concebido de confronto emocional e levado avante como um ataque-surpresa. Mas o que você aprenderá aqui é algo diferente. Na verdade, eu raramente chamo isso de intervenção; chamo de "reunião familiar". É algo mais estratégico e levado de uma forma amorosa e carinhosa. A reunião familiar é mais uma declaração à pessoa querida de que você se importa tanto com ela que quer vê-la mudar. Essa é a chave. Não importa se o problema está profundamente arraigado, porque há poucos problemas que o amor não possa conquistar ou mudar. Todos os que fazem parte do círculo de mudanças demonstram seu amor, oferecem motivos indiscutíveis para que a mudança comece e apontam claramente que a ajuda é a única opção.

TRABALHO DE EQUIPE

O círculo de mudanças é um trabalho de equipe. Não se trata de forçar, implorar, subornar ou manipular alguém para que mude. Na verdade, o círculo de mudanças não pretende absolutamente fazer as coisas a seu modo. É um grupo de pessoas realmente preocupadas em trabalharem juntas para ajudar alguém a colocar suas vidas nos trilhos novamente.

Por exemplo, a prioridade principal de todos os membros do grupo é alcançar a meta da equipe, e não os objetivos pessoais. Num time de estrelas, a capacidade individual de cada jogador não significa nada se não contribuir para que o time faça gols. Se o time não vencer, ninguém ganha. Do mesmo modo, não há heróis individuais num círculo de mudanças, mas sim um conjunto de forças e influências que está disponível para o grupo. O sucesso do círculo reside no trabalho de equipe para realizar um objetivo comum. E esse objetivo é fazer com que a pessoa amada aceite ajuda, para que a mudança possa começar.

FORME O CÍRCULO

O primeiro desafio, então, é reunir as pessoas certas. Quando dou aconselhamento às famílias, o critério principal que uso para selecionar os membros do círculo baseia-se em reunir as *vozes que tenham mais importância para o ente querido*; em outras palavras, a quem ele daria mais atenção? Quem ele mais respeita? Quem ele mais ama? Em quem ele mais confia? A quem ele mais admira? Quem exerce mais influência sobre a pessoa amada?

Honestamente, todos aqueles que você cogitar para o círculo, terão *alguma* influência sobre o ente querido. Porém, alguns terão mais, e talvez você descubra isso apenas quando reunir todos. Conheci uma família recentemente em Ohio que é um perfeito exemplo. Estávamos trabalhando para que Jack, pai de cinco filhos, com 53 anos e diabético, fosse se consultar com um médico e voltasse a usar insulina regularmente. O diabetes de Jack havia se tornado uma questão de vida ou morte. A família estava cansada de atormentar o pai insistentemente para que voltasse a fazer todas aquelas coisas que um diabético deve fazer para controlar a doença: checar os níveis de açúcar no sangue, injetar insulina e cuidar de si. Ao mesmo tempo, eles queriam salvar a vida dele. Mas aquela situação era completamente frustrante. Jack já havia dito *não* nove vezes para nosso plano. Em certa altura da reunião, Alicia, esposa de Jack, virou-se para mim em absoluto desespero e gritou: "Porra! Você não escutou, ele disse NÃO! Ele não quer a nossa ajuda. Estou de saco cheio!".

Então, do meio do círculo, surgiu uma voz calma e poderosa: a antiga professora de piano de Jack, uma diminuta e grisalha senhora de 76 anos, senhora Bittleton, que morava numa cidade próxima: "Se você perder seus dedos, Jack, não será mais capaz de tocar piano, coisa que eu sei que você adora fazer, e sentirei muita falta de ouvi-lo tocar". Na hora, Jack prometeu fazer a consulta médica da qual necessitava. A senhora Bittleton foi a voz mais forte do círculo. Ela tocou Jack de uma forma que a família não havia conseguido.

Para que seu círculo seja eficiente e bem-sucedido, selecione vozes que tenham importância, como a da antiga professora de piano. Observe o panorama social da vida de seu ente querido. Pergunte-se, como se estivesse em um mundo perfeito: se fosse possível reunir pessoas com poder e influência na vida da pessoa amada, quem seriam elas (do passado, do presente e do futuro)? Pessoas como amigos próximos ou familiares, qualquer um que mantivesse uma relação influente e significativa na vida de seu ente querido, deveria ser convidada a participar do círculo – até mesmo crianças. Comece agora a visualizar essas pessoas e prepare uma lista preliminar que poderia incluir:

- Cônjuges e irmãos
- Pais
- Avós
- Filhos
- Primos, tios e outros parentes próximos
- Pastor, padre, rabino ou outro clérigo
- Amigos e vizinhos
- Professor, do passado ou do presente
- Patrão ou chefe, do passado ou do presente
- Colega de trabalho do passado ou do presente
- Ex-esposo, ex-esposa ou parceiro
- Médico, conselheiro ou profissional de saúde mental
- Orientador judiciário da liberdade condicional

Enquanto a equipe estiver se reunindo para ajudar seu ente querido, existem momentos nos quais pode ser importante agregar alguém para apoiar você. Recentemente, em Boston, uma família de seis irmãs reuniu-se comigo para ajudar a mãe Jackie. A irmã caçula, Maggie, estava liderando o grupo e sentiu que era importante que sua melhor amiga Karin estivesse presente para apoiá-la no processo de navegar pela dinâmica de personalidades diferentes naquela reunião familiar. De fato, o apoio de Karin foi fundamental, embora ela não tivesse nenhum tipo de relação com Jackie.

Eu apresentei Karin de uma maneira simples: "Karin é a melhor amiga de Maggie e está aqui com a aprovação do grupo para auxiliar sua amiga. Estamos contentes com sua presença, Karin".

Envolvendo os usuários e os capacitadores

Se você lidar com problemas ligados às drogas, geralmente é melhor não escolher pessoas que sejam usuárias de drogas. Mas existem exceções, e lhe contarei sobre uma delas que encontrei no ano passado. Eu estava trabalhando com uma família em Montana, os McKenna, cujo filho mais velho, Anthony, de 35 anos, era negociante de commodities. Anthony era consumir crônico de maconha e não ligava mais para sua aparência, seu trabalho ou mesmo para sua vida. A maconha pode fazer isso com você. Ela é associada a um grande número de transtornos mentais, como esquizofrenia, depressão, angústia e pensamentos suicidas. Todos os dias, Anthony fumava.

A família de Anthony protestou quando sugeri que convidássemos Kenny para a reunião, mas insisti. Kenny era amigo de Anthony e usuário persistente de maconha e poderia falar com propriedade sobre a experiência. Quando chegou a vez de Kenny falar durante a reunião familiar, ele disse: "Anthony, eu sei que eu fumo demais também, mas você perdeu muito mais do que eu. A sua situação e a sua vida estão desabando, e isso me obrigou a rever minha vida". Kenny acabou se tornando a voz mais poderosa da sala – a voz do exemplo que fez com que Anthony se inclinasse a dizer sim para o tratamento. Algumas vezes, a pessoa que você acha que será o elo mais fraco acaba sendo o mais forte.

Pessoas como Kenny, que também são usuárias, podem se tornar "capacitadores". Capacitadores são as pessoas que tornam mais fácil para alguém o ato de jogar, beber, tomar drogas ou tudo o mais: a mulher que paga as dívidas do parceiro ou cobre o seu cheque sem fundo; a mãe que alimenta seu filho deprimido e acima do peso dando-lhe comidas que funcionam como consolo; o marido que evita enxergar o vício da esposa, fingindo que não há problema; ou o pai que dá desculpas quando o filho dependente falta ao trabalho ou à escola. A lista é interminável.

Parte da capacitação, assim como do vício ativo, é a negação. Existe um desejo de manter os segredos da família, de varrer as coisas para baixo do tapete e não balançar o barco demais. Os capacitadores também racionalizam tudo o que podem, tentando minimizar o problema, ignorando-o e esperando que desapareça sozinho. Embora tais intenções sejam admiráveis em sua maioria (proteger e salvar o ente querido de um mal que seja percebido), o resultado é a perpetuação da doença ou do problema.

Acredito que seja de vital importância envolver os capacitadores no processo de mudança. O capacitador é geralmente uma voz de grande importância para a pessoa em apuros. Ele pode ser um pai, um cônjuge, namorado ou namorada – alguém que a pessoa com problemas realmente ame. Eu me lembro claramente da situação em que vivia Marcus, de 30 anos, da Geórgia, dependente de cocaína, bebida e remédios. Dê o nome de uma droga, e ele a usava. A namorada de Marcus era Karin, uma stripper de 22 anos com seios recém-feitos e cabelos louros longos e sexy – e ela era a principal capacitadora, tão usuária de drogas quanto ele.

A família de Marcus nunca aprovou Karin; logo, ela não foi convidada para a reunião familiar. Percebi rapidamente, quando Karin me ligou para contar que não fora incluída, que ela era provavelmente a voz mais importante na vida de Marcus. Embora seu relacionamento estivesse emaranhado no uso das drogas, no fundo eles realmente se importavam um com o outro. Havia uma intimidade sexual, física e emocional que ninguém mais na família compartilhava. No fim, incluimos Karin na reunião, e ela se tornou a pessoa que convenceu Marcus a entrar no tratamento. E não apenas isso: Karin mais tarde também entrou em tratamento. Duas vidas que mudaram para melhor!

Deixar de fora capacitadores como Karin não o ajudará a cuidar de seu ente querido. Capacitar, a seu modo, é uma forma de amor. É ajudar, proteger, prover, cuidar e amar uma pessoa com um grave problema. Meu programa de quatro passos é construído no amor, é inspirado pelo amor, e por isso você precisa ter no círculo pessoas que amam aquele que tem problemas. Então, não tenha receio de incluir a namorada stripper ou outros capacitadores. Sim, eles podem ter fornecido drogas, pago a fiança na cadeia, coberto o cheque sem fundos e permitido que o comportamento negativo continuasse. Mas, como esses capacitadores realmente amam e realmente se importam, devemos incluí-los, ouvi-los, respeitá-los e nos apoiarmos na sua lealdade para encorajar a mudança.

Envolvendo funcionários e colegas de trabalho

É aqui que a situação pode ficar um pouco delicada – envolver as pessoas do trabalho. Você deveria chamar o chefe de alguém? Os colegas da empresa? Alguém do RH? E, se você convidar alguém do trabalho, será que seu ente querido será despedido assim que o chefe tomar conhecimento do vício, do alcoolismo ou de outros problemas? Será que você quebraria a confiança e a lealdade da pessoa que ama ao chamar o chefe dela? Ou correria o risco de enfurecer e de indispor-se com essa pessoa?

Essas são perguntas importantes, e deixe-me lhe dizer desde já que talvez não seja muito indicado envolver pessoas do local de trabalho. Avalie se o problema afeta o trabalho da pessoa e causa erros, atrasos, mau comportamento em relação à sua função, problemas com a segurança no trabalho, ou ainda faltas ou licença por motivos de saúde, o que normalmente ocorre quando se trata de uso de drogas.

Quanto à possibilidade de a pessoa ser despedida, em geral as empresas respaldam essa pessoa enquanto recebe ajuda, especialmente nos casos que envolvem drogas e alcoolismo. Os empregadores demonstram interesse na saúde e na produtividade de seus funcionários. O uso de drogas, em particular, acarreta muitos custos para os patrões, incluindo aqueles provenientes das faltas constantes, das indenizações, do decréscimo da produtividade e dos custos crescentes dos seguros de saúde. Por exemplo, o escritório da National Drug Control Policy, do governo americano, estima que o abuso de drogas custe aos empregadores aproximadamente 180 bilhões de dólares ao ano, referentes à diminuição da produtividade. Normalmente, algum aspecto do desempenho do funcionário chamará a atenção do chefe ou do supervisor de qualquer modo, e a empresa desejará ajudar.

Na realidade, é muito menos custoso para o empregador ajudar a pessoa a conseguir algum tipo de tratamento do que despedi-la. O custo da demissão e da substituição de um empregado pode ser várias vezes maior do que o salário anual daquele que foi demitido. Esses custos podem ainda incluir a indenização pela demissão, uma possível ação judicial em função da lei *Americans with Disabilities Act* (ADA)[2], a contratação de *headhunters* e custo de treinamento, além da perda dos contatos e do networking que a pessoa demitida havia construído. Alguns peritos estimam que, para cada dólar gasto em intervenção e reabilitação, há uma economia de quatro dólares para a empresa. E as empresas quase sempre realizam suas próprias intervenções, uma vez que compreendem o valor disso.

Mas, então, quando é que você decide se é ou não indicado envolver alguém do local de trabalho? Eu ajudo as pessoas a responder a essa importante questão ao aplicar o teste definitivo sobre a situação. Responda às seguintes perguntas:

- O problema tem a ver com o uso de drogas ou o vício na internet?
- O seu ente querido apresenta em seu prontuário na empresa anotações sobre seu desempenho ligadas a esse problema?

---

2 – O ADA regula os direitos dos cidadãos com deficiência nos EUA, além de prover a base legal dos fundos públicos para compra dos recursos de que estes necessitam. (N.T.)

- Existe um histórico de faltas constantes no trabalho gerado por esse problema?
- Existe algum histórico de castigo disciplinar no emprego nos dois anos anteriores?
- Existe um histórico de problemas legais gerados por esse problema?
- O tratamento ou a reabilitação exigem algum tempo fora do trabalho?
- O seguro-saúde da empresa será usado para pagar o tratamento ou a reabilitação?
- O trabalho de seu ente querido estimula ou incentiva o problema (por exemplo, trabalhar como barman se a pessoa tem tendências ao alcoolismo)?
- O *Employee Assistance Program* (EAP)[3] será usado para ajudar o ente querido a entrar em tratamento ou num programa de reabilitação?

Caso tenha respondido *sim* a qualquer uma dessas perguntas, por favor, avalie a possibilidade de envolver alguém do local de trabalho. Além disso, se o problema ameaça a vida de algum modo, não se martirize por destruir a reputação da pessoa amada em detrimento de sua vida! Pessoas mortas não são despedidas nem contratadas.

Mas sempre há exceções. Se o chefe não estiver consciente do problema, como o uso de drogas, pode não ser uma boa ideia chamá-lo. As pessoas que você selecionar para fazer parte do círculo devem ter sido afetadas de

---

3 – Employee Assistance Program – programas que propiciam ao empregado um suporte em caso de problemas pessoais que afetem todos os aspectos de sua vida, em especial no trabalho. Esta é uma prática pouco abrangente no mercado brasileiro. (N.T.)

alguma forma pelo comportamento dele, e estão quase sempre informadas do problema e dos danos que ele causou. Por isso, estão mais cientes e melhor equipadas para participar do processo de mudança. Mas ainda é possível envolver o local de trabalho, se for preciso, contatando a equipe do EAP ou o RH. Esses programas EAP existem há décadas e ajudam os empregados, e suas famílias, a desembaraçar teias complexas de problemas, que vão desde o uso de drogas até a melhor forma de cuidar dos filhos, passando por problemas de relacionamento, estresse, depressão, questões financeiras e legais, apenas para citar alguns.

Não há custos para os empregados, e os serviços são voluntários e confidenciais (exceto quando houver necessidade de seguir as leis estaduais ou federais).

Tenha em mente também que o local de trabalho é o espaço em nossas vidas onde mantemos o maior grau de contato diário com outras pessoas, onde despendemos nossa energia criativa e formamos relacionamentos. O local de trabalho é onde a necessidade de manter contato, os propósitos comuns e o sentido de amizade encontram um lugar especial. Assim, sempre que avaliar quem fará parte de seu círculo de mudanças, lembre-se daqueles colegas de trabalho que se importam com seu ente querido.

Envolvendo profissionais

Talvez você ache importante envolver um médico, um terapeuta ou algum outro profissional de saúde. Eles são quase sempre vozes poderosas que estimulam a mudança, e uma das razões para isso é que representam uma autoridade legítima. Somos todos naturalmente inclinados a obedecer a uma figura que possui algum tipo de autoridade, em função do profissionalismo, do conhecimento ou do prestígio. Os profissionais de marketing sabem disso há décadas: as pessoas tendem a comprar produtos, serviços ou ideias que são avalizadas por peritos, por aqueles que carregam a aura de poder e sabedoria. Então, se precisa de uma voz com experiência em saúde ou em questões da mente, reflita sobre convidar um desses peritos. Ele pode fazer parte de seu círculo de mudanças pessoalmente, por telefone ou até mesmo por carta.

A inclusão de uma pessoa com autoridade ajudou a obter a concordância de uma cliente que tive vários anos atrás. Sharon, de 48 anos, era uma poderosa executiva que mandava e desmandava, e fazia as coisas acontecerem à sua volta, exceto na própria vida. Por exemplo, Sharon não fazia consultas médicas (e de nenhum outro tipo) há mais de 33 anos! O que aconteceu é que, muitos anos antes, a mãe dela havia sido diagnosticada com um câncer no ovário em estágio adiantado. Ela morreu em poucos dias. Sharon internalizou o trauma em relação à morte da mãe, associando os médicos às más notícias e decidiu que nunca, jamais, voltaria a se encontrar com um deles novamente. Sharon tinha um medo patológico de médicos.

Sua família estava preocupada e perturbada com esse comportamento, e então eles organizaram uma reunião familiar. O objetivo era fazer com que Sharon fosse a uma consulta médica. E, naquele círculo de mudanças, foram incluídos dois médicos, que eram amigos dos tios de Sharon e que concordaram gentilmente em ajudar. Os médicos explicaram a Sharon os benefícios de um check-up regular. Eles também aquietaram aquele medo e se tornaram potentes motivadores. Sharon concordou em agendar um check-up e prometeu que se consultaria regularmente.

Outro profissional da saúde que pode valer a pena convidar é um terapeuta de saúde mental. Se você tiver uma suspeita de que seu ente querido esteja sofrendo de algum problema mental grave, como transtorno de ansiedade, mudanças súbitas de humor, ou algum tipo de transtorno de personalidade, pode ser muito bom convidar um terapeuta para fazer parte de seu círculo de mudanças. Há muitos tipos de transtornos de ansiedade — transtorno de pânico, transtorno obsessivo-compulsivo, síndrome de estresse pós-traumático, fobias e distúrbio de ansiedade generalizada — passíveis de serem diagnosticados por um profissional.

Os transtornos de humor (ou afetivos) podem incluir episódios depressivos maiores, depressão crônica e transtorno bipolar de humor (também chamado de psicose maníaco-depressiva). Existe uma grande diferença entre cada um deles e uma simples tristeza. As pessoas que sofrem de transtornos de humor podem definir seus sentimentos como pessimismo ou desesperança. Elas também podem ser arrastadas para pensamentos suicidas como uma forma de alívio para sua depressão.

Mas lembre-se desta verdade: qualquer tipo de desordem no comportamento e crises constantes é uma forma de vida que induz à depressão e à ansiedade. As famílias quase sempre descrevem um ente querido como alguém que está "deprimido e bebendo demais". Em 90% dos casos, é o contrário. Ele bebe demais e, por causa disso, entra em depressão.

Um termo que você deve ouvir cada vez mais frequentemente é transtornos de personalidade, problema que está em ascensão e que afeta 2% dos adultos nos Estados Unidos. Um desses transtornos mais conhecidos é o transtorno de personalidade borderline (ou limítrofe). A pessoa com TPB caracteriza-se por desenvolver relacionamentos impulsivos e voláteis, raivosos, agressivos, violentos. Seu relacionamento com a família e com os amigos é instável, variando entre mostrar um grande apreço para logo depois desprezá-los. A pessoa pode demonstrar também um grande medo de ser abandonada e reagir com selvageria a separações e contratempos menores, como uma viagem de férias, uma viagem de negócios ou uma súbita mudança nos planos. As amizades são difíceis de serem mantidas, o que não é surpresa, e podem resultar no tão temido abandono. Qualquer pessoa que sofra de TPB pode agir com impulsividade em outras áreas também, como gastos excessivos, comer compulsivamente e abusar do sexo sem segurança. Embora as pessoas com depressão e transtornos de ansiedade possam reconhecer seus problemas, aquelas com TPB acham que seu comportamento é uma resposta justa e normal à maneira como o mundo as trata – ou seja, mais uma razão para envolver o terapeuta.

COMPLETE O CÍRCULO

Lembre-se do *brainstorm* e escreva sua lista sem nenhum tipo de edição. Você pode riscar as pessoas mais tarde; mas, por agora, apenas coloque a caneta no papel e escreva, escreva e escreva. Mantenha sua mente aberta e seja criativo ao construir sua lista preliminar. Uma vez fiz uma intervenção na qual colocamos sobre uma cadeira vazia a foto de uma criança que morrera em consequência de a pessoa em questão dirigir embriagada. A voz daquela criança ausente foi a voz mais poderosa naquela sala. Algumas vezes, um membro já falecido pode se juntar ao círculo por meio de um vídeo, uma história, uma colagem de fotografias ou, como naquela vez, uma cadeira vazia.

A seguir, priorize em sua lista aqueles que você acredita exercerem as maiores influências sobre seu amigo ou amiga. Faça com que sua lista tenha mais do que algumas poucas pessoas, mas menos de uma dúzia. Se o círculo tiver mais de 12 pessoas, a reunião pode se tornar ingovernável. E, se tiver menos do que três, pode se ressentir da falta de poder. Já participei de reuniões familiares onde havia um número maior de pessoas, mas, caso faça isso por si, tente manter a reunião controlável, com menos de 12 pessoas.

Agende uma data para o encontro. Costumo aconselhar as pessoas a fazer isso num prazo de dez dias depois de tomar a decisão de intervir. O fato de marcar a data rapidamente ativa o poder que você tem. O *momentum* está em vigor. O atraso, por outro lado, pode alimentar o pensar novamente, as disputas, as discussões e as postergações. A pessoa amada está em crise. Não aperte o botão da pausa; aperte o botão de avançar rapidamente e entre em ação.

Então, comece a fazer os contatos, chamando as pessoas que escolheu para o círculo. Comece a conversar simplesmente seguindo as frases abaixo, como sugestão:

Estou muito preocupado com Susan. Percebi que as coisas pioram em relação a ela. Aprendi um jeito novo de lidar com o assunto e que podemos tentar com ela. Chama-se "reunião familiar" e é conduzida com bastante amor, carinho e compreensão. O objetivo dessa reunião é fazer com que Susan concorde em receber ajuda e comece a mudar.

Sei que você se preocupa com ela tanto quanto eu. Estamos nos reunindo no dia (data) para conversarmos sobre isso e é importante que você participe. Posso contar com você?

Caso esteja falando com alguém do trabalho, a sugestão é esta:

Oi, John, aqui é Richard Miller. Sou amigo de Tommy Drucker. Você sabe que o Tommy lida com alguns problemas. Eu trabalho com a família do Tommy para tentar conseguir algum tipo de ajuda para ele. Você acredita que esta é uma boa hora para falarmos sobre isso? Acredito que a gente pode manter este telefonema confidencial por enquanto. Nós vamos ter uma reunião familiar e convidamos Tommy para participar. Como ele respeita você demais, gostaria de saber se você poderia participar dessa reunião conosco...

E prepare-se para uma grande variedade de reações quando convidar as pessoas para participar. Algumas vezes, as pessoas estão muito inseguras ou amedrontadas para se envolverem. Outras pessoas recusam de cara. Existem algumas que podem aceitar participar e mostrar apoio, mas não têm interesse em declarar como foram afetadas pelo problema, comportamento ou dificuldade. Mas ainda existem os que estão dispostos a fazer o que for preciso para ajudar.

Quando alguém se opõe a entrar no círculo, isso quase sempre significa que precisa de mais informações. Sugiro que você esclareça sobre o mecanismo de abordagem. Pergunte se a pessoa estaria interessada em saber mais sobre como funciona o processo de mudança. Ofereça-se para fornecer informações adicionais por e-mail, ou sugira que a pessoa leia este livro. Normalmente, depois que o processo ficar mais explicado, a preocupação e o amor pela pessoa em apuros acabam impelindo a pessoa a se envolver.

É claro que, algumas vezes, as pessoas estão impedidas de participar das reuniões em função de sua agenda, da distância geográfica ou por outros motivos pessoais. Mas é possível contornar essa situação também. As pessoas que não podem estar presentes escolhem dar sua contribuição ao processo escrevendo uma carta ou ainda participando da reunião usando os recursos disponíveis da tecnologia, como o Skype, um programa que lhe permite fazer chamadas telefônicas pela internet. Se você tiver uma webcam, ainda é possível fazer chamadas em vídeo.

PREPARE O PLANO DE MUDANÇAS

O objetivo do círculo é fazer com que a pessoa amada aceite ajuda, o que eu chamo de "plano de mudança". Isso significa que você já deve ter seu plano delineado. Isso mesmo: cabe a você delinear o plano, porque existe uma grande taxa de rejeição na maior parte dos comportamentos negativos. As pessoas nem sempre pretendem aceitar que elas têm um problema com o consumo de álcool, ou vício em jogos, ou um problema com gastos abusivos ou qualquer outro. Então, essas pessoas não costumam procurar ajuda por conta própria. Logo, é mais razoável e faz muito mais sentido que seja você a pessoa a descobrir o programa de ajuda mais adequado. Você também será a pessoa a explicar ao ente querido que não está habilitado a ajudá-lo, e que ele precisa de alguém, ou de algum tipo de programa, que seja mais capacitado a lidar com isso. O grupo é um poderoso motivador para as mudanças e para ajudar a pessoa querida a dizer *sim* ao plano de mudanças.

QUEM PRECISA – E QUEM NÃO PRECISA – DE REABILITAÇÃO PARA MUDAR

Se o comportamento de seu ente querido for destrutivo ou perigoso (ou seja, ele leva estranhos para casa, consome quantidades absurdas de drogas ou de álcool, joga demais e gasta todas as economias ou fica conectado horas incontáveis na internet), o plano de mudanças deveria avaliar um programa mais radical, talvez com a internação da pessoa num centro para tratar de vício. Alguns dos sinais que indicam a necessidade de um programa de reabilitação podem ser:

- *aumento ou redução do apetite*
- *mudanças nos hábitos alimentares*
- *perdas ou ganhos de peso inexplicáveis*
- *hiperatividade extrema*
- *verborragia, verborreia*
- *marcas de agulha nos braços, nas pernas ou na sola dos pés*
- *mudanças negativas de personalidade e de atitude e sem causa identificável*
- *trocas de amigos; por exemplo, os novos amigos são usuários de drogas*
- *mudança nas atividades: perda de interesse em coisas que eram importantes*
- *queda de desempenho na escola ou no trabalho*
- *atrasos ou faltas na escola ou no trabalho*
- *dificuldade em manter atenção, esquecimentos frequentes*
- *falta de motivação, energia, autoestima, disciplina; uma atitude do tipo "não estou nem aí" sempre na defensiva,*

mudanças bruscas de humor, comportamento ressentido (tudo é difícil)
- *nervosismo, irritação inexplicável*
- *comportamento bizarro e humor violento*
- *comportamento suspeito ou dissimulado*
- *acidentes domésticos mais frequentes, acidentes de carro, colisões*
- *desonestidade crônica, problemas com a lei*
- *necessidade inexplicável de dinheiro; não sabe dizer para onde vai o dinheiro; furtos*
- *esforços incomuns para cobrir os braços e as pernas*
- *mudança nos hábitos de higiene*
- *posse de objetos ligados ao uso de drogas*

Por outro lado, nem todo mundo precisa de reabilitação para mudar. As circunstâncias que levam a um ou outro plano de mudanças variam de indivíduo para indivíduo, e em função do problema em mãos. Você precisa sair do zero para escolher o tipo de ajuda que será necessária. O seu ente querido é um adolescente com um problema de transtorno alimentar? Ou alguém que enfrenta problemas legais e financeiros por causa do vício em jogo? Uma esposa que necessita de um algum tipo de aconselhamento conjugal? Um parente com problemas para controlar o comportamento agressivo? Um filho que anda deprimido? Ou é aquela mãe estressada por causa de tantas responsabilidades em casa, no trabalho e na escola?

O plano de mudanças pode incluir algumas fontes de ajuda bem simples: um programa de aconselhamento em questões financeiras; um grupo de vigilantes do peso na sua região; grupos de apoio para fumantes; um programa de acompanhamento escolar; um grupo de aconselhamento de casais na igreja; sessões com o terapeuta; aulas sobre o controle de estresse. Há várias maneiras eficazes de conseguir apoio de profissionais para mudar alguém que você ama.

Para deixar esta parte do Passo 1 mais fácil para você, fiz uma lista de diversos programas, centros de tratamento e serviços de aconselhamento no Apêndice. Outra ideia é você checar na lista telefônica de sua região e procurar outros programas e serviços semelhantes. E lembre-se do velho boca a boca, que é uma maneira bastante eficaz para encontrar o terapeuta ou o programa que procura. Pergunte aos amigos, parentes e colegas no trabalho. Você se surpreenderá ao ver como as pessoas estão abertas e se sentem bem em dar algum tipo de sugestão ou conselho. Nesse ponto, procure todas as alternativas, faça uma lista com todas as possibilidades, e conheça um pouco mais sobre o tipo de abordagem de cada uma.

Se a terapia fizer parte de seu plano de mudanças, caberá a você buscar um terapeuta, no papel de representante de seu ente querido. Verifique se ele é licenciado para exercer essa função e quais são suas credenciais acadêmicas. Alguns têm experiência em trabalho social; outros, em psicologia. Pergunte-lhes sobre a experiência deles: por quanto tempo estão em atividade, qual a especialidade, se dão aulas em alguma instituição, e assim por diante. Verifique também se já lidaram com o tipo de problema que você tem em mãos. Em caso positivo, com que frequência? Se não teve a experiência que você está buscando, o terapeuta deveria indicar outro profissional mais capacitado a tratar dos problemas que você enfrenta.

Deve existir algum tipo de química entre o terapeuta e o paciente. Se você não tiver certeza de que a pessoa que ama se encaixará com o terapeuta escolhido, não perca tempo tentando descobrir uma forma de fazer as coisas funcionarem. Vá atrás de outra pessoa de sua lista. Às vezes demora um pouco para encontrar a pessoa certa.

E praticamente a mesma coisa acontece com os centros de reabilitação: escolha aquele que tiver mais capacidade e experiência para lidar com aquele problema. Procure diversas opções, leia atentamente como é o programa de tratamento e garanta ter compreendido como as coisas funcionam. As opções variam bastante – desde localização, custos, missão, duração, filosofia do tratamento, até a disponibilidade de desintoxicação e a compatibilidade com os planos de seguro-saúde. Você precisará descobrir o programa mais adequado às suas necessidades. E talvez as perguntas abaixo sejam algumas daquelas que devam ser feitas:

- *O programa é gerido por pessoas com capacitação comprovada?*
- *O programa tem licença para funcionar?*
- *Garanta que a clínica de reabilitação tenha passado por um programa de certificação na área.*
- *Ele tem um programa pós-cuidados? Isso é importante para que se mantenha o tratamento depois que terminou a fase de internação, no sentido de evitar recaídas e dar o apoio necessário para a recuperação. Tenho um programa que chamo de Ajuda na Recuperação, que é inspirado nos programas de acompanhamento dos pilotos de aviação e tem se mostrado a forma mais bem-sucedida*

de incentivar a mudança por meio da responsabilização e da prestação de contas. As clínicas oferecem diferentes tipos desse programa. Exija o seu porque vale a pena.

- *O tratamento pode ser coberto pelo meu seguro-saúde ou pelo meu plano de saúde? Se não, existe alguma escolha parecida?*
- *Seu ente querido pode faltar ao trabalho, somando dias de férias com dias de licença por motivos de saúde? Se ele tem problemas na agenda ou não existe a possibilidade passar algum tempo fora do emprego, uma opção é levá-lo a participar de reuniões de grupos como A.A., no começo.*

Talvez seja bom visitar a clínica antes e ver como são as coisas por trás dos muros. Isso pode ajudar a tomada de decisão. A melhor forma de ajudar a pessoa que ama é fazer a pesquisa, e então encontrar o programa de recuperação que melhor satisfaça suas necessidades.

Se você lida com problemas do tipo vício em jogo ou vício em gastar dinheiro (oniomania), recomendo que inclua no programa de mudanças o acompanhamento psicológico e um programa específico de controle financeiro. O conselheiro financeiro deve ter licença para trabalhar como tal e, em geral, um bom profissional tem anos de experiência em trabalhar com todos os tipos de situações financeiras. Ele poderá ser capaz de ajudar seu ente querido a avaliar com honestidade uma situação em particular e descobrir as causas daquele problema. E, então, poderá criar um plano para resolvê-lo. Alguns desses problemas financeiros são de momento, como um caso de divórcio, morte em família, despesas imprevistas com saúde, perda de emprego, roubo e outros. Mas outros problemas são comportamentais, como o uso indevido do cartão de crédito ou gastos excessivos e compulsivos. Eles normalmente estão ligados a outros problemas e exigem uma mudança de pensamento e medidas imediatas para consertar o problema. Então, esse conselheiro financeiro deverá ser apto a avaliar qualquer situação financeira e ensinar a pessoa amada a fazer melhores escolhas na sua vida cotidiana.

Mas, seja qual for o plano que escolha, analise o custo e verifique se está coberto pelo seguro-saúde. Algumas seguradoras só pagam pelos terapeutas e alguns programas em determinadas situações, enquanto outras pagam pelos tratamentos apenas se estiverem dentro de sua rede de atendimento conveniado. Você também deveria avaliar se há algum tipo de pagamento que deve ser feito à parte e qual é o número de sessões coberto pelo programa. Caso seu ente querido não tenha seguro, peça uma lista de opções para as pessoas na mesma situação.

Existem algumas clínicas apoiadas por crenças religiosas que servem a pessoas sem recursos financeiros e sem seguro. São pessoas que trabalham em regime de voluntariado, mas é preciso entender que esses serviços deixam claro desde o início qual é sua doutrina religiosa, e usam a linguagem e os ensinamentos da religião em vez da linguagem clínica apenas. Se isso não lhe servir, melhor procurar uma clínica secular. Mas, para as pessoas que não têm dinheiro nem seguro-saúde nem família e nem emprego, esta é uma alternativa que vale a pena ser considerada.

Grupos de apoio anônimos

O precursor de todos os movimentos de autoajuda foi o Alcoólicos Anônimos. Fundando nos EUA por dois alcoólicos que lutavam para manter a sobriedade, a organização hoje possui departamentos e divisões em diversos países do mundo. A abordagem do A.A. se baseia num programa dos 12 passos no qual os participantes admitem a impotência em relação a um determinado problema, seja ele o álcool ou qualquer outra coisa. Eles passam a acreditar que existe um Poder Maior do que eles e que pode restaurar sua sanidade e, então, tomam decisões que os levam em direção a esse Poder. Além de ajudar a recuperar os alcoólicos, o A.A. também se tornou o modelo para numerosas outras organizações de autoajuda. Talvez seja interessante você localizar os grupos de apoio em sua região que possam abordar o problema da pessoa amada. Entre os diversos grupos que se basearam no modelo do A.A. estão:

Agressores Anônimos
Narcóticos Anônimos
Devedores Anônimos
Deprimidos Anônimos
Jogadores Anônimos
Comedores Compulsivos Anônimos
Dependentes em Sexo Anônimos
Fumantes Anônimos

PREPARE A MENSAGEM DE MUDANÇA

Todos no círculo devem concordar com a declaração de sua missão, que é aquilo que chamo de "mensagem de mudança". Ela narra em detalhes como o comportamento da pessoa afetou a você e é expressa pela reunião familiar. Ela apresenta a realidade de uma forma que a pessoa possa recebê-la. A mensagem de mudança basicamente diz: "Nós amamos você, e observamos sua luta com esse problema durante muito tempo. Saiba que não está sozinho no processo e que hoje nós começamos a mudar. Somos capazes de vê-lo curado, inteiro e melhor. Caminhamos de uma forma diferente, porque precisamos de uma mudança! E gostaríamos de tê-lo junto conosco nessa mudança". A mensagem de mudança não diz que a pessoa é um indivíduo mesquinho e sem valor, que é um idiota. Esse tipo de recriminação apenas incentiva e aumenta a temperatura emocional e impede a mudança. A mensagem expressa amor, mas exige mudança.

Elaborar essa mensagem é uma parte essencial da renovação pessoal que está prestes a acontecer. E, como todas as renovações, ela exige o emprego de ferramentas delicadas; se você trouxer tratores, isso pode prejudicar todo o processo. As ferramentas que você deve usar para escrever sua mensagem de mudança são o *relatório da testemunha*, o *avanço rápido* e a *resolução*. Com essas três ferramentas, você será capaz de pintar um cenário calmamente. Em outras palavras, você oferecerá verbalmente uma cena visual de como gostaria que a pessoa mudasse. Quando aprender a falar por meio de "imagens", conseguirá obter os resultados esperados. E conseguirá persuadir alguém a aceitar ajuda antes mesmo que ele perceba. Veja agora como essas ferramentas funcionam.

O relatório da testemunha

Existem poucas coisas melhores do que ter um desses relatórios à mão na situação. Ele acrescenta veracidade àquilo que ocorre. E sei que isso é verdade com base em minha experiência como repórter televisivo. Então, pergunte-se – e responda – “O que você viu?” (dê detalhes!). Essa resposta formará seu relatório de testemunha. Seja o que for que venha a fazer, não reclame do comportamento estranho de seu ente querido nem jogue nele a culpa por ser maluco e irresponsável – tudo isso apenas o colocará na defensiva. Jogue o foco sobre você e diga algo do tipo “Fiquei morrendo de medo quando você...” ou “Fiquei temeroso com sua família porque...” ou “Não tenho visto você faz tempo, mas sua irmã me contou que...”. Isso dará uma pista ao ente querido de que suas atitudes afetam as outras pessoas. E, quase sempre, só isso basta para mudar o curso da maré. Veja a prova do que estou afirmando na história a seguir.

A irmã de 39 anos de Michael Bartlett, Marlene, era professora da sexta série e tinha duas filhas, que ficaram com ela após o divórcio. Eram duas lindas meninas de olhos azuis e sardas, portadoras de lindos sorrisos, uma com quatro e a outra com dez anos. Depois de uma separação e de um divórcio doloridos, Marlene deixou de ser alguém que bebia somente à noite e se transformou numa alcoólica crônica, que morreria se não entrasse imediatamente em tratamento intensivo. Marlene passava fora a maioria das noites, chegava em casa e entrava na cama e saía antes mesmo que a cama esquentasse. Suas duas filhas ficavam sem comer. Ironicamente, se você perguntasse a ela qual era a coisa mais importante de sua vida, diria sem hesitar que eram suas filhas. Ao conversar com Michael sobre isso, ensinei-lhe o processo muito simples de usar o relatório da testemunha.

Durante uma reunião familiar na sala de estar da casa de Michael, ele olhou para a irmã e descreveu o que acabara de ver dois dias antes:

"Fui até sua casa depois que seu ex-marido me ligou, dizendo que não tinha conseguido falar com ninguém lá e que ele supostamente pegaria as crianças para ficar com ele no final de semana. Lá estava você, trancada em casa, a TV aos berros, a pia repleta de pratos sujos e o bolor crescendo em copos de suco que não foram lavados. Havia roupa suja e fedida pelo chão e garrafas vazias de vodka espalhadas pela sala. Nunca vira tantas garrafas vazias num mesmo lugar. Um vazamento no teto deixou uma poça no tapete da sala. Fiquei chocado e deprimido quando encontrei você bêbada e nua no chuveiro, segurando sua filhinha de quatro anos, que chorava desconsolada."

O avanço rápido

Esta é a segunda parte de sua mensagem de mudança. Ou seja, pergunte-se: "O que você acredita que acontecerá caso seu ente querido não consiga ajuda?". Em outras palavras: "Quais são os seus temores?". Seja específico. Ele morrerá? Perderá o emprego? Ficará doente? É apenas questão de tempo para que ela volte para casa dirigindo bêbada e atropele alguém ou que acabe na cadeia! Será que ele perderá as pernas por não cuidar da diabetes?.

Vamos usar o exemplo de Michael novamente: "Eu amo você, mas estou preocupado porque acredito que você ficará tão bêbada novamente que alguma coisa terrível poderá acontecer a você ou às crianças. O álcool se tornou a coisa principal na sua vida, mais do que suas filhas".

Usando esse recurso de "rápido avanço", você consegue pintar um quadro, honesto, porém horrível, do futuro da pessoa. Faça seu ente querido saber que ele não está apenas se machucando, mas machucando também as pessoas de quem ele gosta. Essa ferramenta é uma máquina do tempo espiritual que mostra a todo mundo aonde o problema poderá levar se não for tratado a tempo.

A resolução

Toco piano há 35 anos, e em diversas peças musicais há a necessidade de que uma nota ou um acorde se mova de uma dissonância, de um som instável, para uma consonância, um som mais final ou estável. Essa sequência na música se chama "resolução". Quando lidamos com uma pessoa querida que está com problemas, queremos que ela saia da instabilidade e volte para a estabilidade, certo? Queremos pavimentar o caminho para encontrar uma resolução mais harmônica. Então, usando a ferramenta da resolução, você descreve ao seu ente querido como gostaria de ver essa situação problemática resolvida. Basicamente, você explica como gostaria que a pessoa mudasse – e onde conseguir ajuda para que essa mudança aconteça. Em um mundo ideal, como você gostaria que o comportamento dela mudasse? Qual é a imagem do "depois" que vem à sua mente? Como a pessoa amada está, como ela se sente, como ela se comporta depois de ter os problemas resolvidos? Qual é sua esperança?

Aqui está a resolução de Michael: "Eu estimo você demais. Quero que você se torne a mãe dessas crianças do jeito que sei que é capaz. Uma mãe amorosa a quem elas possam procurar e se sentir amadas e protegidas. Seu vício na bebida as está confundindo e transformando. Ele pode matar. Mas eu sei que há uma nova vida à sua frente. Você aceitará a ajuda que estamos oferecendo e começará a reabilitação hoje?".

A mensagem de Michael era tão poderosa que Marlene pôde perceber quão dependente estava e, dentro de apenas uma hora, ela já estava a caminho da clínica de reabilitação. A declaração honesta e que veio diretamente do coração de Michael abriu uma nova vida para sua irmã – mesmo que ela tivesse até então resistido a receber ajuda. Mas, depois de ouvir o que Michael tinha a dizer, seu *não* se tornou um *sim*.

A mensagem para si

A chave para usar essas ferramentas reside na abordagem. Geralmente, a gente se comunica e confronta de duas maneiras. Uma delas é quando usamos declarações que são montadas na crítica e colocam as pessoas na defensiva. São o que chamamos de "mensagens para o outro": "Você está louco", "Está sempre querendo as coisas de seu jeito", "Você está tentando me magoar deliberadamente" e "Você estragou tudo".

Outra maneira de fazer isso, e com mais chances de êxito, é fazer declarações que demonstrem suas necessidades sem atacar ou criticar a outra pessoa. São as chamadas "mensagens para si". Exemplos: "Fiquei preocupado quando você se atrasou por duas horas para o jantar, porque sabia que estava bebendo", "Eu me senti humilhada na festa quando você ficou chapado", "Eu me sinto oprimido pela montanha de dívidas que temos".

A "mensagem para si" é composta de três partes:

- Uma declaração de como você se sente: "Estou...", seguida por uma expressão que demonstre um sentimento: "Estou com medo de...".

- A descrição daquilo que a outra pessoa fez ou disse e que lhe fez sentir-se daquele jeito: "Estou com medo de quando você dirige depois de beber".
- Uma declaração que reflete aquilo que você quer que aconteça: "Estou com medo de quando você dirige depois de beber. Quero que você pare com isso e procure ajuda. Está ficando fora de controle".

Essas "mensagens para si" podem incluir uma quarta parte, contando o motivo pelo qual você se sente daquela forma – a parte do "porquê": "Estou com medo de quando você dirige depois de beber, porque pode acontecer alguma tragédia".

Esse tipo de mensagem funciona porque elas se baseiam naquilo que você sente sem colocar o outro indivíduo na defensiva. Use a automensagem sempre que conversar sobre mudanças com seu ente querido.

Sua mensagem de mudança deve estar envolvida pelo amor. Qualquer medida que for tomada com base no amor, e com compaixão e propósito de resolver a crise, funcionará.

FAÇA O CONVITE

A última parte do Passo 1 é pedir que seu ente querido participe da reunião familiar. Se você for a pessoa que fará os convites, primeiro escreva-o – na forma de um roteiro – e então viva com ele. Fique familiarizado com as palavras, porque elas não são nada parecidas com o que já disse no passado, e você precisa entregá-las de modo perfeito e sem falhas. Eu não espero que você ganhe o Oscar de interpretação na primeira leitura, mas recite-as e pratique algumas vezes até que as palavras se fixem em seu cérebro e você tenha a coragem necessária para pronunciá-las. Veja estes exemplos:

Roteiro 1

Bobby, nós o amamos e estamos nos reunindo com a família nesta manhã, às 11 horas, com sua mãe, eu e seus irmãos, a tia Vicki, o tio Bob e também o seu chefe, Thomas, porque estamos com receio por você. Nós faremos a reunião com ou sem você, mas é importante que você esteja presente. A gente não sabia direito como lidar com isso, então nos reunimos e começamos a planejar a mudança como uma família. Nós falaremos sobre você, e será melhor pra todo mundo se você estiver aqui, assim a gente pode conversar com você, *em vez de ficar apenas falando* de você. *Venha, por favor.*

Roteiro 2

Casey, sua mãe e eu rezávamos para descobrir o que fazer com seu transtorno alimentar. É duro até mesmo falar sobre isso, porque estamos muito preocupados sobre quanto você está doente. Eu dizia a mim que você ficaria melhor se a gente lhe desse mais um tempo, mas agora o tempo acabou. O tempo de fazer as coisas de nosso próprio jeito já passou. Nós amamos você! Sua mãe e eu precisamos de ajuda, por isso decidimos fazer uma reunião familiar. Então amanhã, depois das aulas, sua professora de literatura, Ms. Sallberg, sua mãe, eu e sua irmã Kelly, que está vindo de Dayton, nos reuniremos. Você não é a primeira pessoa em nossa família a lutar contra algum tipo de vício, e agora interromperemos esse ciclo. Na verdade, a gente já começou. Mudaremos, com ou sem você – por isso queremos lhe pedir que se junte a nós, aqui mesmo, com as pessoas que o amam tanto.

Roteiro 3

Nós amamos você e lutamos muito para saber como podemos ajudar e o que fazer para ajudar. Estamos com muito medo disso que acontece com você. E ficamos com medo de fazer a coisa errada. Pedimos ajuda ao pastor Gregg – seu filho também está em recuperação – para podermos descobrir como agir. Ele sugeriu que fizéssemos uma reunião familiar, então é isso o que acontecerá. Lembra-se do ano passado, quando você parou durante três meses e tivemos nosso filho de volta? Bem, ele se foi e agora queremos estar juntos para começar a mudança. Nós vamos nos encontrar nesta sexta às 11 horas em seu apartamento... para falarmos sobre as mudanças que adotaremos e sobre como podemos ajudar você. Nós somos sua família, e nós o amamos. Queremos conversar com você *em vez de conversar* sobre você.

A resposta do ente querido

Depois que você pedir que a pessoa amada compareça à reunião familiar, uma destas três coisas acontecerá: ela pode responder positivamente, negativamente ou de algum meio-termo. Algumas vezes, a pessoa se mostrará de acordo, perguntando coisas do tipo "Uau, por que demorou tanto?". Em outras ocasiões, a pessoa dirá "Vá se f*" e baterá o telefone na sua cara. Ela pode depois ligar de volta, perguntando quem estará na reunião e pedindo mais informações.

Caso a pessoa querida reaja negativamente e desligue o telefone, tudo bem. Reitere que a reunião acontecerá, mas não entre em detalhes. Em outras palavras, não faça a primeira reunião antes da primeira reunião. Atenha-se a esses pontos: nós amamos você, precisamos de uma mudança, vamos nos reunir para que a mudança comece e é muito importante que você compareça.

Ensaios

É uma boa ideia começar a ensaiar a reunião com as pessoas do círculo, desde hoje até o dia marcado. Vocês podem se reunir na casa de alguém para tomar um café e ensaiar, ou até mesmo fazer isso pelo telefone. Faça com que todos compartilhem seu relatório de testemunha e depois façam sugestões construtivas, caso seja necessário. O ponto é que todos entendam o processo e se sintam confortáveis com ele.

ESCOLHAM QUEM DIRIGIRÁ A REUNIÃO

Quando vocês se encontrarem para ensaiar, o círculo deve escolher quem dirigirá a reunião familiar. O líder deve ser alguém com mais probabilidade de se manter emocionalmente frio e com mais chances de perseverar e incentivar o grupo a lidar com uma pessoa querida que seja resistente. Ele deve ser alguém calmo, corajoso e com habilidade e paciência para levar o ente querido ao ponto de dizer *sim* à mudança. Se o líder for alguém que a pessoa querida respeita, e não quer decepcionar, será ainda melhor. Nós temos a tendência de concordar com os desejos das pessoas de quem gostamos.

A maioria das famílias com quem trabalho sabe instintivamente quem é seu melhor líder, mas, se vocês estiverem em dúvida, fiz uma lista das características pessoais dos melhores líderes:

- *Habilidade para enfrentar uma crise*
- *Vontade de defender o que é importante*
- *Ação direcionada*
- *Guiado pelos relacionamentos*
- *Capacidade de manter um grupo atento para a tarefa a ser executada*
- *Inspirar respeito e lealdade nos outros*
- *Conciliar as opiniões divergentes e levar as pessoas a um acordo*
- *Ficar frio sob pressão, mesmo quando a situação é precária*
- *Ter uma visão clara dos resultados*

Assim que as pessoas tomam conhecimento dessas características, sabem automaticamente quem deve liderar a reunião.

VOCÊ DEVERIA CHAMAR UM INTERVENCIONISTA PROFISSIONAL?

A fim de mudar o ente querido, você tem o poder, o apoio e o amor dentro de seu coração para fazer tudo isso por sua própria conta. Existem momentos, entretanto, nos quais deveria considerar a possibilidade de chamar um profissional. Pense nessa hipótese quando seu ente querido:

- *Tiver histórico de doença mental grave (transtornos de humor, transtorno de personalidade, de ansiedade generalizada etc.).*
- *Tiver histórico de violência.*
- *Já tentou o suicídio ou começou recentemente a falar sobre isso.*

- *Toma diversas substâncias desconhecidas e que alteram o humor (elas podem gerar comportamentos erráticos e imprevisíveis).*

Um intervencionista profissional é treinado para lidar com esse tipo de situação, servindo ao mesmo tempo como um orientador neutro e imparcial. Ele até mesmo pode acompanhar a pessoa amada até a clínica para o tratamento. Veja mais detalhes sobre como achar um intervencionista no Apêndice.

Seu círculo de mudanças detém um poder que você nem imagina. Não faz diferença quanto o problema está arraigado, se o panorama parece sem esperança, se os sentimentos são de frustração ou se a teia está emaranhada demais. Um círculo de amor passará por tudo isso. Então, se aquiete, tenha fé e saiba que a mudança está começando.

Recapitulação do Passo 1

- *Escolha quem deve participar do círculo de mudanças e convide-os a fazer parte.*
- *Procure os programas de recuperação que possam ajudar na mudança da pessoa querida e identifique a melhor linha de ação.*
- *Faça com que todos os membros do círculo de mudanças preparem seus relatórios de testemunhas. Essa mensagem descreve como o comportamento da pessoa querida afetou você e oferece as imagens da mudança que você deseja.*
- *Peça à pessoa querida que compareça à reunião familiar.*

Capítulo 5

Passo 2
Envie o convite

O próximo passo no processo de mudança é pedir ao ente querido que mude. É isso o que você fará no Passo 2: enviar o convite da mudança. Sei que você provavelmente está nervoso com essa possibilidade, assim como a maioria das famílias com quem trabalho, que dizem ser essa a parte mais amedrontadora de todas. Mas não se preocupe. Essa é uma reação normal, compreensível e esperada. Conheci pessoas que preferiram dar uma parada no processo no último minuto e não se encontrar com a pessoa, por estarem com medo de que a pessoa amada apenas se levantasse e fosse embora, ou simplesmente com medo de que ela não comparecesse à reunião. Isso acontece muito raramente, e lembre-se de que o Não é uma forma de começar as conversas nesse trabalho que você está fazendo.

Posso lhe garantir que você está prestes a se engajar em uma das mais afetuosas experiências de sua vida. Você consertará um relacionamento, ajudará alguém a ter uma vida melhor ou até mesmo salvará a vida de uma pessoa. Na medida em que todos estiverem preparados, e todos os membros do grupo souberem o que se deve ou não fazer, o encontro deve transcorrer tranquilamente e o nível de estresse de todos deverá cair sensivelmente. O poder que você tem para fazer a mudança começar na vida daqueles que ama é enorme e já está presente em você. Não é uma coisa que se deva descobrir, alugar ou comprar. Existe poder dentro do círculo de mudanças. Eu me lembro disso em todas as reuniões de família de que participo e vivi isso recentemente em minha família.

Fiquei de coração partido quando percebi que meu irmão Gregg, de 51 anos, estava morrendo bem diante de meus olhos enquanto nossa família assistia a tudo sem fazer nada. Gregg é aquele tipo de pessoa de quem todo mundo gosta. Ele está sempre sorrindo e tentando reconfortar as pessoas. Ele lutou durante anos contra as mudanças de peso, seja para mais, seja para menos, por causa do diabetes. Essa doença crônica ocorre quando o organismo não produz insulina ou não a produz em quantidade apropriada e, assim, não é capaz de manter os níveis normais de açúcar no sangue. Quase sempre é um problema genético, mas meu pai e minha mãe não têm diabetes, tampouco meus avós. Se você não controla o diabetes, isso pode conduzir a complicações de saúde muito graves, e quase sempre fatais, como cegueira, doenças no fígado, amputações das extremidades dos membros, derrame ou doenças cardíacas.

Quando a gente era criança, a comida era o centro da vida familiar em casa. Mamãe cozinhava muito bem, e os pratos favoritos eram rosbife com molho e batatas, feijão com fatias de toicinho e bolo de chocolate... E, como muitas famílias, a gente comia para festejar alguma coisa, por estar triste com alguma coisa, enfim, praticamente tudo o que fazíamos terminava num grande almoço ou jantar. Aparentemente, essa comida suculenta afetou Gregg mais do que a seus irmãos e, quando ele entrou na faculdade, o problema ficou ainda pior.

Ele estava pesando quase duzentos quilos. Fazia dietas e perdia peso, só que logo voltava ao peso anterior, às vezes com alguns acréscimos...

Chegou um ponto em que ele ultrapassou a barreira dos duzentos quilos. Como era ministro Quaker e pai de três filhos, ele comia em segredo para comemorar os êxitos e para lamentar as tristezas em sua vida. Ele comia para sobreviver, para socializar e para fugir. A comida não era mais apenas para subsistência; era uma droga.

Então, quando a diabetes começou a impor sua presença na vida de Gregg, ele lutou contra a doença em silêncio. Sentia inveja das outras pessoas que conseguiam colocar na boca um pedaço de comida sem nem mesmo se dar conta disso. Ele lutava para cumprir os rígidos preceitos de controle da doença, mas com o tempo desistiu. Foi quando as coisas ficaram ainda piores.

O diabetes começou a consumi-lo de forma destrutiva. O nível de açúcar no sangue de Gregg ficou tão fora de controle que ele começou a sofrer de infecções na pele e de doenças constantes que vinham à tona e o silenciavam. Quando víamos os círculos escuros ao redor de seus olhos, a maneira como arrastava os pés e sua palidez doentia, meus irmãos e eu podíamos perceber que a doença ameaçava tirar a vida de Gregg. Foi no outono de 2005 que Gregg foi internado no hospital em condição crítica – resultado do diabetes, que se originou de seus hábitos alimentares desordenados. Foi então que interviemos para salvá-lo.

Pelo fato de vivermos espalhados pelo mundo, meus irmãos, meus pais e Gregg nos reunimos num encontro por telefone, e não em uma reunião familiar na casa de alguém. Não começamos a conversa dizendo "Dá um tempo, cara, você não está se cuidando" ou "Você já é um sujeito crescido, por que não consegue se controlar?". E nem o importunamos para que ele dedicasse mais atenção ao que seu médico dissera. Nem imploramos que fosse se matricular em uma academia de ginástica. Tampouco começamos a discutir sobre o que um pedaço a mais de bolo poderia causar em sua saúde. Nada disso.

Ao contrário, fizemos um convite otimista para que ele mudasse.

Quando se pretende que alguém mude, é melhor não dizer apenas "Você precisa mudar". Essa é uma atitude que confunde e envenena o relacionamento. Em vez disso, use aquelas ferramentas de pintura sobre as quais falamos no capítulo anterior. Desse modo, poderá oferecer à pessoa amada um retrato bem claro daquilo que testemunhou e da mudança que gostaria que acontecesse.

Quando entregamos nossa mensagem de mudança a Gregg, nós também apresentamos as consequências de sua tendência de uma forma mais positiva. Nós compartilhamos nosso amor, nossas esperanças e oferecemos nossos relatórios de testemunhas da forma como víamos sua longa e exaustiva batalha. Trouxemos à luz a maneira como sua luta afetava toda a família, e de forma gigantesca. Então, avançamos no tempo e descrevemos como sua imagem futura se mostrava para nós. Lembramos a ele também de seu potencial para ser um ótimo pai, um bom marido e o grande ministro que conhecíamos e que não podíamos mais esperar que Gregg se sentisse e se comportasse daquela forma novamente. Dissemos tudo isso, sempre garantindo que nossa preocupação não se ligava de forma alguma a nenhum tipo de crítica nem representava um sinal de que ele falhou aos nossos olhos. Por vezes sem conta, asseguramos a Gregg todo o nosso amor e quanto desejávamos que ele fosse feliz e saudável novamente.

Gregg entendeu. Nossa mensagem de mudança o motivou a entrar nos Comedores Compulsivos Anônimos, onde conseguiu um orientador e começou a trabalhar bastante para ficar melhor. Depois de nove meses de altos e baixos, conversamos novamente e sugerimos enfaticamente que ele se internasse para resolver o problema. Dentro de algumas semanas, Gregg se internou no *Shades of Hope*, na tentativa de salvar sua vida. Hoje, seus níveis de açúcar no sangue estão controlados por meio de dietas e exercícios. E não toma mais injeções de insulina; apenas um comprimido por dia. O programa de reabilitação funciona para ele um dia de cada vez.

O QUE ACONTECE NUMA REUNIÃO FAMILIAR

Você conseguiu reunir um grupo de pessoas que são próximas de seu ente querido – esposo ou esposa, pais, avós, irmãos, filhos, parentes, amigos e talvez até companheiros de trabalho –, então agora é o momento de entrar em ação. Aproprie-se deste fato: todos sabem como se comportar num grupo de amigos e numa reunião familiar; assim, embora as apostas aqui sejam diferentes, colocaremos em prática algo que você já sabe! Seja qual for a situação, você não estará sozinho. Você estará cercado de pessoas. Todos se apoiarão e reforçarão a energia uns aos outros. E tudo caminhará nos conformes, já que seus esforços estarão embasados em um amor profundo e verdadeiro.

O ambiente

É melhor que a reunião familiar se desenvolva em um ambiente conhecido, que normalmente é a casa de alguém, onde as pessoas se sintam confortáveis. É importante também definir onde cada pessoa se sentará. Esse arranjo provoca uma enorme diferença no tom e na atmosfera do encontro. A pessoa que possui o lado emocional mais forte e que falará por último deve estar posicionada ao lado do ente querido. Coloque a pessoa que falará primeiro, e que também tem força emocional, do outro lado da pessoa amada. O líder da reunião deve se sentar em frente a ela. Caso seja você o líder, sente-se no chão, ou em uma posição mais baixa do que todo mundo, caso a pessoa querida seja a presença dominante na sala, pronta a se conectar com o amor e com os abraços. Essa disposição física do ambiente cria uma sensação de laços fortes e de fazer parte de algo.

Comece a reunião

Se você for o líder, comece a reunião com uma saudação a todos os presentes. Sempre recomendo que, caso a pessoa querida esteja presente, você agradeça a ela pela coragem de vir. Seguem dois exemplos de como se pode começar:

Bem-vindos todos. Estamos muito felizes por você estar conosco, Tommy. Eu sei que, quando conversamos ontem à noite, você sentia muitas emoções diferentes. Seu lugar é o mais espinhoso na sala, por isso aplaudimos sua coragem de vir até aqui, com fé, reunindo-se a nós enquanto caminhamos, desta vez juntos.

Obrigado a todos por virem. Quando começamos a comparar nossas observações sobre (coloque aqui a situação ou o comportamento da pessoa em questão), nossa preocupação cresceu a ponto de dizermos: "Ei, vamos nos reunir para discutir o problema de um jeito realmente carinhoso e com amor, de forma a descobrirmos uma maneira de ajudar nosso Tommy". Todos falaremos com o coração, apresentaremos nossos relatórios de testemunhas sobre aquilo que vimos e que nos deixa com medo e, então, compartilharemos com você aquilo que esperamos ser o começo de uma mudança duradoura. E você poderá falar um pouco. Como isso soa para você?

Regras básicas para estabelecer uma reunião familiar

- *Mantenha um clima de amor, aceitação, carinho, segurança e respeito mútuo.*
- *Aumente ao máximo sua capacidade de suportar besteiras. A negação será alta!*
- *Faça o que normalmente faz numa reunião de amigos ou de família. Alguns grupos comem pizza; outros costumam se reunir no escritório; e outros ainda preferem conversar ao redor da mesa da cozinha. Ou seja, faça as coisas conforme sua dinâmica social.*
- *Desligue os celulares e tudo o mais (exceto, claro, se houver um médico participando).*
- *Não use lenços; deixe as emoções e as lágrimas fluírem.*
- *Não discuta, não grite, não levante a voz.*
- *Não faça sermões, não menospreze nem fale mal.*
- *Não use a reunião familiar como um fórum para fazer ataques ou recriminações.*
- *Mantenha o tom honesto, carinhoso e digno.*
- *Demonstre paciência e respeito a todos os membros do círculo de mudanças.*
- *Conduza a reunião com calma e amor.*

- *Mantenha-se sempre conectado com a pessoa amada. Se ela quiser sair um pouco, para fumar ou tomar ar fresco, faça com que alguém a acompanhe (a única exceção é quando for ao banheiro, e aqui recomendo que a porta fique entreaberta).*
- *Trabalhe de forma a conseguir um SIM, e seja firme.*
- *Se o ente querido disser algo como "Vou pensar a respeito", responda dizendo: "Ótimo, então dentro de duas horas a gente se reúne de novo para decidir". Ou seja, remarque a reunião para um horário específico, de forma a dar um tempo para que a pessoa reflita. Mas mantenha-se firme naquilo que foi estabelecido como meta para essa reunião, que é fazer com que o ente querido concorde com o plano de mudança.*

Se o ente querido se recusar a participar

A pessoa amada pode não participar da reunião familiar, pelo menos de início. Tudo bem se isso acontecer, e não se trata de um indicador de que você falhou. Por favor, compreenda que a reunião familiar não é um negócio de ocorrência única, onde todos se reúnem uma vez, dão um ultimato para que se consiga ajuda, e esperam que o melhor aconteça. A reunião, e os membros do círculo, funcionam como se fossem um grupo permanente de apoio para todos aqueles que lutam para enfrentar o problema da pessoa amada. A participação nesse círculo ajuda a curar você e todos aqueles que foram marcados pelo comportamento de alguém. A dor do vício, de um hábito problemático ou um comportamento corrosivo agita o seio da família e, na verdade, passa por toda a cadeia social. Pode existir um bocado de raiva, de ressentimento e de recriminação jogados sobre a pessoa com problemas e sobre você e outros parentes e amigos. Ao se falar abertamente sobre a dor, as preocupações e as emoções negativas, a família pode se unir e começar a curar as feridas criadas por aquele comportamento. Seja qual for o resultado que se obtenha, o círculo o reforça. Você nunca mais será afetado negativamente pelo comportamento ou pelas ações da pessoa amada. Com o apoio mútuo, todos os membros do círculo ganham força, confiança e coragem para acreditar que um dia mais brilhante está para surgir no horizonte.

Se o ente querido o desafiar

Em algumas situações, ele pode desafiar você, mesmo que tenha dito que compareceria à reunião. O que fazer, então? Comece a reunião na hora marcada; agradeça a todo mundo que compareceu ao círculo. A seguir, pesquise para saber se alguém tem alguma informação. Onde ele está? Quem conversou com ele pela última vez? Então, comece a reunião sem a pessoa querida. Sério. Você disse que faria a reunião com ou sem a presença dela. Então, faça. É importante.

As estatísticas que obtive com minha prática dizem o seguinte: nove entre dez vezes eles acabam aparecendo na reunião. Mas só porque disseram que viriam não quer dizer que compareçam, e, mesmo que tenham declinado do convite, não quer dizer que não venham.

Então, assim como faço, comece a reunião.

E comece da mesma maneira que discutimos antes. Agradeça pela presença de todos. Faça uma observação sobre o não comparecimento do ente querido, e reconheça a coragem e o amor representados na sala. E peça para cada pessoa manifestar em voz alta os pontos positivos daquele momento:

- *Estamos reunidos para ajudar.*
- *Nossa força está no número de pessoas.*
- *Podemos fazer juntos aquilo que não conseguiríamos fazer sozinhos.*
- *Apesar de nossas diferenças, concordamos juntos em começar a mudança agora mesmo.*

Faça um inventário das forças do grupo, compartilhe sua mensagem de mudança em voz alta e faça um intercâmbio de seus testemunhos em turnos. E não devem ficar apenas sentados sem fazer nada: se alguém souber onde ele está, sugiro sempre que algumas pessoas do grupo vão buscá-lo.

Apenas como exemplo, certa vez trabalhei com a família de um alcoólico de 45 anos, Jim. Apesar de dizer que compareceria à reunião, ele não deu as caras, mesmo morando a apenas algumas quadras de onde estávamos reunidos. Seu irmão e eu fomos buscá-lo. Jim abriu a porta, deixou-nos entrar e começamos a reunião ali mesmo. Quanto mais falávamos, mais receptivo ele se tornava, e foi conosco para continuar a reunião com o restante do círculo. Você deve ser persistente, nunca desistir, mantendo seu foco no objetivo – que é a *mudança* – e, no final, conseguirá ter uma pessoa diferente daquela que existia antes.

Ofereça suas mensagens de mudança

A seguir, uma de cada vez, cada pessoa apresenta sua mensagem de mudança. Não a leia; isso apenas rompe o contato visual com o ente querido e pode sugerir falta de sinceridade. Um método mais eficiente é ter alguns pontos destacados num pedaço de papel para relembrá-lo, caso seja preciso. Fale com o coração.

Para que se mantenha um crescimento emocional, é melhor que se defina uma ordem das falas. Isso significa que a pessoa que falará por último apresentará a mensagem mais dramática. Uma das mensagens mais tocantes que já ouvi envolvia uma avó alcoólica, seus filhos adultos e netos. A netinha de seis anos disse: "Não vou entrar no carro com você. Não tem mais graça ficar com você. E nunca mais vou à sua casa". As lágrimas começaram a rolar pelo rosto de todos.

Todo mundo fala na sua vez, dizendo: "Eu amo você. Eu me preocupo com você, e não permitirei que você se autodestrua nem quero perdê-lo". Lembre-se: a mensagem deve ter três partes:

O relatório da testemunha: você mostra as ocasiões específicas em que o comportamento da pessoa foi destrutivo, danoso ou apenas se ele se mostrou fora de controle – e como esse comportamento causou prejuízos a seu relacionamento. Em resumo: o que você vê?

O avanço rápido: você desenha um cenário claro de como enxerga a vida do ente querido sendo destruída se o problema continuar não sendo atacado e como gostaria de ver a mudança realizada na pessoa. Resumindo: Quais são os seus medos?

A resolução: Você pede à pessoa que busque ajuda e comece o plano de mudança. Qual é a sua esperança?

Todos os membros do círculo compartilham seus pensamentos de forma aberta, mas sem fazer julgamentos. Cada mensagem deveria terminar com uma declaração pessoal de amor.

A conclusão: apresente o plano de mudanças

Depois que todos falarem, então a questão passa a ser: nós preparamos um plano (explique o tratamento, mostre folhetos, reafirme os pontos positivos) e marcamos uma hora para que você compareça lá em breve. Você aceitará a ajuda que lhe oferecemos? Busque conseguir a concordância agora, e não mais tarde:

Nós o amamos muito e estamos ao seu lado. Você está disposto a conseguir ajuda (ir ao tratamento, participar daquele programa, se inscrever nos seminários, marcar uma consulta com o médico, e assim por diante) e a fazer isso agora?

QUANDO O ENTE QUERIDO DIZ SIM

Na maioria das vezes, a pessoa amada dirá sim. Pode acreditar. Por favor, entenda que o processo de mudança é um momento de reforçar os laços e de expressão de amor entre todas as pessoas do círculo, e que, juntos, vocês colocaram em movimento um processo absolutamente milagroso. Então, não será surpresa que o ente querido venha a dizer sim. Quando isso acontece, você faz com que ele comece o programa imediatamente.

Tive um grupo em um subúrbio de Seattle no qual, depois que a pessoa disse: "Sim! Aceitarei a ajuda que vocês me oferecem", o pai dela começou a dizer: "Tenho mais algumas coisas a dizer..." e entrou num discurso sobre diversas coisas que não eram importantes naquele momento. Assim, quando ela disser que aceita, pare de falar! Seja o que for que não foi dito até aquele momento, pode muito bem ser colocado numa carta, e reflita por um ou dois dias antes de entregá-la.

Quando a gente ouvir um sim, o que se deve fazer é dar os parabéns!

Estou muito orgulhoso por decidir dar esse passo.

Estamos felizes por confiar na gente a ponto de deixar que o ajudemos.

Eu o amo demais, e estou muito grato por concordar com nossa ajuda, querido.

Uma ou duas pessoas deviam se oferecer para ajudar a pessoa a fazer as malas ou a se preparar para a consulta.

Isso posto, algumas vezes aquele *sim* será dito de maneira um pouco indiferente. E digo isso por experiência própria. Quando meu amigo Paul interveio e me pediu para fazer um tratamento contra as drogas, eu não estava muito interessado nem entusiasmado, mas embalei minhas coisas e fui assim mesmo porque senti que não havia alternativa para salvar minha vida. A pessoa que está em crise pode não ter a clareza mental de se comprometer de forma definitiva ou de fazer bons julgamentos, então você não pode esperar sempre que a pessoa responda com um *sim*. Aquele *sim* mais tímido continua sendo uma resposta positiva e abrirá a porta para a verdadeira mudança.

UM ENCONTRO DE FAMÍLIA DA VIDA REAL: COMPRE SEM PARAR ATÉ SE ENCHER DE DÍVIDAS

Para lhe mostrar como isso funciona, gostaria de apresentá-lo ao casal Tom e Rita, com quem tive a oportunidade de trabalhar recentemente.

Eu acabara de terminar um seminário de mudança para um grupo de facilitadores de dependentes, quando Tom, um homem alto e moreno, me chamou de lado. Ele estava preocupado com sua esposa Rita. Enquanto ele falava, tornou-se claro para mim que Rita era dependente. Mas ela não precisava de cocaína, álcool ou nenhum outro tipo de drogas. Na verdade, o vício dela tratava-se de algo completamente legal e até socialmente aceitável: ela era dependente de compras.

Sua rotina normal era sair para comprar alguma coisa, escondê-la e depois doá-la. Quando Tom encontrou um recibo de uma doação de 5.500 dólares, as suspeitas cresceram e então ele questionou Rita. Ela mentiu, dizendo que havia limpado o guarda-roupa e doado muitas roupas e coisas para a caridade. O fato é que Rita tinha uma compulsão para as compras. Assim como muitos outros comportamentos compulsivos, as compras geravam sentimento de satisfação, parecendo dar mais significado à vida e permitindo que Rita deixasse de lado, mesmo que temporariamente, a sensação de tristeza, de depressão e de inadequação. Além do mais, ela racionalizava o comportamento descontrolado ao dizer a si mesma que, pelo menos, suas doações à caridade eram uma coisa boa.

Estima-se que dez milhões de americanos sofram do mesmo mal que Rita. muitos deles conseguem colocar em cheque seus hábitos de compras irresponsáveis quando ouvem um plano de controle de finanças razoável, mas, para outros, o ciclo interminável de "compre agora e pague depois" transcende o nível do mau hábito para se tornar uma obsessão perigosa ao destruir relacionamentos e levar às pessoas à ruína financeira.

A família de Tom estava com muitas dívidas, e os cobradores ligavam todos os dias. Nos últimos cinco anos, os pais de Rita haviam garantido pagar cerca de 480 mil dólares em dívidas. Mas agora o ciclo de comprar, esconder e doar havia se agravado, sem nenhum sinal de que melhoraria. Tom e Rita estavam prestes a perder a casa. O vício ameaçava destruir toda a família.

Rita havia pedido diversos cartões de crédito em nome da mãe e apenas em duas semanas as compras chegaram a 40 mil dólares. A mãe descobriu o ardil, mas, em vez de denunciar a filha para as autoridades, ela e o pai de Rita livraram sua cara novamente. Eles pagaram os cartões de crédito, fecharam as contas e enviaram à filha um e-mail criticando seu comportamento.

Logo depois, Rita se tornou suspeita de invadir uma casa na vizinhança para roubar os lucros de uma campanha de levantamento de fundos para o tratamento de câncer, tudo para conseguir mais dinheiro e alimentar seu hábito de gastança. Os vizinhos começaram a dizer que Rita era uma ladra, e sua família sofreu com a vergonha resultante daquela acusação. Mesmo assim, Rita não parou com os crimes. Foi então que descobriram que ela havia desviado dinheiro dos fundos da banda escolar de sua filha. Quando a polícia foi envolvida, Tom ficou aterrorizado com a possibilidade de que sua esposa fosse presa... e ela poderia.

Tom me perguntou o que fazer. Eu o incentivei a formar rapidamente um círculo de mudanças. Disse-lhe para reunir pelo menos duas outras pessoas – família, amigos ou ambos – que estivessem cientes do problema e que, de alguma forma, fossem afetadas por ele. Expliquei a ele que fazemos juntos o que não podemos fazer sozinhos. Pedi que cada uma das pessoas preparasse seu relatório de testemunha, usando as ferramentas de avanço rápido e resolução. Cada declaração individual traz à luz como o vício de Rita afeta o presente momento daquela pessoa.

Disse a Tom também que convidasse Rita para a reunião. Mesmo que ela não comparecesse, ele deveria chegar a um consenso com todos de como aquele comportamento levava a família à falência – tanto financeira quanto espiritual –, de forma que, quando ela chegasse, todos estariam preparados para dividir os efeitos negativos de seu comportamento. Disse-lhe que deveriam se apoiar mutuamente, porque é esse é um dos benefícios de formar um círculo e reunir a família. Deveriam perceber que a família estava em uma difícil situação financeira, que não havia nenhum centavo no Banco. E sugeri que ele mostrasse em um gráfico tudo aquilo que ela havia comprado e em que havia gastado o seu dinheiro. Caso Rita estivesse presente, cada um dos participantes, por sua vez, daria seu testemunho e lhe pediria com urgência para que aceitasse ajuda. Finalmente, sugeri que ela entrasse em um programa de aconselhamento financeiro, um seminário sobre dívidas, até mesmo que participasse de um grupo de Devedores Anônimos, ou que ela fizesse tudo isso simultaneamente.

Diga a verdade com propósito, amor e autenticidade; isso foi o que eu disse. Nada disso é fofoca nem intromissão. Seria maravilhoso simplesmente ser capaz de restaurar o futuro da família. Levei cinco minutos para explicar esse processo a Tom. Embora compreendesse, ele ficou relutante em seguir adiante. Tom ainda tinha medo de que Rita fosse presa e por isso ele fez corpo mole. Felizmente, duas amigas de Rita – Christine e Maya – vieram ajudar e se envolveram no processo.

Elas ajudaram Tom a organizar o círculo e a preparar a mensagem de mudança. Foram elas que enviaram um e-mail aos participantes explicando como deviam preparar seus relatórios de testemunha. Esses relatórios descreviam os hábitos de Rita de uma maneira factual, firme e amorosa – toda aquela compra compulsiva, o ato de esconder as mercadorias, a fraude, o roubo e os relacionamentos danificados – e como tudo isso havia entrado numa espiral que causara desastre emocional para a família. Os membros do círculo detalharam seus medos – de a família perder a casa, de Rita ir para a cadeia e ficar com uma ficha criminal suja e de que os relacionamentos fossem destroçados para sempre. Eles pediram que Rita mudasse, parasse de gastar e de roubar e parasse de negligenciar suas responsabilidades e, o mais importante, que ela entrasse em um programa intensivo no hospital de uma universidade vizinha.

Tudo deu certo. Rita aceitou a ajuda e o plano de mudança que o grupo havia concebido para gastadores compulsivos. Ela concordou ainda em participar de aconselhamento matrimonial. Foi muito duro, mas o casal estava determinado a superar seus problemas e a aprender a confiar um no outro novamente. Depois de passar pelo tratamento e pelo aconselhamento conjugal, Rita deixou de lado cartões de crédito, passou a registrar qualquer compra que fizesse em seu notebook (para que prestasse atenção nas compras em vez ficar anestesiada); passou a ser voluntária em obras de caridade (em vez de fazer doações) e começou a reparar financeiramente aqueles que haviam sido prejudicados.

O ACORDO DE MUDANÇA

Depois que o ente querido tiver dito sim, como fez Rita, eu gostaria de incentivá-lo a usar outra ferramenta poderosa que chamo de acordo de mudança. Ele leva a pessoa a concordar por escrito com alguns compromissos (começar uma terapia, participar dos seminários, frequentar um grupo de apoio, entrar em reabilitação e assim por diante). Esse acordo implica algumas expectativas e algumas consequências se suas condições forem transgredidas. O acordo também declara que a pessoa concorda em tomar parte de todas as reuniões de família que forem agendadas. Esse acordo é assinado por todas as pessoas no círculo de mudanças e todo mundo recebe uma cópia.

Algo muito especial, quase mágico, acontece quando as pessoas põem por escrito os seus compromissos. Quando os seres humanos se comprometem a escrever uma ideia ou um objetivo, eles se tornam mais inclinados a honrar esse compromisso. Você certamente sabe disso se alguma vez assinou algum tipo de hipoteca ou de caução. O mesmo acontece com as doações se elas são feitas por escrito. Além do mais, os estudos mostram que, se um indivíduo assina um contrato dizendo "eu mudarei meu comportamento", esse contrato consolida a motivação, especialmente se houver testemunhas.

Esses compromissos por escrito produzem uma mudança interior. Assim que alguém faz uma escolha ou toma uma posição e a coloca por escrito, encontrará pressões pessoais e interpessoais para que se comporte de forma consistente com aquele compromisso. Por essa razão, esses acordos são poderosamente eficientes para ajudar na mudança de um comportamento destrutivo ou de um péssimo hábito de estilo de vida. É por essa razão que eu sempre encorajo o uso de um acordo de mudança para solidificar um compromisso.

Esse acordo é um documento físico. Ele pode ser revisado sempre que for necessário. Ele cria uma responsabilidade, mantém o ente querido na intenção de cumprir a sua palavra, acrescenta motivação e é o instrumento concreto para medir o progresso. Trata-se de um esquema vivo que representa o acordo do grupo inteiro para que o ente querido fique bem.

Caso seu ente querido venha a fracassar no início – por exemplo, ele começa novamente a estourar o limite do cartão de crédito, ela volta a furtar ou ele deixa de participar das reuniões do grupo de apoio –, o acordo deve mencionar que ele passará para o nível seguinte de tratamento. É importante garantir que haja algum tipo de prevenção contra as falhas, mencionando o que acontecerá se o acordo for rompido ou se a pessoa não o seguir por inteiro (não se trata de uma punição, mas de algum tipo de ação que o grupo todo concorde que seja respeitado). O acordo de mudança é uma base importante para garantir o apoio e a responsabilidade que leva a pessoa em processo de mudança através dos temporais que certamente virão. Esse acordo é uma ferramenta poderosa para o sucesso completo!

Veja a seguir seis exemplos de acordos de mudança:

Exemplo 1: Gastador compulsivo

O GRANDE PROBLEMA

Acordo de mudança
Fevereiro de 2010

Nós estamos de acordo em trabalharmos juntos para ajudar Mary a se tornar mais feliz e saudável e livre da gastança compulsiva.

Joe, Audrey, Peter e Lilian

Eu, Mary, concordo com o seguinte:

1. Prometo entregar ao grupo, imediatamente, meus cartões de crédito e talões de cheque.
2. Prometo cumprir todos os passos deste acordo, num esforço honesto para parar de gastar.
3. Concordo em comparecer a três reuniões semanais dos Devedores Anônimos (D.A.).
4. Concordo em conseguir um orientador no D.A. até 20/2/2010.
5. Concordo em trabalhar com Peter para que ele me ajude a monitorar meus gastos e para que eu me mantenha dentro de um orçamento moderado.
6. Concordo em participar de nossas reuniões semanais de família.
7. Prometo que, se eu não for capaz de parar com esse comportamento, entrarei no tratamento intensivo no Wilson Heights Treatment Center sem nenhum tipo de demora ou negociação

Assinatura ______________________ Data ______________

Exemplo 2: Comportamento explosivo

O GRANDE PROBLEMA

Acordo de mudança
Março de 2010

Nosso amplo grupo de amigos tem mostrado resiliência em momentos desafiadores e conseguimos passar por eles juntos ao longo dos anos. Hoje decidimos continuar, mas seguindo um novo caminho de recuperação – ao acrescentarmos responsabilidade e estrutura ao nosso plano. Nós concordamos em manter nosso apoio, nosso amor e nossa comunicação enquanto trabalharmos juntos neste esforço.

Cindy, Paul, Michael, Daniel, Theresa e Paula

Eu, Rory, concordo com o seguinte, sem negociação e sem demora:

1. Concordo em começar a participar de um grupo de terapia para o controle de temperamento agressivo, às quartas-feiras, das 19h às 21h, no Regional Counseling Center.
2. Entre as sessões semanais, prometo colocar em prática o que aprendi para controlar o comportamento agressivo e registrar meus esforços em um diário.
3. Concordo em participar de uma reunião semanal com o grupo.
4. Se eu não cumprir este programa de recuperação, concordo em ser retirado de minha casa, e ser inscrito como interno no programa de controle da agressividade do Waring Institute, e passar por avaliação de saúde mental sem nenhum tipo de negociação.

____________________ ____________________

Assinatura Data

Exemplo 3: Cigarro

O GRANDE PROBLEMA

Acordo de mudança
Abril de 2010

Nós concordamos que fumar não é apenas um risco para a saúde, mas também uma ameaça à vida, e é por essa razão que nos reunimos para ajudar George a desistir de fumar, demonstrando o nosso amor. Nós somos o seu grupo de apoio e o ajudaremos durante seu progresso, evitando qualquer tendência de se desviar do rumo.

Marta, Debbie, Tommy, Katherine e Bill

Eu, George, concordo com o que segue e sem negociações ou demora:

1. Pararei de fumar em ____________ (data).
2. Participarei das aulas sobre como parar de fumar no Tri-State Hospital uma vez por semana (às terças à noite, das 19h até às 21h).
3. Concordo em seguir o plano para parar de fumar delineado por esse grupo, incluindo alterar meu estilo de vida de formas mais positivas (fazer exercícios, manter alimentação adequada, fazer exercícios de respiração e outras estratégias).
4. Caso eu tenha uma recaída ou abandone os compromissos descritos acima, concordo em me consultar com dr. Wayne Todd para começar uma terapia que me ajude a parar de fumar.

Assinatura ____________ Data ____________

Exemplo 4: Vício em drogas

O GRANDE PROBLEMA

Acordo de Mudança
Maio de 2010

Nós nos reunimos em amor e apoio por Connie, e por este acordo, definimos comportamentos concretos por meio dos quais ela se comprometeu a se abster para alcançar a sobriedade. Estamos aqui para apoiar Connie.

Mark, Randall, Julie, Michelle, Warren,
Christine, Carol, Henry e Rachel

Eu, Connie, concordo em fazer o seguinte, sem demora ou negociações:

1. Começar, frequentar e completar o programa ambulatorial da Jefferson House durante três vezes por semana, conforme marcado e até terminar.
2. Consultar-me com meu psicoterapeuta uma vez por semana.
3. Submeter-me a testes feitos ao acaso para checar o uso de drogas.
4. Comparecer às reuniões do grupo dos Narcóticos Anônimos noventa vezes e por noventa dias.
5. Reunir-me duas vezes por semana com meu círculo de mudança e permanecer pronta a prestar contas.
6. Se eu não cumprir o que foi estabelecido neste programa de recuperação, concordo em me registrar no Seabrook House para participar do programa de trinta dias e entendo que todas as consequências sobre as quais falamos antes começarão imediatamente.

Assinatura　　　　　　　　　　Data

Exemplo 5: Vivendo em sobriedade e apoio financeiro

O GRANDE PROBLEMA

Acordo de mudança

Data: ______________

Nós, Sally Duncan, sua família e seus amigos, concordamos com o que segue:

1. Sally concorda em conseguir um orientador temporário no N.A. e comparecer aos encontros dos 12 Passos cinco vezes por semana. Ela concorda em ter seu cartão de presença assinado nas reuniões e enviá-lo ao escritório de papai toda sexta-feira, em um envelope pré-pago.
2. Sally concorda em ficar limpa e sóbria enquanto prepara seu currículo para arrumar um emprego logo após o término de seus três meses de tratamento no Sober Living House, em __________ (data)
3. A família providenciará um notebook que ficará sob custódia e será de uso de Sally.
4. Sally concorda em fazer todos os esforços para conseguir um trabalho legal e legítimo em Boston.
5. Sally concorda em se inscrever para entrar na faculdade e fazer cursos enquanto mantém notas médias para continuar recebendo apoio financeiro da família.
6. Sally concorda em se consultar com seu terapeuta e assinar o formulário do HIPAA para que sua família possa ajudá-la a se manter responsável. A família concorda em não perguntar sobre os detalhes da terapia, mas apenas checar sua frequência e os resultados de maneira geral.
7. Sally concorda em participar da reunião semanal com moderadores, família e amigos.

8. Sally contatará a família semanalmente por e-mail, detalhando seu progresso com o objetivo de alcançar independência financeira e educacional.

9. A família concorda em apoiar Sally financeiramente das seguintes maneiras, enquanto ela estiver totalmente focada em seu caminho de mudança:

a) seguro-saúde;
b) custos de celular;
c) semanada de 125 dólares;
d) pagamento dos testes aleatórios para uso de drogas.

10. A família concorda que, depois da conclusão do programa de recuperação de três meses, providenciará o que se segue:

a) Apoio financeiro para manter a casa mensalmente enquanto Sally consegue um emprego de meio-período.

b) Dar o equivalente aos ganhos de Sally, estes documentados, de forma que ela possa gradualmente conseguir a autossuficiência. A escolha da casa dependerá da capacidade de Sally de ganhar dinheiro suficiente para pagar sua parte das despesas.

c) Um veículo será fornecido a Sally depois de três meses de emprego contínuo.

d) A família fornecerá metade do custo das sessões semanais de terapia.

A concepção deste acordo foi projetada para oferecer a Sally apoio financeiro e emocional enquanto ela alcança degraus mais altos em sua recuperação.

Nós concordamos que este caminho não será fácil, mas faremos o possível para que o projeto seja factível. Estamos todos comprometidos com seu êxito.

____________________ ____________________

Assinatura de Sally Assinatura da família

____

data

Exemplo 6: Paciente externo ou Programa dos 12 Passos

O GRANDE PROBLEMA

Acordo de Mudança
Data:______________

Nós concordamos em trabalhar juntos para ajudar Jackie a ser uma pessoa mais feliz e saudável, livre da depressão e da dependência da bebida. Ao compreender que não existe apenas uma via de mão única, estamos comprometidos a apoiar Jackie durante este processo de descoberta e de bem-estar.

Bobby, Walter, Ozzie e Ruth

Eu, Jackie, concordo com o seguinte:

1. Prometo não dirigir depois de beber.
2. Eu me comprometo a seguir os passos abaixo descritos, num esforço honesto para parar de beber.
3. Concordo em participar de três reuniões semanais do A.A.
4. Concordo em participar de uma avaliação para obter uma opinião clínica sobre tratamentos para pacientes externos em _____ (data).
5. Concordo em conseguir um orientador no A.A. até ______ (data).
6. Concordo em participar de nossas reuniões com família e amigos, com moderador, em ________.
7. Prometo que, se for incapaz de parar de beber, serei internada sem negociação e sem demora, no Seabrook House Treatment Center.

Assinatura de Jackie   Assinatura de Ozzie e os demais

data

PREPARE-SE PARA AS CONTINGÊNCIAS

E se a pessoa querida se irritar e sair da reunião?

Sim, ela pode sair da reunião, irritada e nervosa, insistindo que não precisa de nenhuma ajuda, ressentida e acusando-o de traição – e pode até nunca mais se mostrar às pessoas. Pode até mesmo simplesmente se recusar a fazer qualquer coisa. Veja bem: as vespas ficam zangadas, mas acabam se cansando e se acalmam. As pessoas não ficam bravas quando são convidadas a participar de uma reunião familiar de uma forma carinhosa e incentivadora. Algumas pessoas fogem, mas acabam se cansando e diminuem o ritmo. Logo, elas andarão atrás de você e, no momento seguinte, estarão sentadas a seu lado, chorando, conversando e trabalhando junto, em vez de se colocarem contra você.

Os quatro passos que dividi com você não são fáceis, mas são *simples*. Simples de levar adiante na maioria dos casos, se você os seguir inteiramente.

Eu me lembro bem da primeira vez em que meu coração ficou partido, quando era jovem. Eu me sentia totalmente partido, não só o coração; tudo doía e eu sentia que meu coração ficaria assim para sempre. Mas o coração se cura. Naqueles momentos em que você acha que o "para sempre" está ali, bem à sua frente, lembre-se de que as emoções numa hora adequada se nivelam... Que as vespas também ficam cansadas, e que a pessoa querida não pode continuar fugindo para sempre, mesmo que naquela hora pareça que é isso o que acontecerá. Prepare-se emocionalmente para essas situações, e permaneça esperançoso de que uma mudança positiva ocorrerá.

Houve uma ocasião em que trabalhei com uma mãe, Tammy, que vivia me perguntando o que fazer se o filho Kip "fugisse para onde Judas perdeu as botas". Expliquei a ela que, nas centenas de reuniões que eu conduzi, ninguém ainda havia fugido para tão longe. Bem, sempre há uma primeira vez. Kip foi até muito longe...

O pai de Kip, Monte, havia convidado o filho para a reunião, e, logo depois, Kip me ligou: "Por que você fará isso comigo? Não acha que é um pouco cedo demais? Isso é assunto privado da minha família! Caia fora!".

Vamos às informações de pano de fundo: Kip estava com vinte anos, era um bom garoto, filho único e, segundo os pais, era esperto desde que nascera. Ele passou direto sem fazer a segunda série e depois a quinta série. Tammy e Monte trabalhavam numa fábrica em Davenport, Iowa, e sua casa era um lar feliz. Nenhum tipo de vício ou caos havia obscurecido suas vidas. Kip fora para a universidade com bolsa integral por causa de suas notas excelentes. E os primeiros dois anos passaram sem nenhum incidente. Logo após o primeiro ano, Kip mudou de matemática para biologia, porque adorava animais e aspirava se formar em veterinária.

De repente, sem nenhum tipo de aviso ou sinal, ele começou a faltar aos jantares de família, aos quais comparecia como um relógio nos anos anteriores. A família também foi informada de que ele andava faltando às aulas. Todos ficaram perplexos. Bem, o que se descobriu é que Kip começara experimentando drogas na escola, e foi fisgado rapidamente. Ele não fugiu das drogas, mas foi em direção a elas. Dentro de um mês, deixou de tomar comprimidos para cheirar cocaína.

Kip veio para a reunião familiar, mas saiu intempestivamente depois que a mãe começou a falar sobre seu testemunho. Eu a ajudei a repensar a urgência de correr atrás dele. Embora Kip não fosse para onde "Judas perdeu as botas", ele se dirigiu para a rodovia interestadual, mas nós continuamos com nossa reunião de qualquer maneira. Compartilhamos nossas emoções em comum, construímos um consenso sobre a mensagem de mudança e estreitamos nosso vínculo como um grupo. E, não muito tempo depois, o telefone tocou. Era Kip. Ele não poderia voltar para a reunião porque fora preso. Ele havia sido detido por excesso de velocidade e ido parar na cadeia depois que o policial viu seu "kit de drogas" no piso do carro. Nós entramos em vários automóveis e fomos direto para a delegacia onde ele estava preso. Pedimos para falar com o policial que o havia prendido e explicamos a ele que estávamos no meio de uma reunião familiar discutindo o problema de drogas de Kip, quando ele saiu da casa, zangado. Contamos também que havíamos inscrito Kip numa clínica para um tratamento de três meses e que esperava por ele naquele exato instante. Kip foi solto sob meus cuidados, e a reunião familiar se tornou parte do registro policial, e, no final das contas, foi parte da solução. O juiz ofereceu ao rapaz a suspensão da pena se ele completasse o tratamento e prometeu limpar sua ficha se Kip se mantivesse longe dos problemas durante dois anos.

Embora nem toda família acabe nos degraus de uma cadeia, algumas passam por isso... ou acabam nos degraus de um hospital. O importante é que você não deve dispersar a reunião quando seu ente querido demonstrar resistência. Quando nos mantemos unidos em uma situação como essa, enviamos uma mensagem de que somos sérios, e que estamos falando sério. E essa mensagem por si mesma se mostra um motivador positivo para a mudança. Quando a pessoa amada parte, faz isso por diversos motivos; mas a verdade é que você não falhou quando ela se retirou. A porta se abre para os dois lados e, assim, se ela se fecha, se abrirá novamente.

E se o ente querido disser não?

Quando eu trabalho com as famílias, o *não* é apenas o início de uma conversa. Nós literalmente não o consideramos como uma resposta, e você deveria fazer o mesmo. O *não* é nada menos do que uma palavra que não tem nenhum poder. Atrás de um *não* existe um *sim* morrendo de vontade de aparecer.

As estratégias para responder a um não

Quando a pessoa que amamos diz *não,* parece que será um não para sempre. É apenas uma palavra dita naquele momento, e não é o fim, além do que, para muitas situações será a ponte para o *sim.* Esta é a chave. Nós continuamos em face de um *não.* Com ou sem a concordância, continuamos a fazer a mudança que buscamos. Trabalho com uma família neste exato momento cujo filho Brian entrou em tratamento há quatro dias, por vício a opiáceos/ opioides. Brian vendia drogas também, e durante a reunião familiar puxou um maço de notas que somavam 42 mil dólares para demonstrar que as drogas não eram o problema – elas eram a solução! Ele ganhava dinheiro e vivia à vontade.

Quando seu pai retirou o dinheiro daquele jovem de vinte anos, Brian concordou em fazer o tratamento, mas saiu da clínica apenas três dias depois de entrar. Apesar de todos os problemas em ajudar o ente querido a ter uma vida melhor, continuamos tomando medidas mesmo enfrentando um *não*.

Se a pessoa amada diz *não* para comparecer à reunião, ao tratamento ou a qualquer outro curso de ação sugerido, existem diversas estratégias que você pode usar. Então, organize-se e aos membros do grupo de maneira que estejam prontos para enfrentá-lo.

Estratégia 1: use uma técnica projetada para obter um compromisso menor. Suponha que você tenha pedido a alguém para se inscrever num programa de recuperação de reabilitação de trinta dias, mas ele diz: "Farei qualquer coisa que você pedir, mas isso, não". Continue tentando conseguir um acordo completo, mas, se depois de algumas horas a situação não mudar, avalie se não é importante entrar num acordo fazendo concessões. Depois da recusa, faça um pedido menor, mas igualmente útil para motivar a mudança. Por exemplo, sua proposta seria: *tudo bem, eu gostaria de levá-lo à reunião do A.A., e por que não começamos assim: eles estão a apenas cinco quadras de distância. Você concordaria em ir?* Ou: *tudo bem, em vez de seis meses de tratamento, que tal começarmos com três?*

Em muitos casos, ele verá nosso segundo pedido como se fosse uma concessão, e ficará inclinado a responder ao pedido com uma concessão de sua parte – ou seja, concordar em comparecer aos encontros do A.A. ou com algum outro passo menor. Esse ponto do processo, em que se deve negociar e fazer concessões, costuma ser o primeiro desafio real que você encontrará durante as reuniões familiares. Mas não dê nenhuma vantagem cedo demais, já que aceitar ajuda levará sempre algum tempo. E, depois, sei que você quer incentivar o começo de uma mudança de uma forma mais concreta e tangível.

A concordância é uma via de mão dupla, então procure romper as barreiras impostas pelo *não* e obtenha um completo *sim* de concordância antes de começar as negociações. E saiba que, ao dar seu amor e carinho, você quase sempre receberá de volta a aceitação antes mesmo de precisar negociar. O que ocorre é que uma simples regra de conduta dos seres humanos está presente nessa situação: a reciprocidade. Ela é um código de conduta que obriga os indivíduos a retribuir aquilo que receberam. A reciprocidade é um nível de obrigação, de dívida, que sentimos ter em relação às pessoas que nos deram algo, e isso se aplica até mesmo às concessões que fazemos nas circunstâncias que discutimos.

Outra coisa: a oferta de comparecer à reunião com ele também tem seu peso. Saber que você estará junto, apoiando, deixa as coisas mais fáceis. Normalmente, o indivíduo reconhece que você estará fazendo o que qualquer pessoa que se importa faria e por isso presta atenção aos seus conselhos.

Outra maneira de dizer não é alegar: "Eu posso fazer isso sozinho". Como resposta, diga apenas: "Nós achamos que isso não dará certo, mas tentaremos fazer as coisas a seu modo durante um mês pra ver como fica". Claro, depois de trinta dias o período de teste estará terminado, e ele não conseguiu ajuda; vocês se reúnem novamente e, então, você pede para ela, se internar para o tratamento.

Estratégia 2: caso ouça um *não*, faça uma pausa. Marque uma hora para se reunirem novamente. Dê uma chance a todos para esfriar a cabeça. Reúnam-se novamente na hora marcada e comece a descrever o caso e a mudança proposta. Reitere os comportamentos que o deixam preocupado e fale sobre seu desejo de que a pessoa amada receba ajuda. Não negocie, não faça barganhas nem entre em discussão. Mantenha as coisas bem simples. Fique firme em seus pontos principais e nos comportamentos observados e documentados, aqueles que lhe causam maior preocupação.

Estratégia 3: Sempre tente mais uma vez. Agende outras reuniões familiares e convide o ente querido. Envie mensagens de mudança atualizadas. Traga mais gente para o círculo de mudanças. Não existe esse negócio de uma reunião familiar que não deu certo. A cada vez que vocês se reúnem, uma semente é plantada. Seu ente querido pode acabar voltando na reunião seguinte e admitir que "tudo o que vocês disseram é verdade. Estou querendo tentar".

O *não* com o tempo se rende ao *sim*

No verão passado, eu trabalhei com uma família do Texas preocupada com a filha Lisa, que sofria com transtorno alimentar. Eles organizaram uma reunião familiar para levá-la a um tratamento. Lisa disse *não* 43 vezes. Aqui está a história dela.

Lisa, uma adorável garota loura de penetrantes olhos verdes, tinha sobrepeso desde pequena. Ela encontrava conforto na comida. Porque era dessa forma que sua mãe demonstrava amor. Com 1,70m e 82 quilos, sua mãe a aplaudia por comer toda "aquela comida saudável". Porém, aquela voz que a elogiava em casa se confundia com as vozes ouvidas na escola – que a chamavam de "porca", "gorducha" ou "leitoa".

Durante um tempo, Lisa encontrou alívio em suas roupas mais largas; elas a afastavam de relacionamentos. A comida acalmava suas emoções. Mas, aos 13 anos, decidiu que aquilo não dava mais certo para ela, e resolveu emagrecer. E quando as pessoas começaram a comentar como ela estava bonita e como seu rosto era lindo – ao mesmo tempo em que os rapazes prestavam mais atenção nela –, Lisa continuou a fazer dietas e exercícios. Lentamente, sua atitude em relação à comida passou a ser incomum. Ela colocava a comida no guardanapo quando a mãe não estava olhando. Deixava a comida na boca até que pudesse cuspi-la no guardanapo. E começou a eliminar o alimento após as refeições, forçando-se a vomitar.

Com o tempo, Lisa passou a desenvolver um reflexo faríngeo em relação à comida. A simples visão de um prato de comida, ou de alguém cozinhando, fazia seu estômago se contrair. Aos 18 anos, sua relação com os alimentos havia se tornado perigosamente desordenada. Durante seis anos, seu peso se alterou como um ioiô: ia de 42 para 51 quilos, de 55 para 39 quilos, de 60 para 37 quilos... Ela se casou aos vinte anos e teve uma filha. Lisa pesava 42 quilos na ocasião e estava feliz com seu ganho de peso, mas ainda estava assustadoramente magra. Foi então que colocou silicone nos seios para ficar "perfeita". Na parte superior do corpo, Lisa estava mais pesada, mas no restante seu corpo mostrava uma magreza doentia.

Como você pode imaginar, seu transtorno alimentar cobrou um preço não apenas de seu corpo, mas também de toda a família. Eles recomendavam com insistência que ela procurasse ajuda – mas Lisa sempre se recusava.

Mas a família nunca desistiu. Viviam repetindo aquela mensagem: O que sua filha fará se alguma coisa acontecer a você? Você precisa estar aqui para cuidar de sua filha.

Finalmente, depois de cinco reuniões familiares, a mensagem abriu caminho pela resistência de Lisa. Ela acenou a bandeira branca e aceitou um compromisso: seria uma semana de tratamento intensivo numa clínica para transtornos alimentares. Esse tratamento conduziu-a depois a um outro de período mais longo, de quarenta dias, quando então Lisa finalmente começou a lutar contra sua doença – e, no final, acabou vencendo a batalha. Havia algo miraculoso na persistência amorosa de sua família.

Quando não se deve considerar *não* como resposta

Se a pessoa se torna um perigo para si ou para os outros, você não deve aceitar um *não* como resposta. No entanto, por lei, você não pode arrastar um adulto para um hospital ou uma clínica para tratamento, ou interná-lo em uma clínica para doenças mentais sem a autorização da pessoa – mesmo que ele precise muito. Mas ainda assim a lei prevê casos em que a internação involuntária é permitida. A internação involuntária é a prática de utilizar meios legais como parte de uma lei de saúde mental para internar uma pessoa em um hospital ou clínica contra a sua vontade, ou sob os seus protestos. No caso da internação involuntária do paciente dependente químico, ela é realizada quando a sua capacidade psíquica é afetada momentaneamente por causa do abuso de substâncias psicoativas (drogas e álcool). O dependente não consegue mais escolher entre o consumo e a abstinência; ele está tão tomado pela doença que não consegue perceber os danos que causa a si e à sua família.

A lei brasileira define que a internação involuntária (Lei nº 10.216, de 6 de abril de 2002, regulamentada pela Portaria Federal nº 2.391/2002/GM) deve seguir certos preceitos, por exemplo:

- *A internação psiquiátrica somente deverá ocorrer após todas as tentativas de utilização das demais possibilidades terapêuticas e esgotados todos os recursos extra-hospitalares disponíveis na rede assistencial, com a menor duração temporal possível.*
- *Estabelece que as internações involuntárias devam ser objeto de notificação às seguintes instâncias: I – ao Ministério Público Estadual ou do Distrito Federal e Territórios onde o evento ocorrer; II – à Comissão referida no art. 10.*
- *Estabelece que a Comunicação de Internação Psiquiátrica Involuntária deverá ser feita, no prazo de 72 horas, às instâncias referidas no artigo anterior, observado o sigilo das informações, em formulário próprio (Termo de Comunicação de Internação Psiquiátrica Involuntária), que deverá conter laudo de médico especialista pertencente ao quadro de funcionários do estabelecimento de saúde responsável pela internação.*

Apenas pessoas de ligação consanguínea – ou seja, pai, mãe, irmão, tio, avô – têm autoridade para solicitar a internação involuntária. Os cônjuges, por sua vez, não têm a permissão de autorizar esse tipo de internação.

É importante reforçar que a internação involuntária para dependentes químicos é um procedimento legal. Porém, a família deve estar atenta aos procedimentos necessários e exigir da instituição escolhida os documentos e os registros que autorizam essa forma de internação:

- Alvará de Funcionamento emitido pela prefeitura.
- Autorização da Vigilância Sanitária.
- Inspeção do Corpo de Bombeiros.
- Cadastro Nacional de Estabelecimentos de Saúde (CNES).
- Autorização do Conselho Regional de Medicina do Estado.

Sem esses registros, bem como os dos responsáveis técnicos – médicos psiquiatras e de clínica geral –, não é possível, e muito menos seguro, realizar internações involuntárias.

Recentemente, fiz uma intervenção num caso em que a pessoa amada, que era uma alcoólica, não apareceu na reunião familiar. Fomos até a casa dela, apenas para descobrir que ela estava completamente intoxicada – a ponto de requerer hospitalização imediata. Mas ela não deixou que entrássemos em sua casa. Sabendo que isso representava um risco para a própria vida, chamamos a polícia para que eles fizessem uma avaliação de seu bem-estar. A polícia e os bombeiros chegaram, e tiraram a porta do batente para podermos entrar. Eles fizeram um teste, para avaliar o nível de álcool no sangue, que estava em 0,39, e ela foi levada ao hospital na ambulância. Se nós não intercedêssemos, a mulher poderia ter morrido. Enquanto estava no hospital, ela acabou admitindo que gostaria de ser internada para um tratamento de desintoxicação. Nesse caso, a avaliação de seu bem-estar serviu como uma ponte salvadora entre a resistência à ajuda e a aceitação da ajuda. A família começou a mudar quando salvou a vida dela, sem dúvida!

A estratégia de alavanca: o Plano B

Não desista se as coisas não saíram do jeito que você imaginou. Use o Plano B, que eu chamo de "estratégia de *alavanca*". Essa estratégia estabelece as consequências da inação, ou seja, a possível perda do emprego ou o fim de relacionamentos importantes. Sim, é meio duro, meio pesado, mas pode ser uma força de motivação bem eficiente. Você aplica o Plano B ao detalhar as consequências de maneira firme, mas gentil. E o dinheiro pode ser um grande motivador quando todas as demais alternativas não funcionaram. Outro motivador pode ser a comida. Roupas. Um abrigo. Em outras palavras, o Plano B faz uso das consequências para ajudar o indivíduo a dar uma chance às mudanças. Embora eu acredite firmemente que devemos fazer uso de pressão apenas quando for preciso, e não mais do que o necessário, admito que as consequências se revelem uma maneira de ajudar alguém que continue agarrado ao seu *não*. Dizer algo como: "O banco fechou: hoje nós começamos a recuperar nossas finanças e demais recursos e mudamos para enfrentar a crise" é uma declaração bastante poderosa e que pode ser feita assim que houver um consenso para apoiá-la e ficar firme nessa posição. Veja alguns exemplos:

- *Não lhe daremos mais ajuda financeira a menos que você se inscreva em um programa de aconselhamento sobre o uso consciente do dinheiro. Nós lhe daremos todo o apoio, mas não apoiaremos seu vício.*
- *Seu contato com os filhos (ou netos) será cortado a não ser que você entre em tratamento. Nós temos o direito de deixar as crianças longe de influências perniciosas e destrutivas.*
- *Chamaremos a polícia sempre que não tivermos certeza de sua segurança.*

- *Você precisará se mudar, até que controle sua agressividade.*
- *Precisaremos fechar suas contas no banco.*
- *Não mentirei mais por sua causa.*
- *Preciso retirar de você sua carteira de motorista.*
- *Você não pode mais usar este carro.*
- *Se você continuar evitando mudar, acabará perdendo o emprego.*
- *Nós precisaremos nos separar (ou se divorciar) porque você se recusa a fazer o tratamento.*

Quando as consequências são cuidadosamente preparadas e estruturadas, elas normalmente deixam o indivíduo mais motivado a aceitar a proposta de mudança. Mas um aviso: nunca mencione as consequências se você não tiver como apoiá-las. Lembre-se de que essas situações representam o último recurso. Talvez exatamente por isso, apenas 30% das intervenções das quais participei acabaram conduzindo à menção de consequências. Quando você usa o processo de mudança da forma como detalhei, será raro ser obrigado a usar esse tipo de *alavanca*. A regra das consequências está ali, no ar. E só faça uso dela se for absolutamente necessário.

As mudanças acontecerão. Elas se revelarão com o tempo. E você pode tentar conseguir isso quantas vezes for preciso. Enquanto estiver trabalhando para desenvolver alternativas para interagir com a pessoa querida, crie coragem e esperança quando as coisas correrem bem, mas não fique excessivamente desapontado quando isso não acontecer. A palavra seguinte, o dia seguinte, a interação seguinte será mais uma chance para que a mudança se instale e comece. E isso acontecerá!

Recapitulação do Passo 2

- *Reúna seu grupo em um ambiente que seja familiar e agradeça o comparecimento de todos.*
- *Cada participante, um de cada vez, compartilha seu relatório de testemunha, falando ternamente.*
- *Apresente o plano de mudança e peça ao ente querido que o aceite, sem negociações ou demoras.*
- *Faça com que todos assinem o acordo de mudança, depois que a pessoa amada tenha concordado com o plano.*
- *Prepare-se para as contingências.*

Capítulo 6

Passo 3
Apoie a mudança

Pronto, você colocou seu ente querido no caminho da mudança; parabéns! Agora, é preciso ajudar essa pessoa a *permanecer* nesse caminho! Isso também é possível. A ferramenta mais eficaz para fazer com que as pessoas cumpram as promessas, livrem-se dos maus hábitos ou se comprometam com uma mudança duradoura se chama *apoio*. Dar apoio é incentivar as pessoas e acreditar nelas. Eu chamo esta etapa de "apoiar a mudança". Este é o Passo 3, e seu efeito é permanente.

Quando as pessoas começam a mudar o comportamento negativo, queremos que a autoimagem delas se transforme também. Queremos que aquela esposa que jogava compulsivamente se veja como alguém responsável, que também seja alguém que consiga somar uma renda à da família; ou desejamos que aquela namorada ex-fumante se veja como uma ex-fumante. Na medida em que essas pessoas consigam se enxergar de uma forma mais positiva, elas automaticamente começarão a ver as outras coisas de modo diferente, como se estivessem usando óculos com novas lentes. E, em vez de recaírem nos velhos hábitos ou comportamentos, tenham mais probabilidade de continuar saudáveis, com um comportamento mais positivo de acordo com aquela autoimagem.

É aqui que você entra no jogo. Você pode ajudar a manter essa autoimagem – ao apoiar totalmente a mudança positiva de seu ente querido, fazendo-o saber que confia nele e que não desistirá durante o processo. Em poucas palavras, é isso o que entendo por apoiar a mudança. Ao fazer isso, você invoca um profundo desejo naquela pessoa de se tornar um indivíduo novinho em folha, com uma nova atitude perante o mundo. Eu sei disso não apenas por causa de minha experiência como intervencionista, mas também por vivência pessoal.

Depois que eu estava bem adiantado em minha recuperação do abuso de drogas e álcool, percebi que ainda havia um adversário abominável a ser enfrentado: o cigarro. Se eu tentasse ignorar meu desejo ardente por fumar, ficava inquieto e irritado. Eu estava ligado emocionalmente aos meus cigarros. Eu os mantinha ao alcance e eles me ajudavam a passar por momentos difíceis. Os cigarros me acalmavam, afastavam minha ansiedade, ocultavam meus sentimentos. Os cigarros eram bons amigos, sempre disponíveis e sempre juntos, embalados num maço sob cortesia da Phillip Morris.

Se esse assunto não fosse tão sério, minhas repetidas tentativas de abandonar aquele hábito de vinte anos, fumando dois maços por dia, dariam assunto para uma divertida comédia. Eu sempre tentei, não importava o que acontecesse. Chicletes de nicotina? Eu parava de fumar por algumas horas, mascando com tanta força que travavam minha mandíbula. Balas sem açúcar? Fiquei com gases de tantas balinhas que comia, e tinha que me esticar na cama e tomar antiácidos. Antidepressivos? Tomei e fiquei tão animado que atirei meu isqueiro e o pacote de cigarros numa caçamba... Só que, depois do trabalho, pesquei os dois e acendi um cigarro antes de entrar no carro.

Fora derrotado novamente! Eu dependia demais deles – e eles estavam me matando.

Para mim, foi preciso surgir uma amiga para ajudar – uma pessoa que parara de fumar anos atrás –, já que eu estava sinceramente determinado a abandonar o vício. Janice, uma ruiva vigorosa, e de personalidade forte, me levou ao banheiro de sua casa, me colocou de frente para o espelho e disse: "Deus ama você demais. Mas haverá um dia em que não será aceitável você se amar menos, e nesse dia você parará de fumar". Eu entrei em colapso e chorei, com a consciência mais nítida de que – a cada vez que eu pegava um cigarro e o acendia – eu estava cedendo ao meu vício e me matando um pouquinho por dia.

Depois de alguns meses, fui à praia num final de semana. Era um dia quente e iluminado em Long Island, e lá estava eu, sentado no deck de uma casa de frente para o mar com meu cigarrinho. Eu detestava a sensação da fumaça se espiralando para dentro de meus olhos em um dia quente como aquele. Fui para dentro e me olhei no espelho. Eu queria viver. Queria ser alguém que vivesse bastante, que se sentisse bem, e que levasse uma vida ótima. Vi, dentro de minha mente, todas aquelas mortes causadas pelo hábito de fumar. Não desejava ser aquele cara preso a um balão de oxigênio, arrastando-se pelos corredores, tossindo e engasgando para conseguir respirar. Era isso. Todos os adesivos e balas e comprimidos e chicletes de nicotina viraram história. Agora, éramos apenas eu e meu Criador, e a vontade de viver bem e de me amar. Parei de fumar naquele final de semana.

Mas então veio o pânico, porque eu precisava dirigir de volta para Nova York. Costumava fumar um bocado enquanto guiava, e eu sabia que o simples ato de dirigir era um de meus estímulos para procurar um cigarro. Liguei para Janice e ela me disse que, se eu resistisse, a vontade passaria. O desejo pelo cigarro aparece e depois desaparece. Está tudo bem se você tiver essa vontade que parece incontrolável, ou se acha que está tendo uma recaída, mas não é legal "namorar" esse pensamento. Esses desejos ardentes e os pensamentos simplesmente chegam e depois desaparecem. Durante meses, Janice me apoiou por todo o processo, estando presente quando eu precisava, com palavras firmes, mas consoladoras, e me ouvindo com atenção. "Nunca acenda um cigarro, aconteça o que acontecer", ela me avisava.

Janice também me dizia: "Sempre admirei você por ter sido capaz de largar o vício das drogas. Isso quer dizer que você é uma pessoa que pode largar o cigarro". Aquelas palavras foram muito encorajadoras! Comecei a me enxergar como alguém capaz de parar de fumar. E realmente parei. O hábito de fumar passou a ser contraditório com minha autoimagem. Eu me identifiquei como um ex-fumante, e me tornei grato por não fumar. Hoje em dia, quando vejo alguém fumando, ou fico com vontade de arrancar o cigarro das mãos dele para fumar eu mesmo, ou fico com repulsa daquilo, pensando: "Esse vício horrível está matando esse pessoa". Até hoje, de vez em quando suspiro por aquela droga...

A partir dessa experiência, pude perceber o poder de influência que o apoio de um indivíduo representa na vida das pessoas. Para ilustrar a importância do apoio para que um indivíduo abandone o hábito de fumar, os pesquisadores da Clínica Mayo descobriram que um dos melhores métodos para parar de fumar é o incentivo cara a cara feito por parte de médicos, amigos e parentes. E, além desse hábito, muitos estudos indicam que a influência de um companheiro tem um papel fundamental na decisão das pessoas em mudar um comportamento negativo, desde um transtorno alimentar até o vício ao álcool ou às drogas. Com algumas poucas exceções, o homem é um animal social. Nós queremos não apenas a companhia de outro ser humano, mas também a companhia daqueles que são parecidos conosco. E temos a tendência de fazer o que nossos pares estão fazendo. Por isso, uma pressão positiva de alguém parecido conosco pode ser um reforço poderoso e positivo para que adotemos hábitos mais saudáveis.

Durante tempo demais, em minha opinião, os americanos tentaram ser uma máquina individual de força de vontade, pessoas excessivamente independentes para aceitar algum tipo de apoio ou para pedir ajuda. O resultado disso tudo foi um alto grau de estresse, além de esgotamento e do abandono de metas que, em outra situação, seriam alcançáveis. Entretanto, quando as pessoas recebem ajuda, uma mão amiga e de forma constante – ou seja, um apoio contínuo –, elas muito provavelmente não desistem e continuam. Elas continuam na rota traçada e conseguem obter êxito. Muitas pesquisas confirmam essa afirmação, e foi por isso que incorporei esse vital terceiro passo em meu sistema de mudança.

Mesmo depois que seu ente querido concordou em fazer a mudança, ou conseguiu ajuda externa, ou ainda já terminou algum tipo de programa de reabilitação, seu papel continua ativo. Seja dando encorajamento nas reuniões semanais por telefone ou em grupo, apoiando a mudança que está em andamento, seja dando uma checada em cada um, para ter certeza de que todos os membros do grupo estão cuidando de si. Note que um dos elementos fundamentais para que possamos alterar os padrões de comportamento é ter pessoas ao lado que ofereçam incentivo e apoio. Há muitas maneiras maravilhosas para fazer isso, então vamos falar um pouco sobre elas.

COMO APOIAR SEU ENTE QUERIDO DURANTE TODO O PROCESSO DE MUDANÇA

Continuem a se encontrar como o círculo de mudanças

Eu aconselho as famílias e os grupos com quem trabalho a realizar os encontros do círculo de mudanças ao menos uma vez por semana durante seis meses. E que não deixem de incluir a pessoa querida nessas reuniões. Não há necessidade de segredos. O círculo provê um ambiente seguro e confortável no qual se pode demonstrar apoio, expressar o amor pela pessoa e dividir novas ideias para enfrentar os problemas que surgem; confirmar se todos se cuidam e oferecer ajuda e a tranquilidade necessárias caso as coisas fiquem muito difíceis. O tempo que passamos juntos nesses encontros, quarenta minutos por semana, rodeados por pessoas que se importam com a gente, pode nos deixar mais ligados e mais interessados uns nos outros. E, se existirem pessoas no círculo que desejam ajudá-lo, monte um plano de ação baseado nas forças e disponibilidades de cada um. Por exemplo, se alguém tiver habilidades manuais, pode arrumar a casa. Se outra pessoa tem tempo livre durante o dia, pode ajudar fazendo as compras ou marcando as consultas na terapia. A vivência no círculo demonstra amor, apoio e compromisso para a mudança e, além do mais, ensina uma lição importante de que "Nós temos começo, meio e fim, atravessaremos todo o processo e chegaremos lá no lugar onde vive o ideal, o saudável, e faremos tudo isso juntos".

Sugiro que usem um aplicativo WebEx para fazer esse trabalho. É um aplicativo para videoconferências que ajuda famílias e amigos a se reunirem, trocar fotos e compartilhar suas histórias de uma forma bem dinâmica. A maneira de usar é muito simples: os membros do grupo se conectam na videoconferência previamente agendada, clicam num link e pronto! Todos estão conectados! O WebEx é uma opção de baixo custo para que as pessoas se conectem de uma forma mais vibrante do que apenas uma voz ao telefone. Esse poderia ser o começo para que realmente aconteçam as reuniões entre a família e os amigos.

Esse processo de se reunir a cada semana não é um bicho de sete cabeças, mas algumas vezes pode se tornar um desafio complicado fazer com que as pessoas concordem em participar. Você também poderá perceber que aquele grupo que havia sido montado para as reuniões familiares ficou agora menos focado e não vê problema se nem todos puderem participar da videoconferência semanal. A questão aqui é que é muito importante que se dê esse passo no sentido de realmente haver um compromisso de manter as reuniões e a energia do grupo durante o processo de mudança do ente querido. Isso é de suma importância.

Saliente a todos, deixando o mais claro e nítido possível, que o foco é a *mudança*, e não apenas a recuperação dele. Convide cada uma das pessoas na reunião a se sintonizar com o que eles fizeram naquela semana. Pergunte sobre seus desafios e êxitos. Que livro eles leram?

Pergunte sobre o que cada pessoa fez para cuidar de si naquela semana – e ajude a identificar algumas formas pelas quais elas poderiam fazer algum tipo de ajuste para deixar a vida melhor.

Encoraje as pessoas que foram chamadas usando estas regras básicas:

- *As pessoas devem falar uma de cada vez e se identificar – se estivermos numa* conferência, *só usando o telefone, não teremos como saber quem está falando.*
- *Mantenha-se calmo e com uma atitude positiva – deixe que o amor e o encadeamento lógico das ideias guiem a conversa.*
- *Nunca grite; jamais faça isso – se alguém ficar com a cabeça quente, peça que não participe da reunião na semana seguinte.*
- *Pense, sonhe e faça – concentre sua atenção naquilo que vem fazendo para cuidar de si hoje, e não fique apenas pensando nisso.*

E este aviso vai para o líder da reunião: não seja mandão nem dominador. A qualidade mais importante de um líder numa videoconferência é ser um bom ouvinte. Então, faça isso!

Dê tempo

Ouço muitas vezes que, quando se trata das pessoas que você ama, a palavra amor é soletrada como T-E-M-P-O. Eu acredito nisso. Quando você dá tempo para alguém, essa pessoa consegue sentir seu apoio no coração e na mente. Dar tempo pode ser algo tão simples quanto se oferecer para ajudar em coisas como levar a pessoa a uma reunião, levar à consulta médica, ou até mesmo ajudando-a a cuidar do dinheiro. Mas você pode ainda se juntar à pessoa e fazer com que seu estilo de vida se modifique. Por exemplo, fazendo exercícios juntos ou ajudando a fazer o jantar. Ou irem juntos à igreja. Que tal compartilharem um hobby? Faça coisas com seu ente querido que tragam significado à vida dele. Vá junto à reunião que trata dos 12 Passos. Tudo isso ajuda a pessoa querida a seguir com sua vida.

Dar tempo também significa estar presente emocionalmente. Não é nada incomum que a pessoa que se debate com o processo de mudança entre em depressão ou num processo de negação. Se a pessoa que você ama se torna raivosa ou extremamente quieta, ou caso perceba maiores mudanças na personalidade dela, converse sobre isso com ela. Mostre seu amor e sua preocupação por meio de um toque carinhoso, um abraço, um sorriso. Ouça com atenção o que ela tem a dizer, demonstre empatia e compartilhe a sensação de que essa pessoa é cuidada e amada; nunca julgada. E, caso fique realmente preocupado, chame as outras pessoas do círculo. Até mesmo os clérigos podem ajudar.

Forneça Informações motivacionais

Outra maneira de fornecer apoio é dar informações motivacionais úteis, como um conselho a respeito de se deve ou não procurar auxílio médico, ou informações sobre os tratamentos de reabilitação, ou mesmo algum tipo de inspiração material. A maioria das pessoas adora fazer o papel de professor ou de pastor se essa oportunidade lhes for oferecida. Sinta-se livre para representar qualquer um!

Mas não extrapole a sobrecarga de informação. Você corre o risco de inundar as pessoas com folhetos, livros, sites e outras coisas. Coisas demais podem também gerar ressentimento. Tudo o que é preciso é a doação de um livro inspirador ou a cópia de um artigo, e isso será suficiente para oferecer esse tipo de apoio.

Atenção para esta dica importante: se você decidir oferecer informações úteis, garanta que essa informação tenha a ver com o problema ou o vício em pauta. Não tente comunicar alguma coisa que não esteja relacionada com o assunto. Não faz muito tempo, eu trabalhei com uma família, os Montgomery, cujo filho alcoólico Will acabara de completar seu tratamento com sucesso. E Will também era gay. Assim que ele terminou o tratamento, sua mãe começou a empapelar seu apartamento com folhetos bíblicos que ensinavam a como se "reabilitar" e se tornar heterossexual. Essa informação não era necessária nem oferecia nenhum tipo de ajuda no momento.

Dê apoio com amor

Adote palavras e atos como uma atitude amorosa de apoio. Essa é uma tarefa difícil. Eu sei muito bem que você provavelmente deve ter um resíduo de ansiedade, de dor, de raiva e de frustração neste exato momento, mesmo considerando que a pessoa querida está no meio do processo de mudança. Você foi aquela pessoa que assistiu à queda em espiral do ente querido. Você deve ter sido enganado por vezes sem conta. É fácil demais ter vontade de dar umas patadas do tipo: "Eu sabia que você não ia conseguir", "Nem sei por que me dei a esse trabalho" ou "Chega, desisto de você!".

Cuidado! Essas palavras podem prejudicar as mudanças! Lembre-se: no momento em que as pessoas assumem um compromisso, elas tentam fazer com que seu comportamento combine com o compromisso e então agem de acordo como se enxergam (sua autoimagem). Palavras como aquelas descritas anteriormente não reforçam a nova autoimagem da pessoa; elas puxam para baixo a autoestima. Em vez de fazer isso, expresse sua crença na capacidade da pessoa de se dar bem e de conseguir êxito. Faça como Janice, quando me disse coisas como: *Você é o tipo de pessoa que consegue fazer isso. Já vi você conseguir antes, e eu tenho certeza de que conseguirá agora. Sempre admirei sua capacidade de seguir em frente, e sei que posso confiar em você.* Essas declarações reforçam e fortalecem a nova autoimagem positiva da pessoa amada, e ajudam a fazer com que ela prossiga em sua tarefa de mudar.

Exercite a aceitação

A grande necessidade que temos é de sermos aceitos e tratados como gente. Até que a mudança comece (e ela começará), aceite a pessoa e a situação como estão. Nada reforça mais o comportamento defensivo do que a condenação, a crítica, além da comparação ou rejeição. Um sentimento de valor e de aceitação liberta a pessoa daquela necessidade de sempre se defender e ajuda a liberar a tendência natural de mudar. Quando digo aceitação, não quero dizer que devemos fechar os olhos para um comportamento ruim; eu quero dizer que a aceitação é a ratificação do valor intrínseco de outro ser humano. Isso ajuda a preservar a dignidade e o respeito próprio, permitindo que a pessoa responda e se transforme sem se sentir ameaçada ou pressionada.

Permitir versus apoiar: há diferenças

Há diferenças cruciais entre apoiar, acompanhar, assistir, sustentar e permitir, possibilitar, consentir ou facilitar.

Lembre-se: quando você deixa que seu ente querido continue a manter os maus hábitos ou maus comportamentos, isso se chama "permitir". Nós sempre começamos a "permitir" as coisas numa tentativa de parecermos gentis e como forma de oferecer alguma ajuda para quem a agente ama. Por exemplo, podemos pagar suas dívidas com nosso próprio dinheiro, para que ele não se veja em apuros financeiros. Mas, ao fazer isso, nós também fazemos com que ele evite as consequências de seu mau comportamento com o dinheiro. Nós emprestamos dinheiro para a pessoa, por vezes sem conta, e ficamos surpresos ao descobrir que ela usou esse dinheiro todo para conseguir drogas ou bebidas, ou comprou coisas compulsivamente e torrou tudo em apostas.

Mas, quando paramos de dar cobertura, permitimos que a pessoa viva as consequências de seu comportamento descontrolado. Não damos mais desculpas, não emprestamos mais dinheiro nem pagamos a fiança para que ela saia da cadeia. Paramos de protegê-la das consequências de seu comportamento. Você pode ser muito mais útil sem "permitir" quando fornece um apoio honesto e produtivo e que leva a uma mudança duradoura. Dê uma olhada nas diferenças entre "permitir" e "apoiar":

Permitir	Apoiar
Dar dinheiro à pessoa (que pode estar ainda incapacitada de lidar com ele)	Pagar as contas, entregar o cheque do aluguel diretamente ao proprietário
Mentir por ela para o chefe, a polícia, os membros da família...	Não mentir para ninguém, dizer a verdade, negar-se ou recusar-se a adulterar ou dissimular informações nem encobrir a pessoa
Criar álibis ou desculpas para o seu mau comportamento	Deixar que a pessoa seja totalmente responsável por seus problemas e necessidades
Relaxar, afrouxar sobre a prestação de contas em relação ao acordo de mudanças	Seguir estritamente o que foi combinado no acordo de mudanças, fazendo valer as consequências da quebra ou rompimento do acordo
Pagar fiança para tirar a pessoa da cadeia	Deixar a pessoa na cadeia para que ela encare as consequências
Tomar parte do comportamento negativo do ente querido	Engajar-se em um comportamento positivo com a pessoa amada (não beber nem fazer uso de drogas; fazer exercícios junto; manter um alto padrão de comportamento saudável)
Protegê-lo das consequências negativas de seu comportamento	Afastar-se, com amor, deixando-o encarar as consequências

AJUDE A PESSOA AMADA A EVITAR AS RECAÍDAS

A pessoa querida fará inúmeras promessas, de que parará de beber, de fumar, de gastar excessivamente, de que procurará ajuda para a depressão, ou de que tomará outras medidas mais positivas. E é muito provável que ela cumpra todas essas promessas. Mas e se ela recuar? E se sofrer uma recaída e voltar a seus antigos hábitos?

A recaída acontece quando a pessoa retorna para um comportamento negativo. Algumas pessoas, porém, nunca vivenciam essas recaídas. Tomei meu último drinque em 4 de fevereiro de 2003 e nunca mais olhei para trás. Outras pessoas sofrem de recaídas ocasionais, mas no final acabam se livrando dos maus hábitos. O processo é igual a escalar uma montanha: você pode precisar fazer diversas tentativas antes de alcançar o topo. Mas existem aquelas pessoas que vivenciarão esses retrocessos pelo resto da vida, escolhendo avaliar cada uma dessas recaídas como uma confirmação de que eles “são desse jeito mesmo”.

Bem, é importante observar que as recaídas não são totalmente ruins. Elas podem representar uma oportunidade de aprendizagem. O indivíduo pode se perguntar: *O que é possível fazer de modo diferente? O que eu deveria aprender com este retrocesso que me ajudaria a me fortalecer e a evoluir? Como posso melhorar os resultados na próxima vez?* Aqueles que fazem essas perguntas, e respondem a elas, enxergam-se como pessoas que cometeram um erro que não precisa ser repetido. E, ao se recuperar de uma dessas recaídas, elas podem adquirir mais confiança para resistir à tentação da próxima vez.

Uma das partes mais importantes do Passo 3 é ajudar a pessoa a evitar e superar as recaídas. A chave é identificar as situações de alto risco ou os gatilhos que deixam muita gente exposta e vulnerável às recaídas no processo. Os gatilhos em geral estão ligados a *velhos* hábitos, *velhos* amigos, *velhas* atitudes, *velhos* medos e estresse, e ao descuido em não se envolver com os recém-adquiridos princípios e programas. Esses gatilhos retiram a pessoa daquele novo estilo de vida saudável, levando-a de volta para os velhos hábitos negativos.

Dois dos maiores gatilhos para a recaída são o sexo e o dinheiro. Conseguir dinheiro e sexo. Mantê-los. Preocupar-se com eles. Entendeu? E nem sempre é uma tarefa muito fácil falar sobre esses dois tópicos. Mas tenha coragem e saiba que, ao abordar esses assuntos de uma forma aberta e segura, alimentará a relação de franqueza e sinceridade com seu ente querido – de forma que, quando ele estiver sofrendo com situações sobre as quais ele normalmente não falaria, conseguirá fazê-lo sem problemas como você.

O bom é que esses gatilhos são geralmente bastante previsíveis – isto é, será possível evitá-los sem problemas. Afinal, "um homem prevenido vale por dois". Cabe praticamente só à pessoa querida aprender a lidar com eles, em geral em combinação com um terapeuta, mas existem várias coisas que você pode fazer para ajudar. Vou lhe apresentar alguns exemplos.

Gatilho do dinheiro

Deixe-me lhe contar sobre um fato interessante que observei em meu trabalho como intervencionista: quando a pessoa está em recuperação do abuso de drogas, álcool, jogo ou da gastança compulsiva, o momento mais frequente de recaída é o dia de pagamento! Qual a razão? Ora, porque ela está com dinheiro no bolso (ou na bolsa) e o dinheiro é um poderoso gatilho para acionar um retrocesso no tratamento. Chega a ser impressionante como uma pessoa que não está com nenhum tipo de impulso é capaz de sofrer um recuo só porque tem dinheiro disponível. O impulso de usá-lo só se tornou possível por causa de algumas moedas no bolso!

Estratégias

- *Ofereça-se para lidar com o dinheiro da pessoa amada e controlar sua conta no banco.*
- *Vá junto com ela ao banco.*
- *Procure evitar que a pessoa querida consiga um cartão de débito.*
- *Ajude-a a montar um orçamento por escrito de despesas.*
- *Faça com que o pagamento seja depositado diretamente no banco, para que não haja dinheiro vivo disponível.*

Gatilho das ocasiões sociais

Para muitas pessoas que estão nos estágios iniciais do processo de mudança, a ideia de sair para frequentar um evento social é absolutamente aterrorizante. ("Como é que eu faço para me abster de fumar e conseguir me divertir sem me descontrolar?") Tudo isso deve ser enfrentado, é claro. Seu ente querido precisa aprender a se divertir, a socializar, a namorar e a se relacionar com a vida sem cair de volta naqueles hábitos doentios. E você pode ajudar.

Estratégias

- *Encoraje seu ente querido a frequentar, de início, somente eventos onde não se possa fumar, ou onde não seja servido nenhum tipo de refeição.*
- *Não vá com ele a locais onde haja bares ou bebidas alcoólicas.*
- *Encoraje-o a conversar com você ou com o terapeuta sobre seus medos.*
- *Encoraje-o a se associar a pessoas não usuárias de drogas, bebidas ou cigarro e substitua aqueles relacionamentos pouco seguros por outros mais saudáveis. (Pode parecer cruel, mas as pessoas também são gatilhos, tanto positivos como negativos.)*
- *Ensaie algumas situações tentadoras. Naquelas festas onde há pessoas oferecendo comidas apetitosas, bebidas ou até mesmo drogas, faça com que seu ente querido pratique a recusa. Eu peço a meus clientes que pratiquem o modo como responderão aos momentos de risco que enfrentarão. Com o tempo, eles aprendem a lidar com praticamente todas as situações de risco.*
- *Seja um exemplo positivo. Lembre-se: as pessoas tendem a seguir o que seus pares fazem. Então, não beba nem fume, ou evite maus hábitos que afirmem um exemplo prejudicial.*

Gatilho do esquecimento

As pessoas que sofrem de um vício, em particular, são aquelas que mais se esquecem das coisas. Elas podem até mesmo se esquecer de como suas vidas eram ruins. Elas se esquecem de que suas boas intenções não ajudam a melhorar seu comportamento. Esquecem-se de que sua doença é progressiva. E podem dizer a si mesmas: "Vou beber, mas não vou dirigir" ou "Já amadureci, não preciso ir mais àquelas reuniões do A.A.". Em resumo, essas pessoas se esquecem de que estão doentes e de que a vida se tornará ainda pior se começarem novamente a alimentar seu vício. Veja como você pode ajudá-las:

Estratégias

- *Encoraje seu ente querido a conversar todos os dias com seu orientador. Com a ajuda dele, ou de outro parceiro que seja responsável, as pessoas podem se automonitorar com relação a possíveis gatilhos e então pedir mais ajuda.*
- *Garanta que ele compareça às reuniões de grupo e que registre sua presença numa lista. Esta é uma ótima ferramenta de prestação de contas.*

O gatilho de estar sozinho

Algumas vezes, as pessoas vivenciam uma recaída quando estão sozinhas ou numa viagem. De repente, talvez no avião, as ideias surgem não se sabe de onde: "Ninguém saberá se eu tomar um drinque, ou fumar um cigarrinho, ou comprar um bilhete de loteria, ou fizer uma aposta...". Meu último drinque foi num voo de Nova York para o centro de reabilitação na Califórnia. Mesmo naquela ocasião, após seis meses de luta feroz para parar, oscilando várias vezes entre a sobriedade e a farra com bebidas, houve recaídas e tentativas de mudar. Naquele dia em especial, o dia em que embarquei no avião para fazer minha primeira tentativa como paciente internado, acabei tomando minha decisão. Chega! Eu estava determinado, ao menos mentalmente. Então, me vi sozinho, ansioso, com medo... Eu era uma pessoa dependente bem no meio da tempestade antes da bonança.

Estratégias

- *Encoraje uma conversa honesta e franca sobre os medos, as tentações, aquilo que o estressa e os gatilhos.*
- *Aumente o contato pelo telefone. Faça com que seu ente querido fique em contato com você ou com outra pessoa que o apoie, como um orientador. Faça com que ele saiba que você estará junto dele para o que der e vier e que não é muito bom ficar "namorando" as lembranças dos velhos hábitos.*
- *Ajude-o a marcar reuniões de reabilitação antes de embarcar para seu novo destino.*
- *Faça uma "reforma completa" no ambiente. Ajude a retirar de casa, do carro ou do escritório todos os itens que estejam diretamente ligados às bebidas ou a comportamentos alimentares compulsivos (como as* junk-food*).*
- *Ofereça-se para esperar pelo ente querido quando ele voltar para casa, assim não será um lar vazio a recebê-lo.*

Gatilho dos altos e baixos emocionais

Estados de espírito negativos, como raiva, ansiedade, depressão, frustração e tédio são banquetes nos quais as pessoas acabam se devorando. Então, não é surpresa que estejam associados a enormes retrocessos! Ajude a nutrir estados emocionais mais positivos, como comemorações e alegria. Veja como:

Estratégias

- *Ajude seu ente querido a desenvolver atividades alternativas durante os altos e baixos emocionais. Por exemplo, meditação, orações, exercícios, jardinagem, ioga ou então algum esporte ou hobby que seja divertido. Participe dessas atividades para demonstrar seu apoio.*

- *Caso ele seja um dependente de recuperação, incentive-o a manter contatos regulares com outros dependentes na mesma situação. Isso quase sempre ocorre na forma de comparecimento às reuniões do A.A. ou às dos 12 Passos. Mas existem outras opções: frequentar a igreja, grupos de terapia ou outras reuniões semelhantes.*
- *Mantenha-se emocionalmente presente para seu ente querido. Esse tipo de apoio acalma os circuitos cerebrais que produzem o hormônio do estresse. Ao dar seu apoio, você ajuda a pessoa que ama a se manter relaxada e a evitar o gatilho do estresse emocional.*
- *Encoraje-o a adotar hábitos que diminuem o estresse, como dormir, alimentar-se bem e fazer exercícios.*
- *Cumprimente a pessoa amada quando ela fizer algo direito. Reconheça as situações em que ela se comportou de forma apropriada. Diga-lhe que está feliz por ela. Você ajudará a solidificar a confiança, a reforçar a motivação e a aumentar a eficácia pessoal (a percepção pessoal de que tem capacidade de controlar situações de risco).*
- *Fale sobre a importância de perdoar e de fazer correções. Ambas as ações são fundamentais para alcançar um grau mais elevado de melhorias e transformações pessoais.*

O gatilho do desleixo com as atividades espirituais

Somos fisicamente constituídos para fazer conexões espirituais, para manter conversas espirituais e para ter uma intimidade espiritual. Quando se corta tudo isso, nos sentimos sozinhos, sem a presença de um poder maior que nos ame. Não há mais aquela presença constante que nos guia e, então, corremos um grande risco de escorregar novamente para aquele comportamento que nos mata.

Falar de coisas espirituais pode ser estressante, então, facilite as coisas. Quando eu acabara de entrar na abstinência, minha conexão espiritual era simples. Na verdade era um pouco vaga; basicamente, era esta declaração: eu não estou só. Existe alguma coisa ou alguém maior do que eu, e talvez eu possa me conectar com ela, seja o que for. Com o passar do tempo, essa minha crença se tornou mais profunda; e mudou. Minha conexão espiritual evoluiu.

Hoje, a espiritualidade é uma força que me energiza e dá significado à minha vida cotidiana. Cada dia apresenta novas oportunidades e desafios, mas nunca estou sozinho. Tenho uma comunidade e minha fé que me amparam, e um Deus que me ama. A espiritualidade enriquece minha vida e me dá esperanças e inspiração, mesmo nos momentos mais sombrios – e é por isso que eu acredito que se render e se conectar ao poder maior são passos fundamentais no processo de mudança. O poder maior pode se referir a outras coisas que não necessariamente uma divindade: pode ser o universo ou um grupo de autoajuda, se for o caso. Caso a pessoa querida lide com um vício, com algum tipo de depressão ou com um hábito destrutivo, ela precisa adquirir a sensação de que não está sozinha e que pode pedir ajuda em várias direções diferentes, incluindo a espiritualidade.

Facilite as coisas e incentive seu ente querido a tentar. No começo de minha recuperação, usei o princípio do "agir como se". Eu comecei a *agir como se* fosse uma pessoa de fé, a *agir como se fosse* um homem com um conjunto de crenças permanentes. Eu *agi como se* pudesse me manter mudado apenas por hoje. E minha fé em desenvolvimento fez exatamente isso: ela se desenvolveu.

Estratégias

- *A pessoa amada deve ser encorajada a comparecer regularmente a um grupo de autoajuda como A.A..*
- *Convide a pessoa amada a ir à igreja, a um estudo da Bíblia ou a outra reunião inspirada por alguma crença.*
- *Se você desejar, reze pela pessoa amada e entregue suas preocupações em relação a ela aos cuidados de Deus. As orações podem ser uma tremenda fonte de consolo para você e sua família.*

Pratique o FISC com seu ente querido

Por quase um século, o A.A. diz às pessoas para terem o acróstico FISC diariamente diante de seus olhos. Esse acróstico vem de Fome, Ira, Solidão e Cansaço. Esse termo simbolicamente sugere que você dê um tempo, se ligue, preste atenção. Evite ficar com fome demais, com raiva demais, sozinho demais ou cansado demais.

Um ótimo conselho para evitar a recaída!

MAS E SE A PESSOA AMADA JÁ TEVE UMA RECAÍDA?

A melhor maneira de agir depois de uma recaída é travar novo combate e participar completamente do programa de mudanças. Chame seu círculo de mudanças para ajudar; você já conhece as origens, os princípios e os instrumentos. Tente não se esquecer dos momentos de sucesso que a pessoa obteve antes da recaída. Ajude a pessoa amada a se manter na intenção da mudança. *Trata-se de uma pessoa que sofreu uma recaída, e não de alguém que falhou definitivamente.*

Ajude-o a se recuperar o mais cedo possível. Isso envolve basicamente, sem acordo e sem demora, aplicar todas as habilidades e ferramentas que você aprendeu até agora para ajudar seu ente querido a voltar aos trilhos. A última coisa de que qualquer um de nós precisa nesse momento, especialmente quem está tentando mudar, é que a vergonha e o desconforto tirem nosso poder. Precisamos de todo o poder e de toda a energia que possamos reunir para recomeçar o processo de mudança. Você, o ente querido e seu círculo de mudanças precisam se manter em contato com suas forças. Não se percam demais nas lembranças enfraquecedoras sobre o que aconteceu. Vocês já viram os machucados e já sabem onde estão as cicatrizes. Reagrupem-se em volta da pessoa amada para apoiar aquele passo de volta à mudança.

A VITALIDADE DA CONTA-CORRENTE DE CONFIANÇA

Quando uma pessoa começa a mudar – seguindo um programa de mudanças, por aconselhamento ou de qualquer outro modo –, o momento em que termina uma etapa pode ser bastante estressante para você e para sua família. Se ele tirar o adesivo, será que voltará a fumar? Agora que ela perdeu trinta quilos, conseguirá ficar magra? Bem, os três meses de tratamento acabaram; será que já posso dar a ela um cartão de crédito?

A confiança é o ponto nevrálgico de uma relação forte e com significado. Você e seu ente querido não conseguem criar automaticamente nem reconstruir a confiança; ela deve ser conquistada e merecida, um pouco de cada vez. Quando trabalho com as famílias, costumo usar uma ferramenta que chamo de "conta-corrente da confiança". Isso quer dizer que você deve tratar a confiança como se fosse uma conta-corrente em um banco, na qual há débitos e créditos. Por exemplo:

- *Quando eu mantenho a palavra (como permanecer firme ao contrato de mudança), é feito um depósito de confiança.*
- *Quando eu minto, é feita uma retirada de confiança.*
- *Quando uso palavras que nos ajudam a crescer, é feito um depósito.*
- *Quando são usadas palavras que machucam ou que manipulam, é feita uma retirada.*
- *Quando honro sua confiança, é feito um depósito.*
- *Quando não dou importância para as pessoas, é feita uma retirada.*

Todos devem entender como essa conta funciona e quais serão as consequências se os fundos forem esgotados ou se alguém passar um "cheque sem fundo". Quando uma conta ficar vazia, ou com saldo negativo, a confiança não tem mais base para se estabelecer. Seu ente querido então percebe que não pode mais usar dinheiro, cartões de crédito, o carro ou fazer compras, porque não há mais confiança. Não se pode confiar nele em relacionamentos, em situações sociais, ou praticamente em nada. Quando a confiança desmorona a esse ponto, todas as desconfianças e o cinismo que se desenvolveram ao longo dos anos são relembrados.

Para que a confiança seja reconstruída, todas as pessoas precisam se manter responsáveis. Elas precisam dizer a verdade ou ao menos admitir os erros, se retratar e pedir perdão por terem feito um saque. Elas devem tratar os outros com respeito e dignidade. E fazer aquilo que prometeram e não cumpriram. Tudo isso acrescenta reservas à conta e a faz crescer novamente. E, com reservas maiores, seu relacionamento ficará mais sólido e a mudança terá mais chances de se solidificar.

JUNTANDO OS PEDAÇOS DA VIDA

Sempre compartilho com as famílias o filme *O Mágico de Oz*. Geralmente, esse filme é considerado uma diversão para as crianças, mas, na verdade, é também uma maravilhosa metáfora sobre como apoiar uma mudança. Todos nós conhecemos a história. Dorothy, ao tentar encontrar o caminho de casa, faz amizade com três diferentes indivíduos que também procuram alguma coisa que os complete: o Espantalho procura um cérebro, o Homem de Lata quer um coração e o Leão precisa de coragem. A Terra de Oz é o destino. Lá, acreditam, conseguirão encontrar aquilo que procuram.

Dorothy e seus novos amigos logo descobrem que só conseguirão ter o que desejam se permanecerem unidos. Eles sabem que precisam uns dos outros. E a solidariedade e a confiança se desenvolvem entre eles. Todos se tornam verdadeiramente interessados no bem-estar e na realização mútuos. Lembra-se da parte em que os macacos alados destroem o Espantalho? Ele fica inteirinho rasgado e há pedaços do Espantalho espalhados por todo lado. E o que fazem seus amigos? Carinhosamente recolhem os pedaços e começam a estufar o espantalho novamente.

Quando as coisas começam a ficar difíceis e as forças do mal ameaçam atacar, o grupo fica unido pelo amor, pelo encorajamento mútuo e pelo apoio que cada um dá ao outro. Ou eles chegariam até a Terra de Oz juntos, ou nenhum deles chegaria.

Nós também precisamos uns dos outros. Nenhum de nós pode caminhar sozinho se desejamos a mudança e a completude. E, como Dorothy, nós encontraremos o caminho da realização e da paz ao juntarmos os pedaços da vida e ajudarmos nosso ente querido a permanecer na estrada da mudança.

Recapitulação do Passo 3

- *Apoie seu ente querido dando-lhe tempo, fornecendo-lhe informações úteis, adotando uma postura carinhosa e praticando a aceitação.*
- *Ajude-o a evitar as recaídas montando várias estratégias para lidar com as situações-gatilho.*
- *Controle as recaídas ao reunir de novo seu círculo e ao aplicar todas as habilidades, ferramentas e técnicas que aprendeu sobre como mudar a pessoa que ama.*
- *Trabalhe para construir a confiança em seu relacionamento.*

Capítulo 7

Passo 4
Cuide de você

Este passo pode ser o mais difícil: cuidar de você. Nossa tendência natural é deixar nossas necessidades de lado enquanto cuidamos dos outros. Nessa fase, consideramos que é uma virtude ser um mártir, fazendo coisas além do nosso dever porque achamos que é assim que deve ser. Em geral, assumimos tarefas demais por causa de uma falsa percepção de que teremos um controle maior sobre nossa vida se fizermos tudo por nossa própria conta. Evitamos dizer *não* para não sermos os "bandidos" na história. Não queremos ser julgados como pessoas egoístas. E aonde tudo isso nos leva? Já lhe direi: leva-nos a ficar desgastados ao extremo e arrancando os cabelos por qualquer coisa. Estou pedindo que você seja egoísta, sim. Pensando bem, estou *exigindo* que você seja egoísta, e por alguns motivos muito bons.

Pressionar-se muito além dos limites pode prejudicar sua saúde física, mental e emocional. Você se estressará. Se sentirá oprimido. Abrirá as portas para problemas físicos e emocionais, como pressão alta, mau humor e insônia. Isso também poderá resultar em comportamentos destrutivos, como comer em excesso, beber em excesso e até usar drogas. Você estará tentando enfrentar o estresse que o oprime usando essas coisas como válvula de escape.

Vamos falar apenas do uso abusivo de drogas e álcool. Já se sabe que, para cada pessoa que é dependente de drogas ou de bebidas alcoólicas, existem pelo menos outros dois ou três não dependentes que são diretamente afetados. Essas pessoas são crianças, irmãos, amigos, colegas de trabalho, cônjuges e parceiros. Embora existam diversos recursos para ajudar um dependente a se recuperar, o principal orientador daquela pessoa – quer dizer, você – também sofre e precisa de cuidados. De fato, as estatísticas mostram que, se os orientadores não conseguem apoio e ajuda, acabam sofrendo quase sempre com depressão, ansiedade, algumas doenças e queda na autoestima. (O termo orientador se refere normalmente a um cônjuge, parceiro ou irmão que cuida de uma pessoa doente. Eu amplio esse significado aqui para incluir *você*, a pessoa que convive diariamente com o vício de alguém, com um hábito destrutivo, com um comportamento descontrolado ou com um problema médico.)

Quando você tenta "consertar alguém" – ser um orientador –, poderá se sentir com raiva, esgotado e sem esperança. Isso é normal, porque somos arrastados tão rapidamente pelos problemas dos outros que acabamos perdendo o sentido de nossa identidade. E esse círculo vicioso pode se tornar um pesadelo que continua por meses e anos. Para algumas pessoas, pode ser um ciclo que dura gerações, e esse pode ser o seu caso.

Não faz muito tempo conversei com meu pai, o orientador de minha mãe, que sofreu um derrame e agora apresenta incontinência urinária e demência. Embora mamãe tenha se recuperado um pouco, a Nancy que vemos hoje é bastante diferente daquela que conhecíamos antes: às vezes ela é dócil e carinhosa, mas frequentemente se torna mais confusa, ansiosa, crítica e exigente. Logo depois do derrame de minha mãe, papai anunciou que se aposentaria da igreja onde trabalhara como pastor. Nós lhe pedimos que apertasse o botão de "pausa", que não abandonasse seu trabalho tão abruptamente, e que levasse em conta suas necessidades – tanto financeiras quanto espirituais. "Papai, permaneça com aquilo que ama; fique com isso por você, para que possamos ouvir e enxergar sua alegria!", foi o que dissemos a ele.

E essa é também minha mensagem para você. Se você for o orientador de alguém com um problema grave, o mais importante que pode fazer é tomar conta de si. Não quero dizer que deva se colocar em primeiro lugar. Isso é impraticável. A vida às vezes exige que a gente coloque os outros na frente – levar as crianças ao balé ou ao futebol, ajudar nas tarefas de nossos pais idosos, fazer um trabalho voluntário em que acreditemos ou ficar ao lado de um amigo que esteja doente. Algumas vezes, você está no começo da lista... Mas, em outras ocasiões, você está em quinto ou sexto lugar.

O que quero dizer é que você deve ter uma vida, e que seja separada de seu papel como orientador, como fez meu pai. Procure não usar o problema da pessoa querida como uma desculpa para se isolar e não se una a ela numa existência doentia e sem alegria. Encontre um significado para sua vida fora daquele problema, para que isso não se torne sua vida. Saia de casa e retome sua vida, ou crie uma nova vida. Corra atrás de atividades que lhe deem prazer. Restaure seu sentimento de otimismo e de bem-estar. Faça um curso que o atraia. Encontre os amigos. Vá viajar. Construa uma vida para si!

No começo, essa ideia pode parecer chocante ou, pelo menos, indulgente consigo. Mas não é. O compromisso com os outros começa com um compromisso com você. O desafio é descobrir o melhor para você e seguir em frente com sua vida. Quando você cuida direito de sua saúde emocional, física e mental, se torna capaz de ficar ao lado das outras pessoas de um modo mais saudável.

Então, como fazer isso? Como é possível dar um passo atrás para nutrir a si e ainda ser capaz de dar o amor e o apoio que a pessoa querida necessita? Quais são as atitudes e estratégias que podem ajudar a restaurar o equilíbrio normal de sua vida?

A ANALOGIA DA ROSEIRA

Cresci numa casa cercada de roseiras. A roseira tem lindas flores, mas espinhos pontiagudos. Se você lidar com uma situação difícil como um orientador, seu relacionamento pode se revelar mais espinhoso do que você esperava, mas não importa; continua sendo uma roseira. Muito da beleza e da força que as rosas exibem vem do cuidado que foi dispensado à roseira, e também do clima e das podas regulares que ela recebeu. Os relacionamentos são exatamente assim. A força deles vem do amor, das provas que enfrentaram juntos e de estimular a proximidade.

Pessoas diferentes respondem aos espinhos de maneiras diferentes – as provas e a dor inescapável – em seus relacionamentos. Os espinhos podem fazer com que algumas pessoas desistam do relacionamento. Ele morre gradualmente, e o amor também se perde; a roseira que foi abandonada se transforma num arbusto espinhoso – feio e sem a beleza de antes. Certas pessoas maldizem o arbusto, arrancando do solo as raízes do relacionamento que passaram anos plantando. Mas outras são jardineiras, cuidando amorosamente do relacionamento. Elas sabem que aquele tronco cheio de espinhos gerará as rosas e continuam a podar a roseira para estimular o crescimento de suas lindas flores.

Cuidar de pessoas é uma tarefa espinhosa. Como podemos cuidar dos espinhos e apreciar as flores de nosso relacionamento? Como podemos nos tornar jardineiros melhores?

Acredito que a resposta é: *encontre significado* em ser um orientador.

Uma pesquisa realizada alguns anos atrás pela Family Caregiver Alliance trouxe à luz esta verdade. Muitos dos pesquisados disseram que valia muito o esforço de ser um orientador. Aquilo os havia ajudado a redescobrir o relacionamento com a pessoa querida. Elas eram capazes de se embeber na alegria daquela redescoberta e descobrir diversas recompensas nessa atribuição.

Eu sei que isso é verdade por experiência pessoal.

Há alguns anos, meu melhor amigo, Marvin, morreu depois de uma longa e exaustiva batalha contra o câncer. Marvin, tão robusto quanto um lenhador, foi meu pai substituto de muitas formas, praticamente desde o momento em que desci do avião na ilha de Manhattan. Seus filhos, Freddy e Matthew, tinham mais ou menos minha idade e me acolheram, me dando um sentido de família, algo que eu havia perdido por causa da distância, das drogas e por questões religiosas.

Marvin foi um rochedo em minha vida. Mas a mesa virou quando ele recebeu o diagnóstico de câncer em 2001. Eu vira muitos amigos deixarem a vida rapidamente nos anos 1980 e 1990 por causa do HIV, mas eu sabia que o câncer era infinitas vezes mais tratável. E, assim, fiquei esperançoso e me uni a Marvin naquele espírito de "Lutaremos contra isso!". De repente, me vi no papel de orientador. Ajudei da melhor maneira que pude e dei aquilo que tinha, sacando de uma reserva que eu nem sabia que existia.

Durante as cirurgias e subsequentes períodos de restabelecimento, nossa amizade se aprofundou e brotou de maneira ao mesmo tempo sólida e suave. Fiquei surpreso com minha capacidade de dar a ele uma coisa que eu não sabia que possuía. Ainda assim, aquilo estava lá, e parecia ilimitado e cheio de coragem e esperança. "Você pode lutar contra isso! Você está indo muito bem! O que a gente precisa fazer pra superar isso? Vamos fazer uma lista!"

Mas o câncer pode ser um inimigo formidável, e Marvin adoeceu novamente em 2004, depois de um breve período de remissão. O cancêr acabou se espalhando, e o futuro se mostrou muito curto de repente. Mas continuei meu compromisso com Marvin. Fui com ele às sessões de quimioterapia e aos plantões noturnos de emergência, quando as dores ficavam insuportáveis. Eu lhe dei conforto e coragem, estímulo e esperança, mantendo os comprimidos à mão e a agenda livre. Quando a vida dele estava se esvaindo, ajudei-o a encontrar orientadores profissionais e preparei o lar que ele tanto amava para seus dias finais. Quando esse tempo chegou, liguei para que nosso amigo, o reverendo Michael Ingersoll, viesse orar conosco. Michael segurou a mão de Marvin e o encorajou: "Deixe ir essa vida maravilhosa que viveu". Dentro de minutos, seu filho Freddy e eu segurávamos uma de suas mãos e ele deu o último suspiro, cercado de amor. Então, ele se foi.

Confesso não ter certeza de que eu estivesse preparado para a tarefa de orientador. Eu nunca havia passado por algo parecido antes. Ainda assim, a chance de dar amor e carinho provou ser algo maravilhoso e sem comparação em minha vida. Encontrei um significado profundo e verdadeiro nessa atribuição. E, é claro, minha vida se mostrou mais completa porque Martin vivera. Ele é uma lembrança que se recusa a desaparecer dentro de mim.

Sim, cuidar de alguém pode ser um teste definitivo da saúde de um relacionamento. E, sim, a gente ouve muita coisa sobre seus aspectos negativos. Mas acredito que se você focar demais sua atenção nos aspectos negativos, essa será a única coisa que verá, é só isso o que receberá em troca e essa será a sua vivência. Assim como acontece quando se olha através de uma lente de aumento, aquilo onde colocamos nosso foco aumenta gradualmente e entra muito mais rápido em nossa vida. Se você olhar para seus problemas como orientador através de uma "lente de aumento mental", aumentará totalmente os aspectos negativos. Tirará todas as coisas de proporção. Distorcerá a realidade das coisas. Você se programará para se sentir oprimido por cada situação que surgir. "Acho que estou oprimido!"

Os estudos indicam que temos cerca de sessenta mil pensamentos por dia. Infelizmente, 90% deles são pensamentos negativos. A negatividade é a última coisa de que seu ente querido precisa. Ela machuca a pessoa e desgasta a conexão entre vocês. E, se você se mantiver nessa negatividade, fará com que seu trabalho de orientador seja uma estrada cheia de lombadas – todas diante de você! Quanto mais tempo os pensamentos negativos ocuparem seu coração e sua mente, mais você acreditará neles. Quando você só pensa em termos negativos, passa a acreditar nas coisas em termos negativos. Isso cria um círculo vicioso que quase sempre leva à ansiedade, ao estresse e à depressão. Acredito que você deva substituir qualquer pensamento negativo que surja por pensamentos mais positivos e motivadores.

Mas como se faz isso? Aqui estão minhas respostas.

REFORMULE SUA VISÃO SOBRE O ATO DE CUIDAR

Veja o ato de cuidar de alguém sob uma nova luz. Não sei exatamente qual é sua relação com a pessoa que deseja mudar, mas o que eu sei é o seguinte: você ama essa pessoa e tem carinho por ela; caso contrário, não leria este livro. Veja o ato de cuidar como uma demonstração de seu amor e reafirme essa verdade todos os dias. O amor sempre surge quando é sensível às necessidades dos outros.

Passe a acreditar que, ao enfrentarem essa experiência, você poderá na verdade aproximar mais ainda vocês dois. Seja essa pessoa um cônjuge, um parente ou seu melhor amigo, o fato é que é importante compreender que os relacionamentos podem enfrentar os desafios e se fortalecer nesse processo.

Tente ver o lado positivo de tudo aquilo que encontrar pela frente. Lembre-se: você quer fazer o melhor possível por aquela pessoa que ama. Então, esse deveria ser o principal motivador para realizar uma ação positiva. Olhe para seu filho dependente, por exemplo, e pense como você se sentiria só sem ele. Pense na alegria que seu marido lhe traz todo dia. Preste atenção na importância que seu pai ou sua mãe representam para sua vida. Mantenha o curso de seus pensamentos nessa direção. Concentre-se nos aspectos positivos do ato de cuidar de um ente querido, e assim será possível varrer toda a negatividade de sua vida. No começo, você possivelmente precisará escavar, literalmente, para encontrar esses aspectos positivos, mas, depois de algum tempo, eles aparecerão automaticamente. E, finalmente, você verá e vivenciará apenas o lado bom de cuidar de alguém.

EXPLORE SEU CÍRCULO DE MUDANÇAS

Tente se manter sempre cercado de pessoas positivas e amorosas, especialmente aquelas que fazem parte de seu círculo de mudanças. Elas podem ajudar a evitar que a negatividade se infiltre em sua vida. Porque, se você se cerca de pessoas negativas, não haverá outro modo senão se tornar alguém negativo também. Não haverá ninguém por perto para incentivá-lo a agir de outra forma. Por isso, retire-se da companhia de pessoas negativas e de ambientes negativos; fique ao lado de pessoas positivas e em ambientes positivos. É por isso que eu acredito com tanta firmeza em grupos de apoio para os orientadores, onde haja pessoas que já lidem com problemas parecidos. A mãe de um dependente me explicou como ela lidou com isso: "Antes de ingressar num grupo de apoio, eu chorava, rezava e ligava para todo mundo para desabafar; agora, chamo alguém que faça parte de meu grupo e tentamos descobrir o que é preciso fazer". Você acredita que está completamente sozinho nisso, mas, se ingressar em um grupo de apoio para os orientadores, perceberá que muitas pessoas estão no mesmo barco. A atitude de se envolver com outros orientadores pode colocar seus desafios na real perspectiva das coisas, e suavizar sua aflição, independentemente de quão difícil possa ser o problema.

Seja realista. Não se torne vítima de um dos grandes mitos de nossa sociedade atual, acreditando que você é capaz de "fazer tudo isso sozinho, sem a ajuda de ninguém". A verdade nua e crua é que você é apenas uma pessoa e não pode fazer todas as coisas por conta própria. Avalie quais são as tarefas mais importantes e estabeleça metas realistas para si. Faça uma lista dos familiares e amigos que podem ajudar a cuidar de seu ente querido e a dar conta de algumas incumbências. É muito provável que eles estejam mais do que dispostos a ajudar, mas que não saibam o que fazer ou como pedir para ajudar.

Então, se os cuidados com a pessoa amada o oprimem (e, certamente, isso é bem possível que aconteceça), peça ajuda especialmente às pessoas de seu círculo. Trata-se de sua saúde, de seu corpo e de sua alma. Repasse algumas de suas responsabilidades para os parentes e amigos. Muitas pessoas acreditam que decepcionam alguém ao dizer *não*, mas dizer *sim* a todo mundo é muito cruel consigo. Quando começar a se sentir culpado, lembre-se de que não há problema em pedir ajuda. Na verdade, pense nisso como dar a oportunidade para alguém dizer *sim*. E consulte especialistas caso precise de ajuda em questões legais ou financeiras.

Quando cuidam de uma pessoa querida, os membros da família devem sempre trabalhar de forma cooperada. Quanto mais pessoas participarem dos cuidados, menos solitário você se sentirá em seu papel. Também acredito que seja uma boa ideia dividir as responsabilidades. Comece definindo, por exemplo, de que tipo de apoio você precisa:

- *Uma folga?*
- *Ajuda com as refeições, com a limpeza, nas compras?*
- *Apoio emocional por telefone ou e-mail?*
- *Ajuda nas pequenas tarefas – isto é, levar a pessoa às consultas, à terapia, ou às reuniões do grupo de apoio?*
- *Uma mão na parte financeira?*
- *Ajuda para cumprir os limites em termos de dinheiro e de arranjos familiares. Se você suspeita que seu filho usa o carro para comprar drogas, deve suspender a permissão para ele sair de carro. Os membros da família devem estabelecer o consenso e manter a coerência com a posição que tomam e os limites que definem.*

Assim que conseguir o compromisso de que as pessoas do círculo de mudanças ajudarão, sugiro que escreva um resumo daquilo que cada pessoa concordou em fazer e que depois envie um e-mail para todos. É fundamental que você seja bem claro em termos de suas necessidades e dos compromissos assumidos.

CULTIVE HÁBITOS VIVIFICANTES

A vida é constituída de momentos. O estado em que sua vida está agora é o resultado das escolhas que fez e das medidas que tomou em cada momento. Por isso, preste atenção em seus hábitos hoje, e eles prestarão atenção em você amanhã. Pergunte-se: "Como posso me controlar melhor nesta situação?".

O que mostro aqui é bastante óbvio, mas há coisas que não são tão óbvias assim. Por exemplo, é possível conseguir alívio imediato simplesmente respirando fundo. Faça dez dessas respirações profundas pelo nariz e com a boca fechada. O ato de respirar fundo diminui os batimentos cardíacos e, como você se concentra na respiração, isso faz com que tenha mais consciência do que o corpo sente. Tente também outras formas de relaxamento, como meditação, ioga, tai chi, banhos de aromaterapia ou música suave. O resultado é igual: você se sentirá relaxado.

Sei muito bem que o trabalho de orientador pode consumir sua energia – a energia vital que impulsiona todos os aspectos de sua saúde –, então você desejará fazer o que estiver ao seu alcance para preservá-la. Portanto, enquanto passar por esse momento potencialmente estressante, torna-se ainda mais crítico manter hábitos alimentares saudáveis. Você não precisa que uma nutricionista lhe diga que seu organismo exige uma dieta equilibrada em frutas, legumes, grãos e proteína. Isso já é sabido. Mas, mesmo que esteja cansado de ouvir isso, é muito mais fácil você comer um sanduíche em pé no balcão ou mesmo pular as refeições. Resista. O equilíbrio nutricional de sua dieta lhe dará a força e a energia necessárias para ultrapassar esse período estressante.

Fazer exercícios não é apenas bom para a saúde, mas também aumenta a endorfina, que o faz se sentir melhor; e também é importante para prevenir a depressão. Monte uma agenda semanal, encaixando horários para fazer exercícios. Separe um tempo para que possa fazer caminhadas, correr, andar de bicicleta ou ir à academia, ao menos três vezes por semana. E cumpra sua agenda rigorosamente. Se você não montar esse plano e cumpri-lo, será muito difícil equalizar o tempo que precisa dedicar a si e a todas as outras responsabilidades.

E separe um tempo, também, para fazer uma atividade que lhe dê prazer. Por exemplo, dez ou quinze minutos para ler um livro, escrever um diário ou fazer uma massagem. Acredite em seu valor como ser humano e em seu direito de reservar algum tempo para si ao longo da semana. Se for possível ter mais tempo livre que esses dez ou quinze minutos, considere isso como um bônus. O segredo é começar focado naqueles poucos minutos, prestando atenção em você, em seus interesses e em seus sonhos.

E, por falar em sonhos, não se esqueça de dormir! O sono permite que seu corpo se recupere das tensões e dos medos diários. Se você conseguir relaxar e dormir bem, seu corpo será capaz de suportar grandes quantidades de estresse com pouco, ou nenhum, prejuízo. Alguns dos mais importantes hormônios do nosso organismo, que ajudam a restaurar e curar o corpo, assim como aqueles hormônios do sistema imune são liberados durante nosso ciclo de sono. Quando sua mente não está em paz, fica mais difícil curtir uma boa noite de sono.

Bem, caso tenha dificuldade para dormir nesse período, tente criar um ambiente que promova o sono e o bem-estar, e que seja silencioso e escuro. Atenha-se a uma atividade relaxante pelo menos uma hora antes de dormir, como ler, assistir à TV (claro que não a filmes violentos) ou ouvir música suave. Vá para a cama apenas quando estiver cansado. Apague todas as luzes. Caso não durma durante os dez ou quinze minutos seguintes, faça exercícios de meditação ou de visualização criativa positiva.

Mantenha também a saúde espiritual. Vida espiritual pode ser definida de uma forma bastante ampla e pode ir de religião e meditação até simplesmente possuir um sentido de esperança, de acreditar que é possível a mudança continuar e que boas coisas acontecerão. Em cada um de nós, o lado espiritual é diferente, e todos nós precisamos descobrir nossa própria maneira de entrar em contato com esse lado e desenvolver a consciência daquilo que pode nos completar. Quando acharmos esse meio, poderemos transformá-lo em um pedaço de nossas vidas para onde nos voltarmos quando necessitarmos de energia, consolo e validação.

ISSO NÃO VEIO PARA FICAR

Meu pai lê as escrituras em seus sermões e sempre cita a frase *tudo na vida passa.* Só quando fiquei mais velho, mais sábio e mais sóbrio é que entendi que essa frase inócua carrega uma inferência sutil e significativa. Existem momentos na vida, como agora, quando nos sentimos tão frustrados e feridos, que temos certeza de que a dor nunca mais desaparecerá. Mas ela vai, sim; algumas vezes, por causa de nossos esforços, e, outras vezes, em função da passagem do tempo. Mas sempre, sempre, a dor vai embora. Ela não veio para ficar; tudo na vida passa.

Não fique estressado ou imobilizado, seja qual for o desafio que enfrentar. A vida não parou, não começou a andar mais devagar nem terminou para você. Ela continua seguindo em um rio abundante e renovador. Quando encarar seus desafios, afirme: *Eu aceito a realidade desta situação, mas recuso sua permanência.*

Quando surgir alguma coisa negativa em sua vida, ou algo que não deseja, apenas diga para si: "Tudo na vida passa". Talvez isso surgiu em sua vida para ensinar alguma coisa a você ou lhe dar algumas lições. Mas saiba que não veio para ficar. *Isso passará.* Não permita que o peso dessa situação faça você cair. Em vez disso, abra sua mente para o fluxo de sabedoria e de amor que podem lhe ajudar a dominar essa situação. Ela passará. Aceite isso, mas como uma experiência que está passando e indo embora. Algo melhor está à sua espera. Então, desfrute da alegria deste mantra: *Eu aceito a realidade desta situação, mas recuso sua permanência. Isso não veio para ficar; tudo passa, e isso também passará!*

Como ponto de partida, acredito que, se encontrar um significado em sua tarefa de orientador, economizará um bocado de lágrimas. Renove sua determinação de que essa experiência faça sentido. Aprenda a tomar conta de si, independentemente do comportamento da pessoa querida. Prepare sua mente e seu coração. Faça com que seu pensamento se dirija para as coisas positivas da vida. Reacenda sua luz especial ao cultivar as outras partes de seu *eu.* Você tem o direito de ser feliz, o que significa que tem a liberdade e a capacidade de desfrutar da vida novamente. Você pode ter uma vida mais feliz mesmo que seu ente querido não mude. Sua alegria final não depende da recuperação dele ou dela. O sol sempre aparece depois da chuva!

Recapitulação do Passo 4

- *Descubra o significado de ser um cuidador. Existem recompensas emocionais nesse papel; descubra então as recompensas positivas.*
- *Reconstrua sua visão do ato de cuidar como sendo uma demonstração de seu amor.*
- *Conecte-se com seu círculo de mudanças e lembre-se de que ele é um grupo de apoio. Ingresse também em outros grupos de apoio.*
- *Cultive hábitos vivificantes: boa alimentação, exercícios, noites bem dormidas, tempo para relaxar, meditar ou rezar, e dê atenção à espiritualidade. Lembre-se: sua vida é valiosa; tome conta dela.*
- *Lembre-se: não importa o que se passe na vida; isso não veio para ficar.*

Parte III

Superando os obstáculos mais comuns para as mudanças

Capítulo 8

Do que você tem medo?

Você se lembra de quando aprendeu a andar de bicicleta? Por acaso, isso o tirou de sua zona de conforto? Aposto que sim. Foi uma coisa nova, excitante, mas aterrorizante. Você talvez tenha se perguntado, como eu, se algum dia seria capaz de fazer aquilo. Eu lembro que meu pai corria atrás de mim, segurando o selim da bicicleta, e dizendo: "Você consegue!". Daí, ele me soltava. Depois de algumas tentativas, e com as palavras de incentivo de meu pai, finalmente descobri como é que se fazia aquilo, e foi muito legal... eu consegui!

Quando você estiver pronto para motivar a mudança em seu ente querido, será como aquela primeira volta de bicicleta. Você ficará com medo e talvez nem queira prosseguir. Mas estou aqui para lhe dizer que você consegue! Não deixe que seu medo o afaste dessa experiência.

Pode acreditar: eu compreendo que o medo pode reprimir a ação. Eu me lembro do dia em que meu amigo Trent veio me visitar. Eu não o via há mais de dez anos e fiquei impressionado com a aparência dele. Era quase noite, e Trent, que estava com 45 anos na ocasião, viera me visitar em meu loft perto da Union Square, em Nova York.

Seu cabelo louro-avermelhado estava repartido de um modo estranho, como se ele soubesse o que era um pente, mas raramente o usasse. Sua calça cáqui e a camiseta branca estavam sujas e desalinhadas. O rosto barbado estava pálido e vi que as unhas estavam roídas até o ponto de ficarem em carne viva. Precisei me recompor por alguns instantes porque sua aparência não lembrava nem de longe o Trent que eu conhecera, cheio de detalhes meticulosos. Ele era professor de História e uma daquelas pessoas que acreditam que as roupas fazem o homem. Ele estava sempre muito limpo, arrumado e estiloso. Agora, parecia que não ligava mais para isso.

O que foi mais alarmante ainda é que percebi que ele estava com um olho roxo e com machucado nos braços. Eu brinquei: "Quem lhe deu uma surra?". Ele disse que batera a porta do táxi no rosto quando a abrira rápido demais, e que o choque o derrubara no chão. Achei que a história estava mal contada. Fiquei me perguntando se devia dizer alguma coisa. Mas, como não me encontrava com ele havia dez anos, achei melhor ficar quieto.

A gente se sentou nas confortáveis cadeiras de minha sala de estar, bebendo um pouco de chá verde, e conversando sobre nossas vidas. De cabeça baixa, Trent resmungou que ainda estava com o mesmo parceiro de dez anos antes, uma pessoa chamada Andy, mas que esse parceiro começara a beber todos os dias nos últimos três anos, da manhã até a noite. E ali estava Trent, sentado, com uma nuvem negra sobre sua cabeça, quebrado, sentindo-se sem esperança e compartilhando comigo algumas partes do drama que vivia. Fiquei pensando: o que aconteceu com aquele Trent forte e ativo que eu conhecera?

Estava ficando tarde, e Trent me disse que precisava ir. Eu lhe disse: "Prometa-me que, se precisar conversar, você me telefonará". Ele concordou.

Depois que ele foi embora, tive aquela sensação penetrante de que as coisas iam mal na casa dele. Os sinais de abuso e violência podem ser sutis.

Confesso que fiquei com medo de me intrometer. Eu não tinha nada a ver com aquilo, ponderei. E se eu estiver enganado e isso o deixar irritado? Era isso o que eu me perguntava. Eu não o vira durante muito tempo; é claro que, se aquilo fosse verdade, alguém já teria comentado alguma coisa àquela altura. Minha mente girava em círculos sem fim, gerando todas as desculpas possíveis para deixar as coisas como estavam. Meus medos e minhas hipóteses do "e se" obscureciam tudo o mais, especialmente o bom senso.

Na manhã seguinte, acordei com uma nova perspectiva da situação. Em nossa cultura, com a filosofia do "fique fora disso", a maioria de nós nunca desenha uma linha na areia, marcando um limite a partir do qual as coisas serão inaceitáveis. Nós recuamos, sem nos prender àquilo que realmente pensamos, para não "estragar uma amizade" ou, desconfio, para não passar pelo desconforto de um conflito. Mas é o próprio silêncio que pode estragar uma relação ou uma amizade – e, ainda pior, pode machucar o amigo ou a pessoa que se ama. Para que servem os amigos? Para que serve a família, se não for para evitar mutuamente que a gente se machuque?

Acredite: eu não sou a favor das intromissões injustificadas do tipo "Você não deveria parar com essa comilança?" ou "Jamais deixaria meus filhos falarem assim". Mas eu sabia que devia conversar com Trent. Precisava confiar em meus instintos. Eu não precisava de permissão para me envolver na vida de uma pessoa e falar, especialmente se aquilo que acontecia pudesse ser um crime.

Liguei para Trent c o convidei para almoçar comigo. Combinamos de nos encontrar em um pequeno restaurante tailandês perto de meu loft. Escolhemos uma mesa num canto sossegado.

"Fiquei preocupado com você. Me diga de verdade como estão as coisas entre você e Andy", comecei, depois de pedirmos alguns petiscos.

No início, Trent negou que houvesse algum problema além do alcoolismo, sobre o qual ele havia comentado na noite anterior. Mas, então, suspirou, e as lágrimas vieram. Estendi o braço e apertei seu ombro. Ele contou que de fato havia violência física, surras brutais. O parceiro, sempre bêbado, costumava bater nele de punhos fechados. Puxa, eu acho que não aguentaria socos como aqueles. "Durante muitos anos, fiz o que pude para manter essas surras em segredo", ele admitiu. "Eu me sinto humilhado."

Àquela altura, eu me sentia no direito de falar sobre a situação, então disse: "Eu me importo com o que acontece com você porque sou seu amigo. E me sinto agradecido por confiar em mim a ponto de me permitir discutir o assunto. Não é culpa sua, a falha não é sua, e você não merece isso".

Não disse nada parecido com "Por que está concordando com uma coisa dessas?". E lhe dei tempo para digerir o que eu tinha acabado de dizer.

"Não sei o que fazer," disse Trent. "Estou sempre com medo de ir para casa, mas tenho muito mais medo de não ir."

Eu o lembrei do quanto ele estava sendo forte por viver sob a sombra de tanto abuso. "Sei muito bem que você lida com uma coisa complicada, mas começo a achar que isso pode ser perigoso. Você precisará fazer algumas escolhas bem difíceis". Não chamei Andy de idiota nem comecei a criticá-lo.

Acrescentei ainda que não me sentiria um bom amigo se não lhe indicasse pessoas que pudessem ajudar. Resisti à tentação de dizer: "Se eu fosse você...", porque eu não era capaz de entender completamente os riscos físicos e emocionais a partir do ponto de vista dele. Mas lhe entreguei um bilhete com os telefones e sites onde ele poderia conseguir a ajuda necessária.

Acabamos de almoçar num silêncio reflexivo, e eu sabia que Trent ponderava tudo aquilo que fora conversado. Ao nos despedirmos, eu disse: "Seja qual for a decisão que você tomar, saiba que lhe darei todo o apoio".

Alguns dias mais tarde, recebi notícias dele. Ele fora procurar um dos centros de advocacia que eu havia recomendado. Trent foi prestar queixa, conseguiu uma ação cautelar de afastamento e se mudou. Fiquei aliviado ao saber que fora capaz de ajudar, embora quase não fizesse porque estava com medo.

A história de Trent joga uma luz sobre outra questão com a qual me deparo de tempos em tempos: o que devemos fazer quando há violência em casa? E meu conselho é sempre o mesmo: Caia fora, e depois chame ajuda.

Não se veja tentado a fazer uma intervenção na família por conta própria, com ou sem um círculo de mudanças, quando a pessoa que precisa de ajuda tem um histórico de violência. Nesses casos, chame um profissional para trabalhar com você, já que as emoções envolvidas podem distraí-lo daquilo que precisa ser feito. Ou seja, proteger as vidas daqueles que rodeiam a pessoa violenta.

Nas situações onde há violência, o cônjuge da pessoa violenta apresenta características de quem fez um "pacto suicida" com o outro. Nessas circunstâncias, os dois podem estar tão enredados no caos, na violência e na dor, que se torna praticamente impossível motivar esse cônjuge a liderar uma intervenção de qualquer tipo.

Existe uma sensação de "Não posso viver com ele, não posso viver sem ele", misturada com um sistema de crenças. Em casos assim, o círculo de cuidados deve primeiro intervir com o cônjuge que é espancado, implorando a ele que deixe o grupo agir em seu nome.

O medo nem sempre funciona como um motivador para a mudança, e uma esposa espancada se vê quase sempre presa num ciclo que tem muito pouco a ver com aquilo que acontece na vida real.

O QUE É O MEDO?

Se você já esteve em uma situação similar – relutando em se envolver –, provavelmente vivenciou uma das emoções mais primárias dos seres humanos: o medo. Mas ter medo de uma coisa específica ou de uma situação pode ser uma coisa boa; de fato, os seres humanos são constituídos para ter medo, como um recurso de sobrevivência. O medo é um sistema interno de segurança com o qual todos nascem. Ele ajuda a reconhecer as situações potencialmente ameaçadoras ou perigosas. O medo é parte da reação "enfrentar ou fugir" que nos prepara para tomar medidas quando nos vemos em perigo, ou que nos motiva a enfrentar os problemas da vida. Mas, ainda assim, o medo é frequentemente uma emoção irritante, marcada pela ansiedade, pela dor, pela agitação, pelo desconforto, pelos sobressaltos, pelo desvio e pela apreensão.

Ao mesmo tempo que o medo quase sempre nos proteje do perigo, ele pode também nos fazer agir contra nossos melhores interesses e também contra os interesses daqueles pelos quais temos carinho e preocupação. Meu encontro com Trent, por exemplo, abriu meus olhos e me fez perceber que aquilo que não fazemos e não dizemos – e aquilo que deixamos prosseguir – é o que pode causar mais danos.

O medo permeia praticamente todas as conversas que tenho com os familiares que desejam iniciar o processo de mudança em um amigo ou parente. Todo mundo tem medo de algo; e em todas as famílias há alguns medos bem grandes, não importa quão sólida ela seja. Um marido, com o qual trabalhei recentemente, não queria realizar uma intervenção em sua esposa que sofria de depressão porque temia que ela o abandonasse. Trabalhei com uma poderosa executiva, que comandava cem funcionários numa grande empresa. Ela tinha medo de contar ao namorado, com quem vivia, sobre seu vício em jogo. Ela me disse: "Tenho medo de que ele rompa comigo". Conheço um gerente de uma grande loja em Newark, Nova Jersey, que suspeitava que um de seus empregados vinha trabalhar "chapado". Por um lado, sua compaixão pela pessoa e a preocupação com as consequências daquela situação sugeriam medidas imediatas e decisivas. Mas, por outro lado, ele tinha medo de cometer infrações legais, médicas e psicológicas.

No ano passado trabalhei com um casal, Mona e Frank Edwards, dois proeminentes psicólogos em Seattle. A filha mais nova deles, Tina, havia sido diagnosticada com depressão na adolescência, e um amigo psiquiatra havia prescrito para ela antidepressivos e ansiolíticos para tratar do problema. Tina estava agora com 20 anos, e a família suspeitava que ela consumisse crack. Ela estava magra e parecia tensa muitas vezes. Saía com uma turma que se comportava de modo imoral e irresponsável e que tinha acesso fácil a drogas. O irmão e a irmã mais velhos acharam certa vez cachimbos de crack no apartamento e tiraram fotos com a câmera do celular.

Apesar das provas, Mona e Frank quase desistiram de fazer a intervenção. Frank achava que eles estavam agindo de forma emocional demais. E se estivermos errados e ela ficar louca da vida? Mona perguntou: "Brad, você tem certeza de que eram cachimbos para fumar crack? Não podia ser alguma outra coisa?". Eu assegurei que eles eram mesmo cachimbos de crack. Mas, ainda assim, ela argumentou: "Mas e se eles forem de algum amigo?".

"Bem, eles encontraram três cachimbos na mochila e mais dois no armário da cozinha. Tendo em vista os saques que Tina fez no cartão de crédito, e somando-se a sua inexplicável perda de peso, acho que as evidências são claras", respondi. "Baseado em todos esses fatos, posso dizer que lidamos com uma garota de vinte anos bastante problemática e que precisa de ajuda" (fui bem cuidadoso ao colocar tudo em termos de fatos, e não de emoções). Ainda assim, os Edwards estavam relutantes em confrontar a filha, com medo de perder o amor dela, com medo de fazer ou dizer a coisa errada, e assim por diante.

Agora, vamos falar um pouco sobre você. Quais são os medos que se levantam em seu caminho e o impedem de ajudar alguém? Se você aplicar um pouco de pressão sobre essa pessoa, qual seria o seu maior medo? De que ela o abandone? De que a tensão em casa se torne insuportável?

De ter problemas financeiros? De que, ao dizer algo, ela responda dizendo pra você se mandar? De que seu filho possa odiá-lo do jeito que só um filho é capaz? De que se sentirá como um intruso insensível? Seja qual for o seu medo, ele é um obstáculo ao qual você deve dar atenção. É preciso removê-lo, de forma a poder ajudar a mudar a pessoa que você ama.

AS SEIS FACES DO MEDO

Há inúmeros tipos de medos que todos nós já enfrentamos, como o medo do sucesso, de perder o emprego, da pobreza, de voar... O medo de doenças, de críticas, de ficar velho, de se separar de alguém que se ama... O medo da morte, de ser inadequado, e assim por diante. Embora o medo possa assumir diversas formas, aqueles com os quais eu me deparo com mais frequência podem ser classificados em seis tipos:

O medo da rejeição

Lembra-se daquela ansiedade que você viveu quando começou um novo romance ou quando se candidatou a um novo emprego? Esse é o medo da rejeição. Para a maioria das pessoas que se prepara para uma reunião familiar, nada é mais aterrorizador do que a noção de ser rejeitado, ou de ouvir um *não*. Nenhum de nós gosta da ideia de ser descartado.

Faz parte da nossa natureza querer ser aceito, ter muitos amigos e que os outros gostem de nós. Em vez de correr o risco da rejeição, muitos de nós chegamos aos extremos para evitar um confronto. Não gostamos de discutir nem de argumentar. Não gostamos de situações de tensão e nem mesmo das discordâncias mais leves. Nós achamos que, se confrontarmos alguém, essa pessoa pode ficar zangada conosco, e enxergamos o confronto como uma atitude negativa. Geralmente, quando não podemos evitar alguma coisa, acabamos concordando com ela. Como me disse várias vezes um pai do Estado de Washington, enquanto se angustiava com a reunião familiar: "Se não posso consertar uma coisa, eu a deixo de lado". Ele queria dizer que, em face do histórico de transtornos alimentares e vício a opiáceos de sua filha de 28 anos, ele preferia demonstrar o amor presenteando-lhe e, assim, normalizar o caos resultante daqueles problemas. Como se sabe, essa não é a melhor forma de agir. Quando evitamos a confronto, algumas vezes toleramos comportamentos que não deveriam ser aceitos (e depois pensamos em todas as coisas que gostaríamos de dizer e fazer).

Quando se trata de ajudar alguém a mudar, e talvez até a salvar uma vida, o desejo de ser querido pode se tornar um obstáculo. Não há como contorná-lo; só existe um jeito: passar por ele. Se você tem alguém em sua vida que está se autodestruindo, ou causando caos e conflitos em todos os mais importantes relacionamentos de sua vida, você deve agir no momento oportuno e de forma honesta e construtiva. Não se sinta impedido. Mova-se. Tenha coragem. Agite as coisas. Corra riscos. Ficar paralisado é enganar seu amigo ou seu ente querido. Você pode ter um relacionamento de muito tempo, mas essa pessoa precisa saber que sua maior preocupação é com o bem-estar dela, com sua qualidade de vida ou simplesmente com uma existência pacífica. Não permita que o medo o detenha.

Lembra-se da história da família Edwards, que tinha medo de enfrentar a filha em relação ao abuso de crack? O pai tinha medo de que ela ficasse irritada. A mãe tentava minimizar o problema, jogando tudo para debaixo do tapete – assim não precisaria fazer a reunião familiar. Fico muito feliz em lhe contar que, apesar de tudo, e depois de situações bastante difíceis e de momentos emocionalmente esgotantes, a família toda mudou.

"Eu sei que toda a minha família estava decepcionada comigo", disse Tina mais tarde. "Mas ninguém me detestava mais do que eu mesma. Eu sabia que não queria mais viver daquele jeito". Por meio da reunião familiar que tivemos, Tina percebeu que o vício precisava acabar e que sua vida precisava começar. Ela entrou em um tratamento de reabilitação e, depois, toda a família tomou parte em grupos de apoio para famílias de dependentes.

Se você deseja ajudar as pessoas a se tornarem melhores, esse é um medo que precisa ser enfrentado. Seu amigo ou ente querido não o está rejeitando – não o seu verdadeiro eu –, então não leve essa rejeição para o lado pessoal. Ele rejeita a ideia de ser persuadido a fazer algo. Sim, é possível que ouça um *não*. Mas isso passará a acontecer cada vez menos na medida em que continuar aplicando meu método de mudança em 4 passos. A partir do momento em que você reconhece que teme a rejeição, a melhor maneira de superar esse obstáculo é fazer aquilo que você sabe, no fundo do coração, que deve fazer.

O medo de deixar as coisas ainda piores

Conheço muita gente que se debate com essa questão. Esse é um medo legítimo. Você teme constantemente que as coisas ficarão piores se contar a verdade ou deixar os outros saberem que não está contente com o comportamento deles. Você se encolhe de medo à menor sugestão de entrar em conflito com alguém e tenta evitar que isso aconteça de todas as maneiras. Você evita as conversas pelo medo de deixar alguém com raiva ou de ferir seus sentimentos. Você concorda com o que os outros querem fazer porque não quer deixá-los com raiva, mas, no final das contas, é você quem acaba irritado.

Eu acredito que esse medo tenha origem na falta de autoconfiança. Se você vive pensando que não vale a pena defender seus interesses, se acha que não conseguirá sobreviver à desaprovação por parte dos outros, então continuará traindo a si mais e mais vezes. Acabará se sentido oprimido, ressentido e esgotado para sempre. A opressão e o ressentimento representam um preço alto demais para manter a paz.

A melhor maneira de superar seu medo de que as coisas piorem é acreditar mais em si. Quando você aprende a fazer isso, acaba conhecendo seus limites e expectativas e poderá expressá-los aos demais. E passa a ter a confiança de que sobreviverá à desaprovação, caso ela aconteça. Você sabe, bem lá no fundo, que não é possível agradar a todo mundo durante o tempo todo, e assim acaba compreendendo que, de vez em quando, decepcionará ou irritará alguém. Quanto mais confiar em si e assegurar sua autonomia, mais seu amor será verdadeiro, em vez de ser uma compulsão para agradar, para evitar os confrontos e querer manter a paz a todo custo.

Também é importante desenvolver uma "casca" mais dura, a ponto de não ligar tanto assim para o que os outros pensam. Como se costuma dizer, você não se importaria tanto com o que os outros pensam de você se soubesse que eles raramente fazem isso. A maioria das pessoas vive tão absorvida em seus próprios pensamentos que não pensa em você, de qualquer modo. Mesmo que você as enfrente e que elas fiquem com raiva, muito provavelmente, em pouco tempo, se esquecerão disso. As vespas ficam furiosas, mas não permanecem assim por muito tempo. Elas se cansam. Elas se acalmam.

Mas esse medo tem algum propósito? Acho que só devemos ter medo de deixar as coisas piores se formos deliberadamente grosseiros, maldosos ou agressivos – ou se mentirmos com a intenção de machucar outras pessoas. O círculo de mudanças ajuda a dissipar a dúvida pessoal ao construir um consenso, ao checar os fatos, ao comparar os testemunhos e a verificar em seu próprio inventário se aquilo que é feito é certo, bom e necessário.

Você nunca conseguirá mudar alguém que ama se tratar dos problemas de forma cuidadosa demais, com medo de piorar as coisas, ou esperar que as coisas passem sozinhas. Se algo realmente importante estiver em risco, seja forte e tome as medidas necessárias para mudar a situação. Não permita que esse medo o impeça de entrar em ação para salvar um relacionamento ou uma vida.

Tenha em mente, também, que é muito difícil prever como a outra pessoa reagirá. Seu ente querido pode estar pronto para mudar. Talvez ele queira se livrar daqueles velhos padrões de comportamento ou esteja pronto para parar de se autodestruir. Então, não tenha medo de balançar o barco. Será melhor balançar o barco do que afundar com ele.

O medo da insegurança financeira

Você pode ter medo de perdas financeiras. Se alguém em sua família for um alcoólico, um gastador compulsivo etc., essa pode ser uma ameaça real. Ainda assim, algumas pessoas se preocupam tanto com dinheiro que temem revelar o problema de seu ente querido com medo de que ele possa perder o emprego. Isso é altamente contraproducente. Alguém que não tenha ajuda ou que não entre em tratamento é uma pessoa com grande probabilidade de arruinar a saúde e não ser mais capaz de trabalhar. Os mortos não trabalham.

Há alguns anos, trabalhei com um gênio criativo de 29 anos, Mark Sanchez, que era empregado da Fox. Ele usava cocaína, mas continuava sendo um funcionário valioso. Sua esposa, Anne Marie, quase voltou atrás na manhã da reunião familiar, mesmo com todos reunidos na sala. O chefe de Mark estaria presente, e Anne Marie tinha medo de que sua presença resultasse na demissão do marido.

Fui obrigado a atenuar os medos dela com alguns fatos: se uma pessoa trabalha para uma empresa com mais de cinquenta funcionários e continua empregada por um ano, ela está protegida por leis federais enquanto procura por tratamento. Nunca trabalhei com ninguém que perdesse o emprego porque estava em tratamento.

Deixando as leis um pouco de lado, o momento fundamental nesse caso foi quando contei ao chefe de Mark que ele era dependente de cocaína e estava perdendo a batalha contra a droga. O chefe disse que sabia que alguma coisa acontecia, mas que não conseguira identificar o problema. Como normalmente acontece, muitas empresas desejam oferecer ajuda ao empregado, além de apoio, orientação ou tratamento, de forma que possam manter um empregado produtivo. Com a ajuda da Fox e a intervenção da família, Mark foi capaz de conseguir o tratamento adequado e se livrar da droga.

Já em um cenário diferente, muitos cônjuges têm medo de perder determinado estilo de vida. Os medos os levam de volta aos relacionamentos abusivos, sem nem mesmo tentarem ajudar o cônjuge violento. Por que correr o risco de ficar pobre e não ter um belo carro? As perdas potenciais são tão aterrorizantes que nem vale a pena pensar nelas. Qualquer coisa é melhor do que passar por uma reviravolta financeira. Se você pensa desse jeito, não está apenas prisioneiro do medo de perder as coisas materiais, mas está também a caminho de graves danos. Por quê? Porque o abuso e a violência têm a tendência de entrar numa escalada, a menos que a pessoa consiga ajuda. Você pode estar se colocando em perigo, e aos outros, agindo dessa forma. Faça algo antes que sua vida naufrague.

Falando de forma prática, um aperto financeiro pode ser evitado com um planejamento adequado. Um bom planejador em finanças pode ajudá-lo a definir as necessidades para viver, para cuidar da saúde e o que será necessária para se prevenir, caso aconteça um evento de grandes proporções, como a perda do emprego, uma interrupção na carreira, divórcio, um acidente, uma doença ou a morte de alguém próximo.

Em muitas situações, o medo da insegurança financeira é um forte motivador para que se organize uma reunião familiar imediatamente e que se coloque a pessoa em tratamento. Se o seu cônjuge, por exemplo, está apostando e perdendo toda a poupança da família, tenho certeza de que você quer pôr um fim imediato nesse sangramento monetário. Para sair dessa, o primeiro passo é a reunião familiar. Intervir é o melhor torniquete para estancar a hemorragia.

Seja qual for o caso, use esse medo de forma positiva para inspirar a ação. Motive-se com aquilo que você não quer que aconteça, a ruína financeira, para conseguir aquilo que deseja: a estabilidade financeira. Olhe seu medo sob esse prisma e liberte-se desse grilhão. Nada faz a gente se sentir melhor do que ver nosso futuro financeiro nos trilhos.

O medo de ficar sem vida sexual

Convivo com esse tipo de medo frequentemente. Caso tenha começado um relacionamento novo, ou mesmo que saia com uma pessoa há bastante tempo, o medo de ficar sem vida sexual pode ser muito poderoso. Mas qual a causa? O que acontece depois que se faz sexo é parecido com o estado induzido pelas drogas – as de efeito sedativo ou os narcóticos. Ocorre uma mistura suave, mas intoxicante, de mudanças químicas, inclusive aumento dos níveis de serotonina, oxitocina e opioides endógenos (o equivalente natural à heroína em nosso organismo). A liberação dessas químicas naturais e que nos dão a sensação de bem-estar se presta a diversas funções, como ajudar no relaxamento corporal, induzir ao prazer e à saciedade, e pode ainda estimular um vínculo mais terno e generoso. O sexo, especialmente se praticado dentro do contexto de um relacionamento, é parte fundamental de nosso bem-estar. Faz parte de nosso corpo e de nossa natureza. E é por isso que se torna tão assustador pensar em perder algo que é tão importante para seu relacionamento. A manipulação sexual pode mantê-lo preso, por isso saia dessa.

Martin e Samantha, de Houston, estavam casados há quinze anos, com uma vida sexual bastante saudável. Ambos eram atraentes e estavam no início dos quarenta anos. Martin gerenciava a filial local de um banco, e Samantha trabalhava como compradora de uma loja de departamentos. Ela ainda cuidava dos dois filhos do casal, Tommy, de oito anos, e Laura, de onze, e os dois praticavam esportes depois das aulas. O trabalho de Martin exigia que viajasse bastante, de forma que ele tinha uma agenda pouco flexível. Samantha vivia se perguntando sempre a mesma coisa: Como é que vou conseguir fazer tudo isso? Como é que posso fazer um bom trabalho no meu emprego e ainda estar presente em casa? Como posso conseguir convencer Martin a me ajudar? E, talvez a pergunta mais importante de todas: Como poderei criar uma vida menos estressante e mais equilibrada?

A vida de Samantha era ainda mais complicada porque seu filho Tommy havia sido diagnosticado com transtorno de déficit de atenção com hiperatividade (TDAH) aos sete anos. Ele tomava Adderall, um remédio prescrito para ADD (Distúrbio de Déficit de Atenção) e TDAH e usado tanto por crianças quanto por adultos, por ser um estimulante que intensifica o estado de alerta.

Sempre extenuada, Samantha sofria para conseguir gerenciar todas as atividades cotidianas. E, então, buscou compensações para sua ansiedade na comida, especialmente nos doces. O resultado foi o ganho de peso, o que a perturbou porque ela sempre tivera orgulho por manter a boa forma. Samantha descobriu que poderia controlar o apetite e o consequente sobrepeso tomando o Adderall do filho, que algumas pessoas descrevem como sendo a versão "autorizada" do *speed*. Na primeira vez em que jogou um desses comprimidos em sua boca, Samantha sentiu-se imediatamente energizada, com mais confiança, mais atenta e sem fome. Ela convenceu o médico dela de que sofria de TDAH e recebeu sua própria prescrição de Adderall.

Mas, em um mês, Samantha desenvolveu tolerância ao medicamento. E, dois meses após ingerir o primeiro comprimido, ela tomava três vezes mais do que o prescrito. Logo, Samantha tomava a prescrição para um mês em apenas uma semana, e passou a usar os comprimidos do filho como complemento. Enquanto não conseguisse tomar mais Adderall, se debatia contra uma extrema exaustão física e mental.

Finalmente, o vício de Samantha obrigou-a a largar o emprego. Por conta disso, a renda familiar se viu reduzida pela metade. Samantha então começou a atacar as economias para poder comprar mais comprimidos, até que o saldo chegou a zero. Martin descobriu. Embora ele suspeitasse de que a esposa houvesse desenvolvido dependência pelo medicamento, estava relutante em intervir para resolver o problema. O grande medo dele não era de que o vício ativo da mulher roubasse dos filhos um ambiente familiar mais saudável, mas sim de que o pouco da vida sexual de ambos que ainda existia desaparecesse por causa da intervenção. Embora aquela situação deixasse Martin esgotado e furioso, ele tinha medo de perder a conexão física que mantinha com a esposa.

Apesar desse medo, nós realizamos a reunião familiar. Samantha admitiu o vício na frente da família e do médico e largou o Adderall. Agora, ela trabalha para colocar sua vida em ordem novamente. "Eu me enganava, dizia a mim mesma que controlara esse problema, mas isso só me deixou à mercê de um perigoso encanto", ela me disse mais tarde.

O medo de perder a vida sexual tem ligação com o medo de rejeição por parte daquela pessoa que você acha desejável, com o medo de perder algo seguro e com o medo de ficar sozinho. Mas, se você tiver um desejo sincero de mudar alguém, deixe de lado sua preocupação com a vida sexual, ao menos por enquanto. Seu parceiro ou parceira o valoriza e precisa de você. Então reafirme a ele ou a ela que vocês estão nisso juntos. Sua paciência e seu amor os deixarão, no final, mais próximos do que jamais estiveram.

O medo do abandono

Esse medo é um dos que encontro frequentemente ao trabalhar com meus clientes. É uma coisa contra a qual todos nós lutamos, com maior ou menor intensidade. Esse medo aciona a possibilidade de uma separação dolorosa e da solidão. O anseio que todos sentimos de nos ligar a outro ser humano é um estímulo profundo e primitivo, e que está enraizado desde a infância. As ligações mais expressivas e importantes que podemos ter enquanto crianças são com nossos pais, e, na vida adulta, com nossos parceiros. Há muito poucas pessoas, jovens ou velhas, que prefiram viver em isolamento. Então, quando chega a hora da reunião familiar, o medo que nos assola em primeiro lugar é: "ele me abandonará" ou "ela nunca falará comigo novamente".

Esse medo angustiante foi exemplificado por dois dos membros da família Warren, de Long Island. Era uma manhã de inverno com muito vento quando estacionei na calçada em frente à casa térrea da família, basicamente construída com pedras. Para meu completo choque, o motivo daquela reunião familiar, Lindsay, de 38 anos, estava nua, gritando e agitando os braços no meio de um monte de neve.

As pessoas que participariam da reunião e que estavam presentes eram sua mãe, Amanda, o pai, Richard, a avó, Dorothy e a irmã, Susan. "Venha para dentro, nós faremos uma reunião", disse eu. Todos foram para fora, para pedir a Lindsay que entrasse, e a fizemos vestir um jeans e uma camiseta larga.

As pessoas da família sabiam que Lindsay estava perturbada, e cada uma delas tinha sua própria teoria sobre os motivos desse problema. Susan, recentemente convertida aos Cristãos Novos, acreditava que a irmã sofria de uma doença espiritual e que estava possuída por um espírito maligno. A avó Dorothy achava que a neta havia herdado do avô a queda por bebidas alcoólicas (o falecido esposo de Dorothy havia morrido de cirrose hepática). Amanda estava convencida de que Lindsay era dependente de drogas, e Richard sentia que a filha tinha depressão e que sofria de transtorno bipolar. Apesar dos diagnósticos diferentes, os membros da família concordavam com a mesma solução: colocar o problema de Lindsay nas mãos do universo e confiar que ela ficaria bem – uma solução baseada nas doutrinas de um *best-seller* bastante conhecido, cujos exemplares vários dos parentes agarravam com força quando cheguei naquela manhã.

É importante salientar que, no momento em que me dirigia para a reunião familiar, Richard me ligou e disse: "Olhe, vamos cancelar. Nós não conseguiremos fazer essa reunião; será demais para nossa família".

A frase "Será demais para nossa família" foi gerada pelo medo de abandono por parte de Amanda e Dorothy. E esse sentimento também surgiu da vergonha causada pelo fato de que a filha estava nua. Quanto mais conversei com eles, mais eles se abriram e dividiram comigo as preocupações, os medos e as frustrações, tudo isso baseado em não saber o que deveria ser feito. Muito cedo em sua vida, Dorothy havia enfrentado o marido em relação ao alcoolismo, e ele a abandonara durante um tempo. O medo de Dorothy era apoiado em uma experiência real que ela havia vivido. E, baseada em sua própria história, a avó tinha medo de que Lindsay também fosse embora, apesar de a neta não ter nenhum lugar para onde ir. Lindsay havia perdido o apartamento por causa de sua incapacidade de pagar o aluguel mensal.

Diversos de seus medos podem ser exagerados por causa de algum fantasma emocional do passado. Por exemplo, caso seu pai tenha largado sua mãe por causa de algum problema, você pode temer que seu companheiro ou companheira faça a mesma coisa. E é bastante compreensível que você não queria trazer essa dor consigo. Assim, pode acabar atribuindo mais importância a essa possibilidade do que a real situação justifica. Não deixe que o ontem drene o valor do hoje e do amanhã.

Quanto a Amanda, a mãe era a principal orientadora da filha. E o instinto maternal havia contribuído para isso. Numa missão de amor maternal, Amanda havia colocado sua vida em suspenso para cuidar da filha primogênita. Ela estava com muito medo de que Lindsay fosse embora para sempre quando se visse confrontada.

Toda aquela reunião foi tumultuada e explosiva. Lindsay estava descontrolada e tentou agredir todo mundo na sala com os punhos. Mas, em vez de tentarmos subjugá-la, sugeri chamarmos a polícia. Agora eles prestavam atenção!

"Mas por que a gente deveria chamar a polícia?", reclamou Richard. "Isso fará com que todo mundo na vizinhança fique falando de nós!"

Entretanto, a polícia foi chamada mesmo assim e Lindsay agrediu um dos policiais. Ela foi algemada e uma ambulância a levou naquela noite. Como resultado da prisão, Lindsay foi internada em um hospital psiquiátrico, onde ela aceitou entrar em tratamento. Os médicos fizeram os exames toxicológicos e as evidências foram que ela estava com altas doses de álcool e drogas.

Você tem medo de ser abandonado? Então não se debruce sobre os resultados ilimitados de uma reunião familiar. Quanto mais tempo acalentar os "e se" em sua mente, mais tempo demorará para tomar as medidas necessárias. Uma lição que se pode extrair do exemplo da bicicleta é: eu sei que é difícil, mas, como dizia meu pai, "você consegue!". Aprenda a ter confiança praticando a confiança: decida confiar na pessoa ou na situação. Deixe de lado as consequências. Você pode lidar com elas depois que as coisas acontecerem. Fique aqui comigo agora. Compreenda que essa reação de medo era apropriada quando você era um bebê – e ter medo do abandono era justificado porque você poderia morrer –, mas perceba que agora você é um adulto, e que, se aquilo pouco provável acontecer (o abandono), ainda assim você sobreviverá.

O medo do fracasso

Esse medo enorme coexiste com todos os outros: o medo do fracasso. Uma grande quantidade de pessoas deixa de fazer muitas coisas por causa do medo de não as fazer direito. E o mesmo se aplica a uma reunião familiar. Uma das principais razões pelas quais as pessoas evitam encarar uma dessas reuniões é o medo de que todo aquele esforço resulte em nada, bem ali na cara delas. Mas, se há uma coisa que eu posso afirmar, é que nunca vi uma reunião familiar fracassar, não criar uma mudança – e olha que já fiz centenas e centenas de intervenções.

Existe uma charada filosófica que diz: "se uma árvore cai na floresta e não há ninguém por perto, ela faz barulho?". Ela pode ser aplicada às intervenções. Se uma intervenção ocorre, mas a pessoa com problemas não aparece, ainda assim é uma intervenção? A resposta é SIM, em letras grandes, do tamanho de um outdoor. Uma intervenção é um processo, e não um simples evento em dia e local determinados, então ela acontece independentemente do que a pessoa fizer.

Se você se encontra imobilizado pelo medo do fracasso enquanto se prepara para usar minha fórmula de mudança, tente alguns dos antídotos sugeridos a seguir:

- *Faça o máximo esforço para apagar suas declarações de medo e de fracasso. Avalie sua linguagem cuidadosamente. Veja com que frequência usa frases do tipo: "Ela nunca conseguirá passar por isso"; "Ele jamais se recuperará"; "Ela não consegue se prender a nada"; "Nada nunca aconteceu do jeito que planejei"; "Ai, isso dói, não é mesmo?". Essas frases acabam com as posturas mais otimistas.*
- *Acredito que o otimismo seja vital. Descobri, tanto em nível pessoal quanto na prática, que, sempre que assumo uma atitude de "eu consigo" em relação a meu trabalho ou às minhas aspirações pessoais, isso acaba abrindo novas possibilidades. Minha mente passa a trabalhar de*

uma nova forma, mais criativa – e tenho certeza de que, fisiologicamente falando, os neurotransmissores de meu cérebro descobrem novos caminhos e melhoram meus processos mentais. O otimismo me ajuda a me concentrar melhor; e isso me ajuda automaticamente a resolver os problemas, a lidar com novos projetos e novas ideias e a alcançar minhas metas. Nas intervenções que lidero, estou sempre dizendo "Ela conseguirá!" para contestar a descrença das pessoas presentes que assistiram à resistência do ente querido.

- *Não seja severo demais consigo. Lembre-se de que uma das maiores preocupações que as pessoas têm é de fazer as coisas erradas. Todos nós temos medo de cometer erros. Esse medo nos deixa mais tensos, preocupados em não modificar o* status quo, *em não incorrer na ira de um amigo ou de um ente querido, e somos todos pressionados, então, a deixar as coisas mais seguras. Não há problema algum em ficar com medo ou nervoso. Enquanto sua intenção for sincera e amorosa, as palavras e ações certas aparecerão para você.*
- *Deixe de lado seus pensamentos de "e se" e reflita sobre o que acontece à sua volta. Claro, conseguir para seu ente querido aquela ajuda tão necessária pode não ser uma tarefa fácil. Mas e se ele se recusar? E se ela prometeu conseguir ajuda, mas não cumpriu a palavra? Muitas dessas situações podem ser antecipadas quando se faz um planejamento, pensando em todas as possibilidades, antes de fazer o convite para a intervenção de mudança. Use ferramentas objetivas para a tomada de decisões, por exemplo. Faça um mapeamento dos prós e contras, dos resultados possíveis, dos resultados desejados e da*

viabilidade desses resultados e escreva-os num pedaço de papel ou num quadro. Concentre-se nos resultados que deseja, e não nas emoções que os circundam.

- *Comprometa-se a agir, e não a reagir. Como você conseguirá saber o que pode e deve conseguir realizar se nunca der o primeiro passo para descobrir o que está ao seu alcance? Entrar em ação é uma atitude proativa e requer força e confiança. Quando você entra em ação, tem pouco tempo para ser consumido pelo medo. Ficar preocupado não resolve os problemas, mas agir, sim.*
- *Continue tentando. Existe uma grande verdade no ditado que diz "Os vencedores nunca desistem, e quem desiste nunca vence". Se você estudar a biografia das pessoas bem-sucedidas, provavelmente se dará conta de uma série de erros, rejeições e decepções que aconteceram nas vidas delas antes que comemorassem o êxito. Walt Disney quebrou financeiramente diversas vezes e teve um colapso nervoso antes de conseguir sucesso. Albert Einstein foi reprovado no curso de matemática. Enrico Caruso teve tantos problemas para alcançar as notas mais altas que seu professor o aconselhou a abandonar a carreira. Em vez de fazer isso, ele perseverou e se tornou um dos maiores tenores do mundo. A questão não é falhar, mas sim a resposta que você dá a isso. Se tiver vontade de ter sucesso, não permita que o medo de falhar impeça-o de alcançar sua meta.*

MEDOS REAIS OU IMAGINÁRIOS?

Existe uma distinção que deve ser feita entre o medo real e o imaginário. Veja um medo racional: você acabou de fazer uma mamografia e seu médico informa que foi detectada uma pequena mancha no seio. Seu medo é de que possa estar com câncer. Esse seria o exemplo de um medo racional. Por outro lado, se o médico disser que está tudo bem, e ainda assim você ficar com medo de ter câncer, esse seria um medo irracional.

A maioria dos medos é imaginária. Na verdade, 95% das coisas que imaginamos por causa do medo nunca acontecem. E a maior parte daqueles 5% restantes nós fazemos acontecer. Como aquela pessoa que tem medo de falhar; ela pode ficar tão ansiosa com isso que, na verdade, acabará fazendo coisas erradas de uma maneira ou de outra.

Certa vez ouvi um comentário de que a palavra *medo* em inglês (*FEAR*) é um acróstico de "*false evidence appearing real*", ou, em português, "evidência falsa com aparência real". E isso se mostra mais verdadeiro nas reuniões de família. A suposição que fazemos sobre nosso amigo, cônjuge, ente querido, parente ou colega de trabalho pode ou não ser acurada, mas nós permitimos que essa suposição nos deixe nervosos e hesitantes. E isso nada mais é do que nossa imaginação nos dizendo que o pior acontecerá. E sabe o que mais? Mesmo nossos piores medos podem nunca se realizar.

Então, o que me diz: seus medos são reais ou imaginários? Para descobrir a resposta, faça um inventário cuidadoso e honesto sobre eles. Nossa imaginação pode correr de forma desenfreada e precisa ser controlada por um choque de realidade. Meu inventário de medos, descrito logo a seguir, ajudará você a avaliar se seus medos são fato ou ficção.

INVENTÁRIO DE MEDOS

Todo mundo tem medo. Acontece apenas que algumas pessoas são mais receosas do que outras. Como seus medos o impedem de seguir em frente? Faça este inventário para descobrir. A Parte A o ajudará a avaliar seu nível de medo e o deixará consciente de quão assustado e temeroso você realmente é. A Parte B lhe dará algumas dicas para identificar e controlar aqueles medos infundados.

Parte A: Você tem medo demais?

O que você verá a seguir é uma lista de 25 declarações. Se uma delas for verdadeira, marque o espaço ao lado. Se não for, deixe o espaço em branco. Seja o mais honesto que puder em suas respostas. E não fique pensando demais sobre cada declaração. Marque sua resposta rapidamente e passe para a declaração seguinte.

1. Quando faço um check-up de rotina, tenho certeza de que o médico encontrará algo errado. ( )
2. Quando vejo um carro de polícia passando a meu lado, fico imaginando que o policial me parará. ( )
3. Raramente uso minhas joias. Sempre as deixo guardadas num local seguro. ( )
4. Se minha empresa fechar, me sentirei paralisado com a possibilidade de não arrumar outro emprego. ( )
5. A aprovação dos outros é muito importante para mim. ( )
   Não gosto de falhar em nada. ( )
6. Costumo adiar decisões importantes. ( )
7. Acredito no ditado que diz que "A chuva bate na pele de um leopardo, mas não tira suas manchas". ( )

8. Evito fazer coisas de um jeito novo a menos que ache que posso fazê-las direito. ( )
9. Preocupo-me demais com eventos futuros. ( )
10. Acredito que seja impossível superar problemas do passado. ( )
11. Prefiro passar férias no mesmo local todos os anos. ( )
12. Eu me descrevo às vezes como alguém preocupado e com estômago sensível. ( )
13. Sempre que meu aniversário se aproxima, fico deprimido porque ficarei um ano mais velho. ( )
14. Evito confrontos. ( )
15. Toda vez que meu chefe realiza mudanças no trabalho, fico apreensivo. ( )
16. Detesto me arriscar. ( )
17. Acho difícil expressar minhas opiniões. ( )
18. A última vez em que mudei drasticamente minha rotina foi há mais de três anos. ( )
19. Detesto cometer erros. ( )
20. Fico sempre irritado com pequenas coisas. ( )
21. Sinto-me desconfortável quando estou com pessoas que são mais ricas ou mais inteligentes do que eu. ( )
22. Meus pais tinham medo de pessoas, coisas e lugares. ( )
23. Se eu acho que pode ser a hora de um romance, fico com medo e evito a situação. ( )
24. Quando alguém me diz *não*, me sinto perturbado e magoado. ( )

Pontuação

Se marcou 5 declarações ou menos: você tem um pensamento racional e a habilidade de controlar seus receios. Muito provavelmente também é adepto de fazer um planejamento sobre como agir nas situações em que se sentir ameaçado, em vez de ficar se preocupando com elas.

Se marcou de 6 a 10 declarações: você sente medo de vez em quando. Defina se são medos imaginários. Caso sejam, reconheça-os e recuse-se a continuar dando importância a eles. Quando a mente se prende a esses pensamentos, acaba ampliando-os e estimulando-os. E você poderá então acreditar de verdade que são medos reais e agir conforme essa crença. Mas, se os medos forem reais, aceite-os e faça o que precisar ser feito para mudar as circunstâncias que causam esses medos.

Se marcou mais de 10 declarações: é possível que aja com cautela excessiva em muitas situações. Trabalhe seus medos, sejam quais forem, e não trabalhe contra eles. Tentar limitar ou silenciar o medo apenas serve para agravá-lo e perpetuá-lo. Ao contrário, aceite que vive sentimentos de ansiedade e de preocupação, mas entenda que a consequência desse medo pode provavelmente não existir. Reconheça também que a maioria de nossos medos só existe em nossa mente. Você se preocupa com algo que ainda não aconteceu e que pode nunca acontecer.

Parte B: Choque de realidade

Seremos mais precisos. Analise o quadro mais abaixo. Na primeira coluna, registre os medos que você tem de fazer um convite para uma intervenção: medo de rejeição, a insegurança financeira, medo de perder sua vida sexual, medo do abandono e medo do fracasso.

Agora, ao lado de cada categoria de medo, na segunda coluna, descreva esse medo em detalhes e com total honestidade, incluindo a maneira como você reage a ele. Eis o exemplo de uma descrição detalhada: "Não consigo participar dessa reunião familiar porque tenho medo de dizer alguma coisa errada e de que minha esposa fique zangada comigo e ameace me abandonar, levando meus filhos".

A seguir, dê uma olhada em sua lista de medos e avalie cada um deles de forma racional. Para isso, considere estas perguntas: Quais são os indícios que você tem de que as coisas podem dar errado? Qual é a probabilidade de que isso aconteça? Existe alguma maneira de contornar esse resultado? Você já passou por ocasiões semelhantes? Tente recordar os momentos em que as coisas correram bem e procure encontrar as semelhanças. Examine com cuidado as hipóteses de seus padrões de pensamento e veja se elas se equiparam à realidade. Você pode também pensar na possibilidade de usar um ponto de vista externo. Finja que outra pessoa escreveu essa lista, e que essa pessoa consultou você como amigo e pediu sua opinião.

Use essas informações para classificar sua escala de medo. Na terceira coluna, dê a cada medo uma nota de 1 a 5 – em que 1 significa que o medo é imaginário, irracional e com poucas chances de se realizar, e 5 quer dizer que ele ainda está nos domínios da realidade. Quando analisar a racionalidade de seus medos, poderá colocá-los em sua perspectiva real e conseguir a inspiração para sobrepujá-los. Em muitos casos, você se divertirá ao perceber quanto seus medos são irreais. E tenha em mente também que o medo vai embora quando você faz aquilo que tinha receio de fazer.

Categoria de medo	Reação ao medo	Nota
Medo da insegurança financeira	*Ele é o provedor financeiro da família; nós não teremos onde morar se ele começar o tratamento*	*1*

MANTENHA-SE SEMPRE ESPERANÇOSO

Ao longo do tempo, muitas palavras foram escritas sobre a esperança. Uma de minhas citações favoritas é de um autor anônimo, e diz: "Quando chegar ao fim de sua corda, dê um nó e segure-se". Esse simples axioma caracteriza o que de melhor existe na natureza humana: quando nos vemos paralisados pelo medo, ou encarando um desafio que parece intransponível, ficamos, com muita frequência, surpresos ao descobrir – ou redescobrir – nossa capacidade de manter a esperança. A esperança preenche os espaços que o medo esvazia. Em vez de desistir ou de entregar os pontos, faça tudo o que puder para temer menos e esperar mais.

Durante a preparação da família para as relações interpessoais, digo por vezes sem conta:

1. *Apoiem-se na esperança.*
2. *Ela consegue! Ele consegue!*

Capítulo 9

Reivindique sua fonte principal de poder

Assim que analisar e superar a questão de seus medos e compreender que a mudança é possível para seu ente querido, chegou a hora de dedicar algum tempo e suor para viabilizar essas mudanças. Mas, falando francamente, onde poderá encontrar a energia necessária para isso, especialmente quando você corre contra o tempo e talvez ainda viva de crise em crise? Não é fácil, porque investir tanto de si para ajudar uma pessoa aflita pode fazer com que você sinta que se afasta de outras obrigações importantes ou, então, que não é justo que você esteja tão saudável enquanto seu ente querido não está. Mas deixe-me lhe dizer uma coisa: a energia a que me refiro – que é aquela necessária para começar uma mudança de fato – não é uma coisa que você "um dia consiga ter"; é uma coisa que você já tem. E está bem aí, em sua própria família.

Um milagre na família

Gerald e Ann Martin viviam em Westchester, Connecticut, e durante algum tempo a vida deles foi ótima e abençoada. A enorme casa dos Martin, com um Lexus na porta e uma piscina no quintal, era o retrato claro e definido de uma família abastada, e os dois, com 57 anos, se encaixavam facilmente nessa definição. Ela era corretora imobiliária, de olhos azuis e cabelos louros que caíam até os ombros. Ele era um milionário da internet, autoconfiante e elegante, de queixo quadrado e cabelos castanhos revoltos. Eles viviam um casamento sólido, em uma comunidade que os adorava e tinham um casal de gêmeos já crescidos, David e Devon, a menina.

Se você um dia encontrar David em uma festa, a primeira coisa que chamará sua atenção serão seus olhos. Eles olham por cima de você, não diretamente para você, e depois se afastam, vasculhando o lugar como se procurasse onde se esconder. Enquanto ele crescia, via seu pai muito pouco, porque Gerald sempre viajava a negócios. David se lembra de que o pai nunca o elogiou por nenhuma de suas conquistas, e nunca foi vê-lo jogar no time de basquete da escola – a não ser uma vez. Naquele dia, ele foi o cestinha do jogo, e seu pai apenas comentou: "Seus colegas jogam mal mesmo, hein?".

Devon, por sua vez, era a joia da coroa para Gerald, adulada e favorecida o tempo todo. Ela me lembrava Audrey Hepburn mais nova, uma morena esguia e graciosa. Infelizmente, em abril de 2000, Devon foi diagnosticada com lúpus, uma doença autoimune que, com o passar do tempo, deixou-a com problemas cognitivos e danos tão graves nos nervos que ela acabou perdendo alguns dos dedos. Em 2007, Devon apresentou falhas no funcionamento dos rins e precisou de um transplante. A melhor escolha era seu irmão gêmeo David.

O problema é que David, àquela altura morando em Seattle e afastado da família por escolha pessoal, era dependente de cocaína, o que transformava a doação em uma situação de alto risco. Mas, se Devon não recebesse o rim, morreria.

Minha equipe e eu nos envolvemos com a família Martin porque eles me pediram que ajudasse David a se livrar de seu vício e a fazer tratamento. Tive numerosas conversas com a família, seja individualmente, seja por meio de reuniões ao telefone. E muitas informações emergiram dessas conversas. A infância que David nunca tivera – ou seja, todo o amor, compreensão e incentivo de que ele precisara e nunca recebera – o assombrava. Essa ausência de cuidados minou a capacidade dele de lidar com os sofrimentos emocionais, e ele tinha problemas em aceitar o fato de que os pais se importavam tanto com ele que desejavam que recebesse tratamento. Eu disse a David: "Você acredita que tudo isso passou, mas, enquanto não for capaz de perdoar e abandonar esses sentimentos, continuará sendo controlado por eles e pelos mesmos padrões de comportamento da família". Minha observação acertou o alvo. A capa de gelo de David se derreteu, e ele finalmente foi receptivo à ideia de voltar para casa e reencontrar a família.

Sei, pela minha experiência em lidar com as famílias, que se os pais mantêm uma relação insensível com um dos filhos, ou se existe uma doença ou um óbito nessa família, os irmãos ficam com medo e buscam alívio mútuo. Sempre que ocorre uma fissura na relação com os pais, ou uma crise, os irmãos podem se tornar uma fonte de amor e suporte uns para os outros. Perguntei a David e a Devon se isso havia acontecido com eles, e os dois confirmaram.

Quando estávamos reunidos, cara a cara, perguntei: "O que esta família pode fazer para que seus membros se ajudem mutuamente?". Eles se entreolharam; todos estavam em lágrimas. Finalmente, ocorreu uma reviravolta que foi extraordinária para todos. Os Martin entenderam a realidade de que, se David ficasse limpo, poderia salvar a vida da irmã.

Aquela foi uma revelação única e poderosa. David se mudou para a casa em Connecticut de forma definitiva, entrou no tratamento de recuperação e doou seu rim direito para a irmã. Aquela família, que um dia exibia fraturas, agora estava unida para fornecer apoio para os dois irmãos. David reconstruiu seu relacionamento com os pais e reinvestiu na família. “É difícil explicar”, ele me contou um dia, “mas meu amor pela minha família nunca foi tão profundo quanto agora”.

Com o amor aceso novamente entre pais e filhos – e com duas vidas salvas – podemos afirmar que um milagre realmente aconteceu.

As pessoas podem mudar. As pessoas mudam. E a família – de qualquer modo que queira defini-la – é especialmente preparada para ajudá-las a mudar. Os Martin são a prova viva dessa afirmação.

AS FORÇAS FAMILIARES

Quando trabalho com famílias, sempre enfatizo que sua principal fonte de poder é a influência natural que exercem – os relacionamentos, os vínculos, a história e o futuro compartilhado. A família é a mais forte e mais duradoura influência na vida de alguém, não importa quanto ele ou ela desça ao fundo do poço. Claro, há vezes em que você acha que mal dá para aguentar, mas vocês estão unidos como uma família. Mesmo que ocorra uma rachadura na estrutura familiar, pelo menos alguns de seus membros ainda estarão em contato entre si. Realmente, as pesquisas mostram que, se um membro de uma família é dependente, ele provavelmente estará mais em contato diário com pelo menos um dos pais do que um não dependente estaria. Nós sabemos também, por meio de décadas de pesquisas, que a família pode oferecer mais fatores de proteção para afastar os filhos do uso abusivo de substâncias ilícitas e que pode fazer com que eles tenham mais sucesso nos estudos. Aqueles que foram bem-sucedidos no processo de mudança afirmam que as pessoas mais próximas, como um cônjuge ou um parceiro, foram as mais importantes em termos de orientá-los para a mudança, de acordo com um grande estudo publicado em 2009 pelo *Southeastern Institute of Research* (SIR). Pense: ninguém conhece melhor um ente querido do que a família dele. Ninguém se importa mais com o sucesso dele do que a família. Você esteve lá o tempo todo, durante os bons e maus momentos. Você faz parte do grupo de pessoas com mais influência sobre a vida de uma pessoa. E, por qualquer motivo que seja, seu ente querido acaba sempre gravitando novamente ao redor da família – em busca de consolo, de abrigo, de recursos, de segurança, de previsibilidade, seja o que for.

Quando me refiro à família, não se trata apenas da família de origem (aquela biológica), mas também da família "do coração", aqueles que representam um apoio importante para seu ente querido. Essas pessoas podem ser amigos de família, mentores espirituais, vizinhos, professores, colegas de trabalho – todos aqueles que têm uma considerável influência sobre a pessoa. Todas elas constituem um sistema de apoio natural e que possui enorme poder e influência.

OS SEIS PILARES DAS FORÇAS FAMILIARES

A energia que você possui para mudar alguém que ama vem de sua família. E você pode se conectar a essa incrível fonte de poder ao se apoiar em suas "forças familiares". Elas se compõem de um conjunto de qualidades relacionais que:

- *aumentam a saúde emocional da família;*
- *contribuem para a sensação de bem-estar da família;*
- *apoiam e protegem a família e seus membros, especialmente durante os momentos de adversidade;*
- *influenciam e inspiram mudanças positivas e duradouras nos membros da família.*

Mas o que faz com que a família seja tão forte? Em poucas palavras, as famílias que se definem como sendo fortes dizem que os membros se amam, apesar das diferenças e dos desacordos. Eles acham que a vida em família é boa. Sabem como resolver os problemas de forma produtiva e vivem em harmonia.

Eu admito que, se olharmos de relance, tudo isso pode soar como um conto de fadas, e não se parece nem um pouco com a *sua* família. Apenas para constar, não estou aqui descrevendo o tipo de família que raramente se encontra a não ser no seriado *Leave It to Beaver*[4]. Na verdade, as famílias modernas são aquelas que não têm um pai paciente como Ward Cleaver e uma mãe adorável como

4 – *Leave It to Beaver* foi uma *sitcom* familiar sobre um menino chamado Theodore "*Beaver*" Cleaver e suas aventuras em casa, na escola e ao redor do subúrbio em que vivia. O seriado fez muito sucesso nos Estados Unidos nos anos 1950 e chegou a atingir o status de um ícone, com os Cleavers como exemplo de família suburbana. A série também foi a primeira comédia a ser filmada sob o ponto de vista de uma criança. Em 1997 foi feita uma adaptação para o cinema, chamada no Brasil de *Foi sem querer*, sem muita repercussão. (N.T.)

June! As famílias da vida real sofrem de estresse e enfrentam desafios como nunca antes ocorreu. Existem segredos, antigas rivalidades familiares, culpa e ressentimento, cargas desiguais, confiança rompida, mentalidade do tipo "o problema não é meu" e valores e interesses distintos – só para citar alguns problemas.

Entretanto, todas as famílias – incluindo a sua – possuem forças e essas forças surgem de muitas formas. Em meu trabalho durante anos convivendo com famílias, pude codificar tais forças em seis áreas, as quais eu as chamo de Os seis pilares das forças familiares.

Pilar nº 1: Comunicação

As famílias mais fortes conversam. Elas compartilham seus interesses. Os membros dessa família sabem que ouvir o que o outro tem a dizer e o que ele sente é uma das formas mais poderosas de demonstrar amor. Eles não dizem que estão a favor um do outro, mas sem agir na prática; existe consistência entre aquilo que é dito e o que é feito. Eles discutem os medos pessoais, os estresses, as queixas e dividem os sentimentos, sem criticar nem julgar. As opiniões são respeitadas e cada membro tem voz ativa nas decisões tomadas em conjunto e na resolução dos problemas.

Pilar nº 2: Afeto

Você diz a seu cônjuge, filhos, pais e irmãos que eles são estimados? Você lhes dá atenção? Eles são capazes de dizer, pelo modo como você os trata, que você os acha especiais? As famílias fortes concentram-se nas forças de seus membros, e não em suas fraquezas. E, quando se trata de demonstrar amor, essas famílias se sobressaem. Os membros mostram afeição, amor, calor e estima mútuos. Eles não têm medo de dizer "eu te amo" ou de se abraçarem. Eles têm orgulho um do outro e expressam isso. Quando um deles está com problemas ou precisa de alguma coisa, todos os membros aparecem para ajudar, sem egoísmo e com amor. Mesmo quando um de seus membros comete um erro, os demais encontram meios de incentivá-lo e apoiá-lo. As famílias fortes comemoram os aspectos positivos de cada um de seus membros. Por exemplo, prestam atenção aos talentos, às habilidades, às qualidades especiais e às características que tornam aquela pessoa tão única. As famílias que demonstram afeto fazem com que cada um de seus membros se sinta valorizado.

Pilar nº 3: Saúde

As famílias que valorizam a saúde reconhecem que há benefícios e prazeres a serem obtidos ao buscar manter um estilo de vida saudável. Elas se alimentam de forma balanceada, não vivem de forma sedentária, visitam os médicos regularmente e possuem formas saudáveis de liberar o estresse. O compromisso familiar com a vida saudável fortalece cada um de seus membros, ajudando-os a estabelecer prioridades e tomar decisões com as quais todos possam concordar. Essas famílias sabem que tais hábitos exercem impacto sobre os outros, então procuram viver de forma que todos os membros estejam confortáveis.

Pilar nº 4: Dedicação

As famílias com esta força têm um compromisso com a intimidade familiar, e os membros são leais uns com os outros. Eles valorizam aquilo que faz dessa uma família especial, como sua história e suas tradições. Eles passam um tempo de qualidade juntos como uma família, e gostam de estar juntos. Eles trabalham juntos, brincam juntos e fazem o lazer juntos. Podem ser muito ocupados, mas nunca permitem que o trabalho, a escola ou os hobbies pessoais interfiram no tempo em família.

Pilar nº 5: Resiliência

Estas famílias são raramente pegas de surpresa pelos problemas. Não que estejam livres deles; mas elas apenas aceitam esses problemas e fazem o que precisa ser feito para resolvê-los. Os membros são resolvedores de problemas, e não criadores de problemas. Eles antecipam os obstáculos e pensam em termos de múltiplas soluções. Estas famílias também mantêm uma visão otimista sobre a vida. Enquanto o pessimista diz "Em que confusão eu me meti" e fica paralisado, os otimistas dizem "Ainda não sei como, mas resolverei este problema". Eles têm um forte sentido de propósito e enxergam as más circunstâncias como oportunidades para crescer e aprender.

Outro de seus aspectos é o humor. Ter senso de humor ajuda a família a lidar com as crises e o estresse da vida e isso é muito eficaz para fortalecer os laços familiares. O senso de humor neutraliza as tensões e tem um efeito calmante imediato. As famílias que aprendem a enxergar o humor até mesmo naquela realidade mais horrível e nos desafios mais embebidos de emoção do cotidiano têm paz de espírito.

Pilar nº 6: Espiritualidade

Esta é uma importante força familiar, especialmente durante os períodos de mudança, e a espiritualidade tem diversos significados. Ela pode ser a crença em um Poder Superior. Ou uma atitude – manter-se feliz com aquilo que é ou que tem, sem desejar muito mais ou alguma coisa diferente. A espiritualidade pode ser ainda um sentido de gratidão e de esperança, reconhecendo que as menores coisas da vida são acontecimentos especiais. Em sua essência, a espiritualidade é o sentido de propósito na vida, uma conexão entre o indivíduo e algo maior que ele. As pessoas que acreditam em um poder superior têm maiores probabilidades de responder às mudanças de maneira mais bem-sucedida, e terão melhor conexão com aquele poder superior durante o processo de mudança. Outro aspecto da espiritualidade em algumas famílias é a crença em servir aos outros, especialmente àqueles menos afortunados. Independentemente da forma que venha a assumir, a espiritualidade fornece meios de lidar com os sucessos e os fracassos nas relações familiares, além de construir um apoio emocional e inspirar os vínculos.

Pode ser que você, enquanto leu sobre os seis pilares, se sentiu um pouco desencorajado porque sua vida familiar não é tudo aquilo que gostaria que fosse. Se for isso, tenho boas notícias para você: toda família possui essas forças. Pode ser apenas que não as reconheça em sua família ainda. Eu as vejo o tempo todo. Há pouco tempo, trabalhei com uma família cujo filho adulto, Raymond, era dependente de cocaína e álcool e despendia meio milhão de dólares ao ano no vício, além de ter um histórico de violência física. Depois de ser atacado pelo próprio filho, o pai pediu uma ação cautelar de afastamento. Isso aconteceu em janeiro, e a família não buscou ajuda até maio. Não que aquele comportamento do filho fosse uma novidade. Mas eles simplesmente se sentiam fracos e impotentes, então faziam corpo mole, sem investir nas forças que possuíam como família.

E eles as possuíam. Bem no fundo, eram leais uns com os outros e muito resistentes, especialmente nos momentos críticos. E foi essa solidariedade que, no fim das contas, levou Raymond ao tratamento. Falando em milagres: hoje ele tem uma vida produtiva e trabalha no negócio da família! Caso você pense que não tem nenhuma força a que se apegar, estou aqui para lhe dizer que tem.

IDENTIFIQUE AS FORÇAS FAMILIARES

O que eu gostaria que fizesse agora é que preenchesse um rápido questionário, porque ele ajudará a identificar as forças de sua família, assim como as áreas onde você pode ajudar a construir ou ampliar certas forças. Pegue um lápis e, depois de cada declaração, marque a resposta que melhor descreva sua família.

Discordo totalmente	Discordo	Concordo	Concordo totalmente
(DT)	(D)	(C)	(CT)

Parte A: Comunicação

DT D C CT 1. Posso dividir abertamente com a família meus sentimentos, opiniões, esperanças, sonhos, medos, alegrias, tristezas, experiências, crescimento e necessidades.

DT D C CT 2. Em minha família, nós ouvimos a todos: quando alguém fala, nós lhe damos nossa completa atenção, com mente e coração abertos.

DT D C CT 3. Respondemos de forma positiva: usamos palavras e atitudes que mostram que ouvimos.

DT D C CT 4. Caso eu tenha um problema, minha família dá sugestões respeitosas e úteis, sem críticas ou julgamentos.

DT D C CT 5. Minha família faz com que eu me sinta importante, e que aquilo que preciso dizer possui valor.

Parte B: Afeto

DT D C CT 1. Minha família mostra afeição verdadeira por todos os membros.

DT D C CT 2. As pessoas de minha família percebem talentos, habilidades, realizações, qualidades especiais e características que fazem de cada membro um indivíduo único.

DT D C CT 3. Minha família se sente confortável quando seus membros dizem "eu te amo" uns aos outros.

DT D C CT 4. Nós pedimos ajuda uns aos outros ou falamos abertamente quando precisamos que alguém nos ouça ou apenas para reforçar que as pessoas se importam conosco.

DT D C CT 5. Minha família se orgulha de mim e tenho orgulho dela.

Parte C: Saúde

DT D C CT 1. Fazemos check-up anualmente e seguimos as recomendações médicas.

DT D C CT 2. Fazemos exercícios, tanto na academia quanto caminhando, andando de bicicleta ou correndo.

DT D C CT 3. Fazemos, juntos, refeições nutritivas e balanceadas.

DT D C CT 4. Minha família fala abertamente e coopera no que for preciso sobre temas como saúde, dietas, exercícios, cigarros e abusos de drogas e bebidas alcoólicas.

DT D C CT 5. Minha família dá apoio e ajuda quando um dos membros está deprimido, com ansiedade excessiva ou com estresse.

Parte D: Dedicação

DT D C CT 1. Os membros de minha família se esforçam para passar algum tempo juntos, com qualidade de vida.

DT D C CT 2. Nós mantemos algumas tradições, como férias anuais, rezar antes de dormir, sessão de cinema à noite, reuniões nos feriados e festas de aniversário.

DT D C CT 3. Eu me sinto apoiado e incentivado por minha família.

DT D C CT 4. Somos leais uns aos outros.

DT D C CT 5. Nós assistimos aos jogos, às práticas esportivas, shows musicais, eventos na escola uns dos outros e assim por diante.

Parte E: Resiliência

DT D C CT 1. Os membros de minha família têm senso de humor, o que auxilia quando devemos encarar crises e estímulos que causam estresse.

DT D C CT 2. Minha família resolve os problemas com cooperação, ideias criativas e franqueza em relação aos outros.

DT D C CT 3. Minha família incentiva e cultiva a autoestima.

DT D C CT 4. Somos capazes de acalmar as discussões, sem deixar que os maus sentimentos envenenem o espírito, e perdoamos uns aos outros.

DT D C CT 5. O otimismo e os pensamentos positivos ajudam minha família a sentir esperança durante os momentos críticos. Dizemos a nós mesmos que conseguiremos em vez de dizer o contrário.

Parte F: Espiritualidade

DT D C CT 1. Minha família acredita num poder maior.

DT D C CT 2. Minha família expressa sua gratidão por aquilo que tem, sem reclamar daquilo que não tem.

DT D C CT 3. Conversamos na vida cotidiana sobre espiritualidade e sobre o que ela significa.

DT D C CT 4. Minha família comparece em praticas religiosas.

DT D C CT 5. Minha família acredita em ajudar as pessoas necessitadas – seja com os parentes mais distantes, seja com a vizinhança ou com a nossa comunidade.

Analisando os resultados

Em cada uma das seis partes deste questionário, revise aquelas declarações com as quais concorda e concorda totalmente. Se você tiver dois ou mais C ou CT em cada seção, isso indica que sua família é bem forte nesse pilar. Mesmo apenas um C ou um CT já é um sinal positivo! Estas são as forças que você pode *ampliar*. A seguir, avalie as declarações com as quais discorda ou discorda totalmente. Estas são as áreas que você deve *fortalecer*.

CONSTRUINDO SUAS FORÇAS FAMILIARES

Como em todas as famílias, há espaço na sua para melhorias, mesmo naqueles pontos em que vocês são fortes. Minha família sempre foi bem forte em áreas como afeto e espiritualidade, mas fraca em comunicação. Isso ficou evidente em um segredo de família há muito enterrado. Eu estava chegando aos meus quarenta anos quando os esqueletos no armário começaram a sair. Cresci com o entendimento de que minha avó materna, Enid Trautman, havia morrido quando minha mãe estava com apenas dois anos. O que ocorreu foi que, em 1937, meu avô, Elmer

Trautman, marido de Enid, a internou no Oregon State Mental Hospital (o mesmo local onde se desenrola a história do filme *Um estranho no ninho*). Enid tinha um quadro de depressão e ansiedade e era possivelmente uma alcoólica. Naquela época, você simplesmente trancava os alcoólicos num asilo. Depois que meu avô a internou, o velhote assanhado se casou mais quatro vezes, enquanto Enid definhava no hospital até 1974, sem nunca receber uma visita. Por meio de uma série de acontecimentos, meus irmãos e eu descobrimos que ela estava viva, fora liberada em 1976, e morava numa casa perto da nossa. Ela morreu lá sozinha, no outono de 1978. Embora meus pais soubessem dela nos últimos tempos, decidiram manter a "antiga versão" em pé porque minha mãe não poderia suportar emocionalmente a verdade e só ficamos sabendo de Enid depois de sua morte. Os segredos de família, como este, emergem à superfície cedo ou tarde. Existe um poder destrutivo nesse tipo de segredo, além da tristeza daqueles que ocultaram a verdade em meio a vergonha, negação e artifícios. A palavra segredo vem do latim *secretum*, que se origina do verbo *secernere*, que significa "colocar à parte". De fato, os segredos separam as famílias e impedem uma comunicação aberta e verdadeira.

Se você sabe que precisa ampliar ou construir forças, como fez minha família, será útil descrever alguns planos de ação ou como fazer isso, e esse é um exercício que pode ser feito em família. Ela deve trabalhar em conjunto para que a família funcione a contento. Usando cada um dos seis pilares, apresento a seguir algumas ideias para realizar medidas simples e que podem fortalecer todos. Leia todas e depois acrescente algumas próprias.

Comunicação

- *Fale mais sobre os sentimentos e as experiências, seja guiando, seja executando tarefas domésticas, ou antes de dormir.*
- *Incentive os membros da família a compartilhar as ideias ao dizer "Fale mais um pouco" ou "Qual foi a melhor coisa que aconteceu hoje?".*
- *Sejam melhores ouvintes. Deixe de lado os sermões e tente entender de verdade o ponto de vista do outro.*
- *Organize sua agenda de forma que possam jantar juntos, para que isso passe a ser um hábito em suas vidas.*
- *Nosso plano de ação para fortalecer a comunicação em família é:*

____

____

Afeto

- *Elogiem-se mutuamente todos os dias: "Muito legal o jeito como você...", "Você é alguém especial para mim porque...", "Uma das coisas de que mais gosto em você é...".*
- *Escreva bilhetes carinhosos, e coloque esses bilhetes sob o travesseiro, na mochila, na pasta, na bolsa, ou envie essas mensagens via e-mail.*
- *Estabeleça uma noite de reconhecimento, para comemorar a realização de um dos membros da família. Sirva os pratos preferidos ou leve todos a um restaurante.*
- *Nosso plano de ação para fortalecer o afeto em nossa família é:*

____

____

Saúde

- *Façam exercícios juntos. Não precisa ser nada mais complicado do que dar uma volta no quarteirão, jogar futebol ou andar de bicicleta.*
- *Estabeleça altos padrões de saúde: comer bem, dormir direito, controlar a vida de forma que tenham tempo de desfrutar tudo o que vier pela frente.*
- *Fiquem de olho no humor dos membros da família. Se alguém parece estar triste por mais tempo do que o habitual, mesmo as crianças, fale com um profissional da saúde.*
- *Nosso plano de ação para fortalecer a saúde em nossa família é:*

___

___

Dedicação

- *Escolha uma noite e faça dela uma noite em família permanente. Será um momento sagrado, e não agende nada que entre em conflito com esse período.*
- *Frequente os eventos dos membros da família: jogos, eventos na escola etc.*
- *Estabeleça e pratique as tradições familiares. Elas são qualquer atividade ou evento que ocorra de forma regular e que contenha algum significado especial. Essa tradição pode ser algo tão simples quanto contar histórias antes de dormir, fazer panquecas no sábado pela manhã, ou tão elaborada quanto as férias anuais.*
- *Nosso plano de ação para fortalecer a dedicação em nossa família é:*

___

___

Resiliência

- *Escolha um período e um lugar a cada semana em que se possam resolver os conflitos de forma pacífica – uma "zona de segurança". Eu costumo fazer isso na hora de dormir, para honrar um objetivo que eu estabeleci: ir para a cama "limpo".*
- *Avalie a necessidade de fazer terapia familiar ou exercícios para trabalhar em equipe, a fim de melhorar as técnicas de resolução de problemas.*
- *Aceitem-se uns aos outros e acreditem uns nos outros.*
- *Nosso plano de ação para fortalecer a resiliência em nossa família é:*

____

____

Espiritualidade

- *Façam o culto juntos ou visitem os centros de culto uns dos outros. Isso pode ser uma experiência que criará fortes vínculos.*
- *Participem em família de serviços comunitários, como voluntários, por exemplo, de uma casa de caridade, ou recolhendo alimentos para famílias necessitadas.*
- *Conversem diariamente sobre espiritualidade e o que ela significa para cada membro da família.*
- *Nosso plano de ação para fortalecer a espiritualidade em nossa família é:*

____

____

Espero que você se sinta mais capacitado agora para fazer esses exercícios. Construir, fortalecer e ampliar as forças familiares é um processo contínuo. A parte importante é que você sabe que elas existem, e que estão sempre disponíveis para você. Essas forças lhe dão o poder de tomar as decisões e as medidas que estão logo à sua frente.

Reafirme suas forças

Meu pai, o pastor Quaker, construiu uma tradição que era a repetição de "afirmações", seja em casa, seja na igreja. As afirmações devem ser curtas, e são declarações positivas repetidas todos os dias, e tratam daquilo que você quer conseguir. Elas acionam um novo conjunto de sentimentos e colocam você no caminho certo. Essas afirmações ajudam a apagar as dúvidas pessoais. E exercem um tremendo poder sobre nossas mentes e ações. As afirmações que listei logo a seguir são as minhas favoritas e são as mesmas que gosto de compartilhar com as famílias logo que começam o processo de mudança. Sugiro que você se coloque na frente de um espelho e repita suas afirmações. Pronuncie-as com determinação e intensidade. Não sussurre. Fale de modo que possa se ouvir.

A mudança começa comigo e é agora.
Nossa família está guarnecida e preparada para criar mudanças duradouras.
O milagre que busco sou eu.
Quando demonstro amor, ele é ampliado.
Eu expiro o medo e inspiro esperança e ação.
Eu mereço o bem-estar dentro de mim e à minha volta.
Minha história demonstra aceitação à mudança e poder de recuperação.
Nossas histórias, contadas em amor, mudam vidas.

Somos resistentes e carinhosos.
Sou paciente. A mudança é um processo.
Nossa família merece o restabelecimento e a mudança.
O amor é a principal motivação para a mudança.
Sou um poderoso agente de mudanças.
Confio no processo de mudança.

QUEBRANDO PADRÕES NEGATIVOS: ÁRVORE GENEALÓGICA

Acho essencial não olhar apenas para nossas forças familiares, mas também para nossos padrões familiares. Esses padrões são parcialmente responsáveis pelos motivos que fazem as pessoas agir como agem, beber do jeito que bebem, tomar drogas como tomam e assim por diante. As boas novas são que esses padrões familiares podem ser quebrados.

Uma das melhores ferramentas para romper os padrões negativos é a "árvore genealógica". Uso-a frequentemente nas reuniões. É uma representação gráfica que mostra o desenho psicológico da família, uma árvore familiar, com os brotos, a casca e os insetos ainda intactos. Ela revela os padrões de comportamento familiares mais importantes – divórcios, dependências, suicídios, violência e outros problemas – que podem afetar a vida de um indivíduo. Muitos comportamentos pouco saudáveis tendem a se repetir nas famílias, de geração em geração, e isso pode ser visto nesse mapa.

O mapeamento familiar é fundamental para nos ajudar a visualizar "apenas os fatos", já que trabalhamos separando os sentimentos, os medos e os pontos de vista. Como eles diziam no seriado *Dragnet*, dos anos 1950, nossa árvore genealógica ilustra "Apenas os fatos, senhora".

O processo de mapear o passado ajudará a solidificar – para a família e os amigos – a sua verdade, no passado e no presente. Seu mapa mostrará o que há de bom e o que há de ruim, os traumas e as alegrias. A forma como a pessoa se sente em relação ao passado ditará como ela lida com ele e como o vê. O resultado será um monte de edições. Exclusões. Adições. Minimizações. Amplificações. O que buscamos aqui não é nada mais, nada menos, do que os fatos. Então, por meio da árvore de sua família, você estará melhor equipado para agir com propósito e verdade. Você poderá solidificar seu testemunho, que é tão essencial para o trabalho que realizamos.

Permita-me, mais uma vez, usar minha família como exemplo. Meus irmãos e eu éramos todos dependentes a algo, desde drogas até comida, passando pelo jogo. Muitos de nossos parentes eram alcoólicos. Durante muitos anos, eu me perguntei por que existia tanto vício em nossa família. Foi quando me sentei e preparei nosso mapa familiar, traçando meus ancestrais até algumas gerações lá atrás. Fiquei perplexo quando olhei meu mapa depois de pronto. Pude ver claramente que havia um padrão de vício que se perpetuava na família (veja a seguir uma cópia do mapa que desenhei).

Quando feito de modo correto, a árvore genealógica apresenta sua história familiar do ponto de vista psicológico, e em uma única imagem. Isso facilita a visualização de como seus parentes o afetaram. Os padrões de doença ou vício, ou algum temperamento em particular, saltarão a seus olhos. Isso coloca a depressão ou o vício de seu ente querido num contexto melhor, quando, por exemplo, ele vir que a avó, ou o tio e alguns primos lidaram com os mesmos problemas.

A árvore genealógica de Brad Lamm

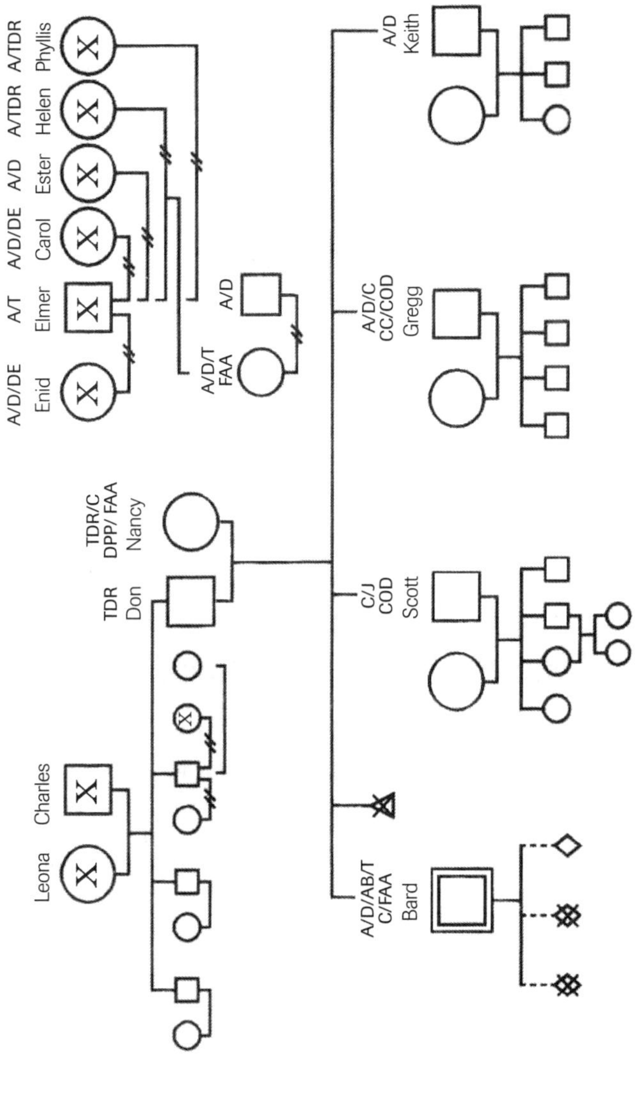

Legenda da árvore genealógica

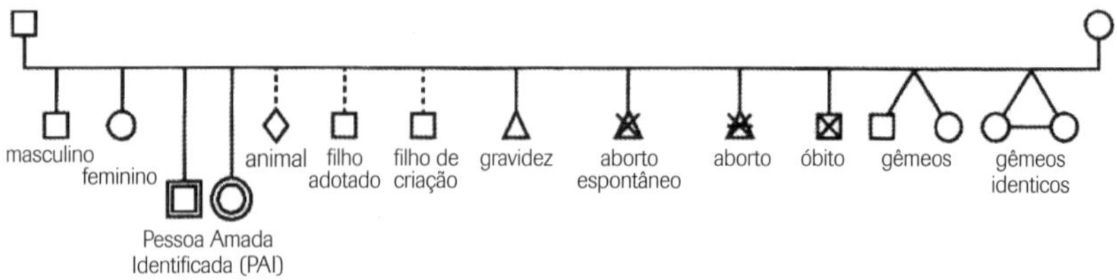

Legenda dos relacionamentos familiares

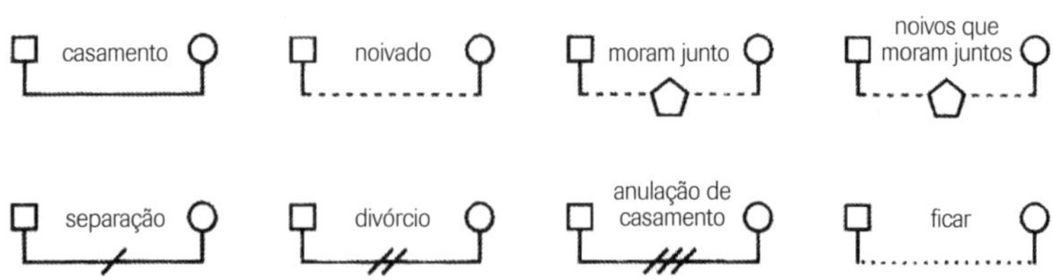

Legenda dos problemas familiares*

A: Álcool
AB: Anorexia ou bulimia
FAA: Filho adulto alcoólico
CC: Comedor compulsivo
COD: Codependente
D: Drogas
DE: Depressão
C: Comida
J: Jogo de azar
TDR: Toxicodependência a medicamentos com receita
T: Tabagismo
DPP: Depressão pós-perda

As legendas da árvore genealógica e dos relacionamentos familiares ilustram cada pessoa, viva ou já falecida, nascida ou não (incluindo os animais de estimação) e que ocupam um espaço de importância histórica. Cada um deles tem uma história e algo a contribuir. O símbolo masculino se liga ao símbolo feminino na grande maioria dos casos em que se monta uma árvore genealógica.

As pessoas acreditam que elas escolhem um estilo de vida de vício, ou que são frágeis. Mas, do mesmo modo como você pode herdar de seu pai os olhos azuis ou o cabelo ruivo de sua mãe, pode herdar também o comportamento de vício. Essa árvore o ajudará a perceber a razão pela qual não deveria haver nenhum tipo de culpa em nenhuma parte desses problemas. Não foi culpa de ninguém. E os problemas não começaram com seu ente querido. Eles foram passados como herança do mesmo jeito que os talheres de prata da família. Todo mundo está ligado, e todos influenciam cada um dos outros o tempo todo.

Num mundo onde a vitimização do *eu* é lugar comum, a árvore genealógica não tem a intenção de oferecer nenhum tipo de desculpa para um vício ou para um comportamento danoso. Nós olhamos para as causas da doença de forma a poder prevenir doenças futuras, assim como para ajudar a diminuir a chance de recaída quando a remissão for conseguida. Durante meu próprio processo de criação da árvore genealógica, fiquei cheio de satisfação com aquilo que descobri: “A culpa foi deles!”, berrei. Então minha mãe e meu pai mostraram as pessoas na clínica de reabilitação, onde participavam do programa para as famílias, e foi a partir dali que compreendi que eles faziam o melhor que podiam com os recursos que tinham em mãos.

Não fui vítima de meu passado; fui vítima de meu comportamento, que tinha algumas causas bem reais ligadas tanto à minha natureza quanto à criação que tive, e ainda a questões genéticas e do ambiente onde vivi. Assim que compreendi esses padrões e liguei os pontos de minha vida, meu comportamento, minha história e meus problemas, tais verdades me deixaram mais apto a fazer algo com esse inventário.

Se uma pessoa nega que tem um vício, então puxe a árvore. Lá estão os padrões, em branco e preto. Torna-se difícil negar a possibilidade da existência de um vício quando você vê tudo isso replicado ao longo de gerações de uma família. As maçãs não caem muito longe da macieira.

Anton Tchecov disse uma vez: "O homem só se tornará um ser melhor quando mostrardes a ele como é feito". Essa é uma grande verdade. O processo de olhar para trás é extremamente saudável. Quando um indivíduo faz uma conexão mais consciente com seu passado, isso ajuda a romper os padrões negativos e a motivar a mudança. A vida começa a ficar melhor, muito melhor. E a árvore genealógica é um poderoso instrumento para esse esforço.

COMO MONTAR SUA ÁRVORE GENEALÓGICA

E como se constrói um desses mapas? Uma das formas de fazê-lo é ir até meu website e trabalhar online. Vá até www.changesomeoneyoulove.com e construa sua árvore genealógica arrastando e colando vários símbolos. Outra maneira é simplesmente pegar uma caneta e um pedaço de papel e começar a desenhar. Não é complicado e aqui seguem algumas orientações para que você desenhe um mapa bem simples:

1. *Defina quantas gerações pretende representar em sua árvore genealógica. Talvez seja bom representar apenas três ou quatro.*
2. *Reúna o máximo de informações para desenhar sua árvore. Converse com seus parentes para saber mais sobre os ancestrais.*
3. *Arrume uma régua, papel, caneta preta e lápis coloridos ou canetas hidrocor de várias cores.*
4. *Defina que problemas pretende identificar. A lista abaixo o ajudará a pensar sobre isso. Cada problema pode ser identificado por uma cor. Por exemplo, use o amarelo para denotar alcoolismo, vermelho para agressividade, e assim por diante. Ou então você pode simplesmente estabelecer uma letra para cada problema, como eu fiz ao desenhar minha árvore genealógica. Veja a seguir uma lista de possíveis problemas que podem ser incluídos em sua árvore. Eles vão desde dependência química até doenças físicas e mentais, passando por problemas comportamentais e características de personalidade.*

Problemas:

Abstinência

Abuso de drogas

Abuso sexual, físico ou verbal

Agressividade, mau humor, hostilidade

Alcoolismo

Alienação

Alzheimer

Angústia

Ansiedade

Autismo
Codependência
Comportamento criminoso
Depressão
Dificuldade de relacionamento
Dificuldades financeiras
Divórcio
Doença mental
Doenças crônicas (diabetes, problemas cardíacos, câncer)
DST
Jogo
Manipulação, controle
Obesidade
Obsessão por exercícios
Perda de memória
Problemas no trabalho (manter o emprego)
Problemas para lidar com dinheiro
Relações doentias
Suicídio (incluindo conversas e tentativas)
Tabagismo
Toxicodependência por drogas receitadas
Transtorno alimentar (anorexia, bulimia, uso de laxantes)
Transtorno obsessivo-compulsivo
Violência

5. *Use um quadrado para representar o sexo masculino e um círculo para o feminino. A família é mostrada por uma linha ligando as gerações. Rotule cada forma com o nome da pessoa. Sua PAI (Pessoa Amada Identificada) – ou seja, o ente querido que precisa de ajuda – deve ser identificado por um círculo dentro*

de um círculo (para mulheres) ou um quadrado dentro de um quadrado (para homens).

6. *Desenhe um quadrado ou um círculo na metade inferior da página para representar você e coloque seu nome. Acrescente os irmãos na mesma parte da página, ligando todos com uma linha.*
7. *Desenhe um círculo e um quadrado para representar seus pais e preencha-os com seus nomes. Caso tenha apenas um dos pais, desenhe uma linha reta para cima e uma forma apenas, para representar ele ou ela.*
8. *Acima de seus pais, acrescente os avós, e, abaixo e em paralelo, desenhe os outros filhos deles (seus tios e tias), todos ligados por linhas. Se aconteceram divórcios, indique o evento com dois traços cortando a linha que conecta o casal.*
9. *Para os que já faleceram, coloque um X por cima do círculo ou do quadrado.*
10. *Continue desenhando cada geração dessa maneira, conectando linhas e formas para irmãos, filhos e outros parentes. Faça com que todos os membros da mesma geração estejam numa única linha.*
11. *Pegue suas canetas coloridas e preencha as formas onde existir um comportamento ou um problema. Ou então anote o código correspondente, que foi a maneira que usei.*

Fazer uma árvore genealógica é uma experiência impressionante. E use essa árvore nas reuniões familiares, porque ele revela uma grande quantidade de informações sobre os padrões negativos de comportamento. A árvore rompe a negação do ente querido e ajuda a fazer com que a mudança se inicie.

Nós obtemos clareza e foco para nossos relacionamentos ao compreender nossas forças e nossos padrões familiares. Se pretender mudar alguém que ama, você deverá fazer uma conexão forte e vantajosa com suas forças familiares especiais. E, se vocês precisam se ajudar mutuamente, devem conhecer suas motivações, e parte daquilo que os motiva é o seu passado familiar. Tudo isso contribui para os avanços em direção à mudança e ajuda as pessoas a abrir as portas do coração. Minha esperança é de que você agora compreenda seu poder e sinta-se estimulado a agir decisivamente. Lembre-se: ao mudar alguém que ama, você também muda sua vida profundamente.

Capítulo 10

Derrube os obstáculos à renovação

Ao percorrer a estrada da mudança de seu ente querido, você perceberá que, de vez em quando, a pista fica mais lenta. Essa é apenas a natureza dessa jornada. Embora lá no fundo as pessoas queiram mudar, o fato é que as que possuem mágoas, hábitos e problemas emocionais tendem a colocar obstáculos no caminho, de forma consciente ou inconsciente. Você enfrentará a resistência delas a cada curva, o que desafiará sua capacidade de motivar a mudança.

Os obstáculos a que me refiro são os autoenganos ou as mentiras. É claro que boa parte de nós conta mentiras para nós mesmos. Algumas vezes, são "pequenas mentiras", exagerando ou depreciando nossas qualidades, realizações ou valores. Mas, em outras ocasiões, tais mentiras são colossais, e a pessoa afirma que não é alcoólica (apesar de todas as evidências em contrário), que não deve ser censurada (uma forma de mentalidade de vítima), que ela está desamparada (mesmo que a convivência nos mostre o contrário) e assim por diante. Os seres humanos resistem às mudanças ao racionalizar frequentemente o comportamento, modificando o significado dos eventos para que sirvam às necessidades pessoais ou até mesmo fabricando falsidades para evitar a mudança – mesmo que fundamentalmente desejem uma vida melhor. Uma existência construída sobre enganos autoimpostos oculta corações e mentes. Como disse um cliente certa vez, "Mentir a si causa exaustão". No fundo, essas mentiras são cavernas emocionais onde as pessoas buscam refúgio de suas dores e de seus problemas.

Mas você pode ajudar um indivíduo a encarar as verdades sobre si. Faça isso e preparará o cenário para uma mudança real, do tipo que refaz as atitudes, os comportamentos e até mesmo os estilos de vida. Vamos falar um pouco sobre os obstáculos que precisará enfrentar, e quais são as estratégias que pode usar para derrubá-los, de forma que a mudança comece.

A NEGAÇÃO
EU NÃO TENHO UM PROBLEMA
NÃO HÁ PROBLEMA

Esse tipo de pensamento é usado para racionalizar, proteger ou esconder o comportamento negativo. A negação é algo muito sério, porque é um sistema de crenças ilusório que pode controlar a vida da pessoa. Se não fosse tão grave, essa negação poderia algumas vezes ser até engraçada. Lembro-me de uma charge que vi uma vez, mostrando uma pessoa enterrada num monte de latas vazias de cerveja e perguntado: "Como assim, você acha que eu tenho um problema com as bebidas?".

Quando a pessoa está em negação, ela se recusa a aceitar que exista alguma coisa ou que algo aconteceu. Essa atitude é uma forma de cegueira psicológica que impede que essa pessoa enxergue o próprio problema. E a negação pode ainda representar a mudança do significado de um evento, para diminuir seu impacto. Se algo dá errado por conta de seu comportamento – por exemplo, se perde o emprego –, a pessoa dirá: "Eu não gostava do trabalho, mesmo". A negação é basicamente um mecanismo de defesa do qual as pessoas lançam mão a toda hora, um cão de guarda alerta na porta da frente, vigiando um comportamento desagradável. E, falando com franqueza, o impulso de evitar essa autopercepção dolorosa é natural. Ninguém está louco para conhecer coisas ruins. Mas o impulso em direção à negação oferece alívio por um curto espaço de tempo, como se fosse um tipo de felicidade artificial e quebradiça que se romperá a qualquer hora.

Eu me lembro de uma cliente, Gerry, que passou meses se enganando, afirmando que não tinha mais o problema com as bebidas. Ela havia parado de beber três anos antes, permanecido sóbria e ativa em sua igreja. Entretanto, há cerca de um ano, quando o marido foi diagnosticado com câncer terminal, ela voltou a beber.

Infelizmente, o marido faleceu, e Gerry passou a beber ainda mais. A primeira coisa que ela tomava logo pela manhã era um drinque, e ia trabalhar como secretária com o cheiro de álcool na boca, de acordo com o que disse por uma companheira de trabalho preocupada. Gerry vivia inchada, desanimada e com os olhos amarelados. Parecia amortecida. Com certeza, o estresse da prolongada doença do marido fez com que ela voltasse a beber severamente, e Gerry usava a bebida para aliviar a dor. Acredito também que ela se sentia humilhada e envergonhada pelo fato de seu comportamento ser tão evidente para os outros, de forma que desejava apenas evitar e negar o problema por completo.

Sua família e seus amigos me perguntaram: "O que podemos dizer a ela que a faça encarar a verdade e levar esse problema a sério?". Minha estratégia para derrubar esse bloqueio foi dividida em duas partes. Em primeiro lugar, sugeri que seria contraproducente falar com ela neste momento sobre o problema. As palavras entrariam por um ouvido e sairiam pelo outro. Havia um assunto mais urgente a ser abordado antes.

Gerry estava em profunda tristeza. Aconselhei que a família falasse com ela sobre isso e mostrasse empatia pelo sofrimento dela. Que se concentrassem em sua dor e em como ela lidava com a perda do marido. A empatia pode ser um poderoso motivador. Por que não sugerir que Gerry passasse por um aconselhamento especializado? Se ela aceitasse (e foi o que fez), o assunto da bebida – como um mecanismo pouco apropriado para lidar com a situação – seria gentilmente abordado e explorado com o passar do tempo. Assim que Gerry foi capaz de se abrir com todos sobre a natureza de sua compulsão pela bebida, ela viveu uma experiência libertadora que varreu a vida dela como uma brisa fresca inundando um quarto abafado. Foi a honestidade que a levou a ficar sóbria novamente.

Os dependentes como Gerry não detêm o monopólio da negação. Ela é usada também pelas pessoas que possuem hábitos desagradáveis ou irritantes. Ou ainda por aqueles que sofrem de doenças crônicas, como diabetes ou problemas cardíacos. Cada situação que envolve o processo de negação é diferente, mas aqui há algumas estratégias a considerar.

Derrube o bloqueio da negação

- Deixe seu ente querido saber o que você viu. *Use o relatório de testemunha em sua comunicação diária; não precisa guardar essa ferramenta apenas para um encontro de família. Descreva a situação do jeito que a viu.*

Enquanto fizer isso, não permita que a conversa tome um rumo acusatório ou argumentativo. Fique longe da linguagem grosseira. Tudo isso só acabará afastando vocês. Seu relatório de testemunha o ajudará a sair momentaneamente de seu próprio mundo de forma que ele possa ver as coisas como realmente são. Se outras pessoas também usarem testemunhos, ainda melhor. Ele ouvirá mais pessoas dizendo que aquele comportamento é ruim. Quando o indivíduo se vê frente a um pacote de opiniões – e todas dizendo a mesma coisa –, ele se torna mais apto a encarar a verdade.

- Use a ferramenta de avanço rápido. *Deixe que ele saiba o que vem adiante. Veja um exemplo de como isso funciona quando se trata de lidar com a negação. Suponha que você e mais três pessoas entrem numa van e viajem de férias para uma praia ensolarada. Vocês deveriam ir para o sul, não há bússola, mas todo mundo percebe que se dirigem para o norte, exceto a motorista. Então vocês dizem a ela para voltar, mas a motorista não faz isso porque está negando o fato. E agora, o que vocês fazem? Tentem um avanço rápido. Isso significa dizer o seguinte: "Tudo bem, todos sabemos que você está indo para o norte, mas você não quer acreditar em nós. Mas, se continuar seguindo nessa direção, nós podemos predizer e prever que muito em breve começará a ficar frio, logo começaremos a ver neve e algumas pistas de esqui, e uma placa dizendo "Bem-Vindos a Vermont". Se isso acontecer, você concorda em mudar de direção?".*

  As pessoas tendem a responder de forma mais favorável se acharem que tomaram a decisão por conta própria, ou que a solução foi dada por elas. Você pre-

cisa prever para elas que, em algum ponto do futuro, perderão algo ou alguém, ou que se verão em algum tipo de problema. De algum jeito e de forma mensurável, a vida de vocês não melhorará; ela piorará. E, se você fizer essa previsão, as pessoas se lembrarão, e a lâmpada acenderá. Elas estarão motivadas a romper esse processo de negação, a mudar e a buscar ajuda.

- Use a árvore genealógica. *Ele representará, de forma concreta, os padrões hereditários de comportamento negativo. Não há como negar um problema se ele for retratado claramente. As árvores rompem a negação e ajudam as pessoas a mudar o comportamento disfuncional.*
- Deixe-o viver as consequências de seu comportamento negativo. *A sabedoria contida nesse conselho reside numa verdade psicológica básica: quando as consequências de fazer alguma coisa forem boas, a pessoa provavelmente estará inclinada a repetir esse comportamento. Mas, se as consequências forem ruins, a pessoa normalmente não o repetirá. Essa é a velha analogia do "forno quente": se você põe a mão num forno quente e a queima, essa experiência ficará tão enraizada em sua memória que você provavelmente nunca mais cometerá o mesmo erro. Na maioria das vezes, a gente* realmente *aprende com nossos erros.*

Veja uma aplicação prática: se alguém bebeu demais na noite anterior e não conseguiu se levantar para ir ao trabalho, deixe-o se virar sozinho. Não ligue para o trabalho dizendo que ele está doente. A pessoa começará então a reconhecer que existem consequências para suas atitudes e ações – perda do emprego, demissão, problemas financeiros e tantos outros – e, com o tempo, deve parar de negar o problema. Algumas pessoas não mudarão até que a dor de continuarem como estão seja maior do que a dor temporária que experimentarão ao fazer a mudança. Elas precisam sentir a dor das consequências para que saiam do ponto morto.

- Evite confrontos que aumentam de intensidade. *Ninguém gosta de confrontos, e isso não funciona. Apenas aumenta as defesas ainda mais. Em vez de agir assim, faça com que seu ente querido fale, e fale – enquanto você ouve. Não se sinta atraído pela ideia de que, se ouvir, você estimulará e encorajará o comportamento negativo. Você apenas agirá com empatia. A empatia não estimula; ela serve apenas para sentir o que a outra pessoa sente, é a capacidade de ver o problema com os olhos do outro, é saber andar com os pés da outra pessoa. Como vimos no exemplo de Gerry, a verdadeira empatia entende, mas não desculpa, não fecha os olhos. A meta dela não é entrar em confronto direto com a negação, mas compreender o que a motiva – que pode ser vergonha, medo de rejeição, baixa autoestima ou outros. Muitas pessoas abrem o coração se percebem que são compreendidas. E, quando isso acontecer, você terá uma oportunidade muito melhor de romper a negação e de fazer com que a pessoa querida comece a mudar.*

A MINIMIZAÇÃO

NÃO VALE A PENA SE PREOCUPAR TANTO
NÃO É TÃO RUIM ASSIM

Minimizar uma coisa é vê-la como algo menos importante do que realmente é. É uma forma de pensar enviesada, um tipo de *junk food* psicológico. Para que isso aconteça, é preciso que alguns comportamentos continuem fluindo, como mentir e acobertar. Quando alguém minimiza um problema, se engana sobre a seriedade dele, em geral para proteger o próprio hábito ou a própria autoestima. A pessoa pode também dizer coisas do tipo:

Você me pegou num dia ruim.
Eu devia prever isso.
Não foi isso o que eu quis dizer.
Eu posso continuar comendo assim e ficar bem.
Eu filei o cigarro; não o comprei.
Posso comprar mais coisas no cartão; todo mundo faz isso.
É uma aposta pequena; não prejudicará ninguém.
Jamais comprei maconha; eu só fumo.

Eu vejo as pessoas subestimando os problemas a toda hora. Você jamais pensou que sua vovó tão bondosa fosse dependente de drogas, pensou? Quando os irmãos Gene e Leslie Lawton vieram me falar sobre a avó deles, estavam preocupados que ela fosse uma dependente. Ela mal trabalhava em casa, mas se enfeitava toda para ir ao médico buscar receitas. Quando nos reunimos com ela, vovó disse: "É impossível eu ser uma dependente, afinal só tomo o que o médico me receita". Esse é um exemplo claro de minimização de problemas. A boa notícia é que o bloqueio causado pela minimização não é tão forte quanto se pode pensar. Há maneiras de rompê-lo.

Derrube o bloqueio da minimização

- Peça gentilmente que seu ente querido prove não ser um dependente, um gastador, que não esteja deprimido, ou seja qual for a situação que minimize. *Sugira que ele faça um mês de abstinência, não use o cartão de crédito e que demonstre um estado mental estável. Expresse seu pedido com discernimento. Diga, por exemplo: "Eu me sentiria muito melhor se pudesse ver que você não está abusando de.... não está torrando dinheiro... nem sendo tão infeliz. Será que nós podemos como as coisas estarão daqui a um mês?". Um período de teste de um mês bem-sucedido pode fazer com que a pessoa se sinta tão melhor que o problema termine. Mas, se um período desses der maus resultados, isso pode provar que a pessoa está descontrolada. Você, então, deverá tratar da situação de maneira mais formal, com uma reunião familiar.*

- Faça declarações que desmintam a minimização. *Suponha que a pessoa diga: "Não foi nada sério; é que meu dia foi muito ruim". Avalie a situação com ela de forma mais realista. Pergunte: "Como é que você pode dizer que desmaiar na festa, ser pega dirigindo bêbada ou faltar ao trabalho não é sério?". E continue: "Você consegue ver algum problema em seu raciocínio?". E pode usar de novo seu relatório de testemunha para ajudar a analisar a situação de forma mais racional. Esse tipo de diálogo foca – e neutraliza – a lógica falha da minimização. Você faz com que seja mais fácil abordar o problema de um ponto de vista mais razoável e objetivo. Logo, a pessoa será capaz de contra-argumentar esses pensamentos errôneos por conta própria, e o bloqueio será rompido.*
- Cutuque as lembranças. *A maioria dos problemas mais graves (como o uso de drogas) é, no fundo, uma doença de desonestidade. Qualquer pessoa que conviveu com um dependente, por exemplo, pode confirmar quanto a pessoa*

pode ser desonesta. Essas pessoas vivem em negação e ilusão, e suas perspectivas são deformadas pelo medo e pelo egocentrismo. A recuperação é mesmo um processo de volta à realidade – onde a pessoa se torna mais honesta consigo e com os demais. E você pode ajudá-la a retornar. Se alguém minimizar, dê-lhe um choque de realidade. Lembre-lhe da dor infligida pelo vício ou pelo comportamento. Revise com a pessoa as coisas negativas que aconteceram por causa desse comportamento: cheques sem fundo, alienação dos parentes, discussões, filhos negligenciados, depressão, doenças, corte no salário – basicamente, os efeitos ruins de uma saúde espiritual, mental, física e social. Isso não é ser negativo; isso é ser racional. E você também pode revisar os benefícios da recuperação, caso essa pessoa sofra uma recaída no processo de reabilitação e tente minimizar isso. Peça que ela fale sobre os benefícios de se recuperar até agora; aponte os benefícios das mudanças positivas contra a dor do comportamento danoso. Todas essas abordagens combatem a minimização.

- Aprenda sobre os fatos ligados ao comportamento em questão. *Muitas das famílias com quem trabalho se sentem paralisadas porque não têm o conhecimento de que necessitam. Assim que elas estudam o problema, ficam muito mais habilitadas a lidar com a situação. Dessa forma, quando existir um bloqueio, informe a todos sobre o vício (incluindo os sintomas) ou o comportamento, inclusive a pessoa amada. As famílias precisam estar instruídas, estar em parceria com os profissionais médicos, consultar especialistas e aprender a intervir com propriedade para atacar o problema. O conhecimento é poder, e, em muitos casos, quebra o bloqueio.*

A ARROGÂNCIA
EU DOU CONTA DISSO
AMANHÃ EU PARO

A arrogância é fuga e outra forma de ilusão. Permita-me usar novamente uma analogia "motorizada". Arrogância é como guiar pela rodovia e o indicador de combustível de seu carro mostrar que o tanque está quase vazio. Você continua a viagem mesmo assim, não dando bola para o marcador e acredita que o tanque está cheio. Mas, no fim, ficará sem gasolina. Muitas pessoas andam assim pela vida, sabotando-se – tudo porque se recusam a dar uma parada para reabastecer.

As pessoas dependentes estão entre as mais arrogantes do planeta. Muitos dependentes acreditam, com as melhores intenções, que conseguirão parar amanhã; acreditam que são fortes o bastante e que têm força de vontade suficiente para "parar e pronto". O problema é que, na maioria dos casos, o amanhã nunca chega. Ou ele se transforma em meses e anos. Alguns podem achar que não têm problemas porque só bebem nos finais de semana. Outros podem passar longos períodos sem colocar uma gota de álcool na boca, mas, assim que começam, entram numa farra que pode durar dias, semanas ou meses. Os dependentes também racionalizam o proprio comportamento de maneira patológica, o que permite que continuem no vício. Uma vez conheci uma pessoa promíscua, fumante de três maços por dia, e dependente de *junk food* que se considerava um sujeito preocupado com a saúde porque tomava cinco complementos vitamínicos todas as manhãs.

Caso conviveu com alguém que exibia um comportamento destrutivo, provavelmente sabe muito bem a que me refiro. Os alcoólicos e os dependentes querem que as coisas sejam do jeito deles. E, para conseguir isso, podem ser charmosos ou intimidadores. Eles podem ameaçar se tornar violentos ou projetar uma imagem de confiança. E, sim, são arrogantes.

Pode ser uma surpresa para você, mas saiba que certas formas de grave insegurança são quase sempre associadas a essas tentativas de controlar os demais. As pessoas dependentes de álcool, drogas ou que apresentam comportamento compulsivo vivem diversos níveis de insegurança cotidiana que são praticamente inimagináveis para quem não é dependente. A arrogância mascara o fato de que os dependentes são na verdade as pessoas mais inseguras que existem.

Derrube o bloqueio da minimização

- Entre em ação. *O maior passo que se pode dar para mudar o comportamento negativo da pessoa é fazê-la saber que aquele comportamento se tornou um problema. Essas coisas não melhoram sozinhas. Não demore. Prepare seu círculo de mudanças, realize uma reunião familiar e use as ferramentas para conseguir que seu ente querido faça o tratamento. E o tratamento não deve se concentrar apenas no comportamento, mas também em restaurar a autoestima.*
- Seja encorajador. *Lembre a seu ente querido, o mais que puder, que – com tempo e esforço – ele pode mudar os hábitos, aperfeiçoar aspectos problemáticos da vida e reverter o curso das coisas. O incentivo produz esperança, constrói a segurança interior e restaura a sensação de controle.*

EU NÃO CONSIGO

É comum ouvirmos as pessoas dizendo "eu consigo" ou "eu não consigo". É uma escolha feita em relação a uma atitude positiva ou negativa sobre aquilo que elas acham que podem ou não fazer. Se as pessoas acreditam nisso, elas conseguem fazer. Eu adoro aquele livro infantil clássico *The Little Engine That Could*, porque, enquanto a locomotiva fazia seus Tchu-tchus, soava parecido com "acho que dá, acho que dá, acho que dá". Essa atitude concede às pessoas o poder de fazer qualquer coisa que se empenhem em fazer. As pessoas que acreditam em si mudarão para melhor.

Mas o contrário disso é você dizer *não*. Quem costuma manter essa atitude negativa sofre bastante para mudar porque são pessoas que não acreditam o suficiente na força pessoal ou nas quais lhes falta autoconfiança. Para elas, não adiantará fazer um discurso estimulante e dizer "Você conseguirá". Você precisará lhes mostrar que elas conseguem e ajudá-las a construir a autoconfiança. E é possível fazer isso usando uma técnica chamada *modelagem*.

Quando copiamos aquilo que as pessoas bem-sucedidas fazem, estamos nos modelando. Descobrimos alguém que consegue obter os resultados que desejamos e fazemos o que essa pessoa faz até conseguirmos os mesmos resultados. Essa é uma das formas mais fáceis de alcançar um objetivo, e pode ser usada para mudar alguém que amamos. Existem diferentes maneiras de modelar. E todas elas funcionam.

Derrube o bloqueio do "Eu não consigo"

- Seja o exemplo. *Como diz aquela citação, "Seja a mudança que você quer ver no mundo". Uma das formas pelas quais a pessoa muda o comportamento é ver outras pessoas que exibam aquele comportamento desejado. Seus filhos provavelmente se ressentem quando você lhes diz o que fazer, mas eles podem ter uma resposta melhor a algo mais sutil. Por exemplo, se você colocar a louça suja na pia para lavar depois do jantar, isso será um exemplo melhor para convencer seus filhos a fazer o mesmo do que lembrá-los a cada refeição. Dar o exemplo daquilo que espera que aconteça é algo muito poderoso, especialmente naqueles casos em que o indivíduo resiste às instruções dos outros para que mude o comportamento. Se alguém observa como você cuida de suas dívidas, é bem possível que comece a cuidar do mesmo modo das próprias contas. Se vê que você come alimentos mais saudáveis, há mais probabilidade de que também passe a fazer o mesmo. Se viu que você parou de fumar, também fará a mesma coisa, com bem mais probabilidade de êxito. E seguir o exemplo deixa as pessoas se sentindo mais em controle de suas coisas, porque elas não estão coagidas a fazer nada nem ouvindo reclamações para fazer isso ou aquilo. As pessoas se mostram mais receptivas às mudanças se sentirem que fazem isso por sua própria iniciativa.*

- Conte uma história. *Se as pessoas acham que precisam fazer* isso, *elas não o farão. Ninguém gosta de receber ordens e ser controlado. Essa é uma tendência natural dos seres humanos. E uma ótima maneira de contornar tal situação é contar uma história para mudar o comportamento de alguém. O ato de contar uma história é melhor do que dizer à pessoa o que ela precisa fazer, porque a história dá sugestões em vez de ordens, e as sugestões fazem com que as pessoas fiquem no controle do próprio comportamento. Por exemplo, suponha que seu amigo ou que a pessoa querida lhe confidencie que passa por problemas para abandonar um mau hábito. Em vez de mandá-la fazer alguma coisa para superar esse problema, conte uma história. Se você passou por uma terapia, por um tratamento ou por outro tipo de programa de recuperação, conte como essa experiência o ajudou ou dê o exemplo de alguém que se beneficiou disso.*

- Use um vídeo. *Você alguma vez esteve na sala de espera do dentista e assistiu a um vídeo que falava sobre como cuidar melhor dos dentes? Ou já viu um vídeo que explicava os procedimentos para examinar os seios e prevenir o câncer de mama? Ou ainda algum vídeo inspirador de alguém que contava como se livrara das drogas? Pois bem; se isso aconteceu, você foi exposto ao que chamamos de* modelagem por vídeo. *Esse método é bastante utilizado para ajudar as pessoas a superar o medo do dentista ou do médico, de falar em público, de superar as fobias e em muitas outras situações. O vídeo mostra à pessoa um indivíduo que exiba exatamente o comportamento que ela deseja. E o objetivo é persuadir a pessoa de que ela também é capaz de fazer a mesma coisa e de que também terá êxito. A ideia é: "Se ele é capaz, eu também sou".*

Enquanto escrevia este capítulo, deparei-me com uma experiência fascinante publicada numa revista chamada Women's Health. *A experiência foi realizada com seis mulheres grávidas e todas fumantes. O objetivo era verificar se a modelagem por vídeo seria capaz de fazer com que essas grávidas abandonassem o cigarro, ou pelo menos diminuíssem o uso. As mulheres foram aleatoriamente separadas em dois grupos. Um deles recebeu um breve conselho sobre como parar de fumar e, depois, uma folha com dicas de como fazer isso. O outro grupo recebeu a mesma folha de dicas, mas também assistiu a um vídeo que mostrava como outras mulheres conseguiram parar de fumar, lidando com o estresse de forma positiva e recebendo o apoio por parte da família e dos amigos. O resultado foi que 20% das mulheres que viram o vídeo conseguiu parar de fumar completamente. Isso pode parecer não ter sido uma grande melhora, a não ser que se considere que* ninguém *do grupo que não assistiu ao vídeo parou de fumar. Os pesquisadores concluíram que a modelagem por vídeo foi útil e que os médicos poderiam usar essa técnica em sua prática. Foi provado com clareza que a modelagem por vídeo funciona.*

A técnica também é uma ótima forma de terapia que pode ser empregada em aconselhamento ou em tratamentos. Mas você não precisa ser um terapeuta formado para usá-la. Existem muitas maneiras menos "formais" à disposição, como os filmes inspiracionais e programas televisivos que mostram pessoas que superaram obstáculos. Alguns bons exemplos que podemos citar são: O valor da vida, *a história real de Bill Wilson, fundador do A.A.;* A cor púrpura; O refúgio secreto; *ou o reality-show* O Grande Perdedor, *sobre pessoas que devem perder peso. Essas e outras produções inspiram a esperança, o pensamento positivo e a motivação para mudar.*

A CULPA

A CULPA É SUA DE EU SER ASSIM
SE VOCÊ NÃO... EU NÃO PRECISARIA

Durante a primavera de 2007, trabalhei com Wendell, que, pesando 230 quilos, lutava contra um grave problema de obesidade. Há cerca de vinte anos, ele era um homem esbelto que pesava 85 quilos. Em 2007, ele estava incapacitado de sair de casa, sofria de dores crônicas e depressão e recebia entregas de comida o dia todo, enquanto sua esposa, os gêmeos de dois anos e o menino de três viviam no andar de cima da casa – tocando a vida.

Wendell não conseguia nem reunir forças para deixar de lado os donuts que o estavam matando, uma dúzia de cada vez. E, ao mesmo tempo, ele culpava os outros pela situação difícil: a esposa, por não amá-lo do jeito certo; os pais, por falecerem e largarem com ele o negócio de família que estava falindo; o irmão, por sair desse negócio, ir para a faculdade e tentar fazer algo na vida; a sogra, porque ficou do lado da filha; seus genes – eram ruins porque ganhava peso só de olhar para um donut; e seu carro – o assento não era grande o bastante para ele (não importava que ele houvesse crescido a ponto de superar o tamanho original havia dez anos!). Mas a realidade é que seu problema era a comida e como ele a usava para automedicar a dor. Wendell estava atolado em quilos de culpa. A menos que parasse com aquela culpa, nunca seria capaz de seguir adiante pelo próprio esforço.

A culpa canaliza o problema para longe, jogando-o em pais inadequados, em esposas insensíveis, em chefes cruéis, no governo liberal ao extremo, no governo conservador ao extremo e em coisas assim. Vivemos numa sociedade de acusadores e de vítimas. Você já percebeu? As coisas sempre são culpa de "alguém". Se o indivíduo está acima do peso, não é por causa da falta de controle pessoal, mas da indústria de alimentos e da publicidade, que empurra goela abaixo o *junk food*. A culpa é da arma, e não da pessoa que atirou. A culpa é do restaurante se ele ficou bêbado. A culpa é dos fabricantes de cigarro porque ela se tornou dependente da nicotina. O que falta muito, no mundo de hoje, é a responsabilidade pessoal; e isso se torna uma desculpa para cada mau comportamento que existe. Culpar o outro se tornou parte de nossa cultura oficial – no fundo, ninguém é responsável por nada. Culpe outra pessoa, contrate um advogado e viva confortavelmente com a grana do acordo.

Infelizmente, existem pessoas neste mundo que transformaram o papel de vítima em uma ciência. Elas culpam, reclamam, resmungam. De certa forma, é um comportamento brilhante e genial. Ao culpar os outros, essas pessoas nunca precisarão prestar contas de nada! E, acima de tudo, elas não parecem interessadas em fazer as mudanças que sabem ser necessárias para resolver seus problemas. Mas, se elas não farão nada para resolver sua situação, então não são realmente vítimas; são voluntárias. Somente quando deixarem de ser voluntários é que suas vidas mudarão.

Eu acho que a pior coisa é que essas pessoas que culpam a tudo e a todos gostam de jogar a responsabilidade dos próprios problemas. Elas jamais assumem a responsabilidade pelo próprio comportamento. A culpa é sempre de alguém – e, normalmente, esse alguém é *você*. Você é o motivo pelo qual elas gritaram, o trataram mal ou o envergonharam em público. Você é a pessoa culpada por eles dirigirem a 150 quilômetros por hora, por perderem dinheiro no jogo ou por encherem a cara.

E esse comportamento é de fato uma forma de abuso verbal – uma maneira de atropelar você com palavras. Esse comportamento foi projetado para colocar você no devido lugar, para controlá-lo, ou para fazê-lo ficar com dúvidas sobre si. O abuso verbal é a forma mais prevalente de agressão, e você deve tratar esse fato como ele é. É um tratamento injustificado, de modo que você jamais deveria assumir a culpa. Sim, é difícil acreditar que as pessoas que dizem que o amam o tratem dessa forma, mas é o que elas fazem. Esse bloqueio é um pouco diferente dos outros porque o ataca diretamente, então você precisa se defender.

Derrube o bloqueio da culpa

- Pratique o controle. Fique calmo. *Quando alguém o culpar injustamente, saiba que isso não se refere a você, mas a tudo de que a pessoa necessita para desviar da própria responsabilidade e esquivar-se de prestar contas dos próprios atos. Não dê a essa pessoa a satisfação de saber que ela teve sucesso. Se reagir a uma pessoa desse tipo, recompensará o comportamento dela e a deixará saber que tem poder para controlar suas emoções. Não permita que essa pessoa exerça controle sobre suas emoções. Porque, quando ela perceber que não consegue, parará de tentar culpá-lo por tudo.*
- Devolva o problema ao dono. *Você pode ajudar as pessoas, mas não pode assumir os problemas delas. Enfatize ao ente querido: "Quero incentivá-lo a assumir seus próprios problemas". Diga a ele: "Eu te amo, e estarei ao*

seu lado". Isso oferece a ajuda e o apoio apropriados. Em essência, você se afastará do problema, mas não da pessoa amada. Fazer esse recuo pode ser duro – como se tirasse as mãos do volante de um carro que está a 160 quilômetros por hora. Pode ser tentador querer colocar as mãos no volante novamente.

- Enfatize que agora não é mais hora de desculpas nem de ficar perguntando "Por que eu?". *Se uma pessoa passa o tempo todo (como Wendell fez) jogando a culpa de seus problemas em fatores externos e se perguntando "Por que isso só acontece comigo?" em vez de tentar buscar formas de resolver esses problemas, bem... essa pessoa continuará a malograr na vida. Então, faça com que ela manifeste o tipo de pergunta que pode mudar as coisas: Como posso deixar essas coisas melhores? Como fazer para deixar de fumar? O que fazer para parar de ter esses ataques de voracidade? Esse tipo de pergunta instiga a pessoa a corrigir e restaurar a responsabilidade e a sair atrás daquilo que realmente deseja para a vida.*
- Diga não à culpa. *Deixe-o saber que as palavras dele machucaram. Faça-o saber que isso é inaceitável para você. Estabeleça limites em relação ao que aceitará e ao que não aceitará dele. Acho que você deve ser direto e esperar que sua mensagem seja absorvida. Destaque que você percebeu que ele culpa a todos, atribuindo o comportamento dele à infância, à sociedade, aos parentes, fazendo parecer que nunca teve uma chance... Diga-lhe que a vida está nas mãos dele, e que ele é responsável pelos resultados e pela falta de resultados, e que ele tem o poder de fazer as mudanças que podem melhorar a própria vida. Mas suavize sua franqueza com o amor.*

E atenção: logo que você deixar sua posição bem esclarecida, ele tentará fazê-lo recuar. Fique firme, de maneira a quebrar esse ciclo de reclamações e culpas para motivá-lo a melhorar seu comportamento.

- Não medite, não fique "ruminando" sobre a culpa. *Livre-se dela rapidamente ao considerá-la injusta com você. Não permita que ela envenene seu dia.*
- Nunca entre em disputa com o acusador. *Se ele ficar nervoso, mantenha a calma e se afaste. Nunca lhe dê aquilo que ele quer: uma reação de sua parte. Se esse tipo de abuso verbal (ou qualquer outro tipo) continuar, especialmente numa relação mais íntima, procure ajuda profissional.*

Seu amigo, cônjuge, parente, funcionário, ente querido não vai continuar levantando esses bloqueios para sempre. Não permita que algum deles o convença a não mais tomar a iniciativa e a ser a força principal para a mudança. Você pode – e espero que venha a perceber que também *deve* – ajudar seu ente querido a enfrentar a realidade, implementando o plano de 4 etapas que delineei na parte 2 deste livro. Quando você estiver finalmente pronto a dar o primeiro passo, ou seja, elaborar o círculo de mudanças, será o momento de liberação, quando terminará todo aquele período de negação, de fuga, de fingimento e de acusações. E começará o momento também importante de grandes realizações, de trabalhar para que a autenticidade se manifeste. Esse será o tempo em que você e a pessoa amada entenderão que a verdade nos liberta. Na essência, as pessoas querem mudar. Assim que derrubar os bloqueios contra a mudança, poderá ajudar seus amigos e entes queridos a ter a vida deles de volta.

PARTE IV

Aplicações práticas

Lide com as pessas e restaure seus relacionamentos

Capítulo 11

Impeça as pessoas de se autodestruírem

Você está farta dos cigarros de seu marido? Teme que sua irmã fique gorda demais? Tem medo de falir por causa de um dependente de jogos de azar na família? Está convencido de que seu filho é dependente de internet? Está esgotado com as rabugices da esposa? Tem vergonha de sua família por abrigar um dependente de sexo?

Se a vida de um indivíduo está fora de controle, você pode mudar o comportamento destrutivo dele, e não precisa se tornar um tirano para ser capaz de fazer isso. A grande questão é: Como lidar com isso? Vou lhe apresentar agora algumas situações específicas que são muito comuns hoje em dia, algumas abordagens práticas de como aplicar o meu programa de 4 passos.

FAÇA COM QUE QUALQUER UM PARE DE FUMAR

Os efeitos nocivos da fumaça do tabaco são bem conhecidos, tanto para o fumante quanto para as pessoas em volta dele. Mas, ainda assim, parar de fumar é difícil porque, para muitas pessoas, a nicotina é tão viciante quanto a heroína e a cocaína. No entanto, você deve estimular seu ente querido a fazer isso, porque esse péssimo hábito é mais do que uma amolação; ele prejudica a saúde de todos que o rodeiam. Pedir à pessoa amada que procure ajuda pode ser o pedido mais importante que você faça a ela na vida.

Passo 1 – Esquematize seu círculo de mudanças

Reúna as pessoas mais afetadas pelo hábito de fumar da pessoa amada – você, seus filhos ou netos, por exemplo. Talvez seja importante incluir o médico da família também. Os médicos realmente possuem as ferramentas e os tratamentos para fazer as pessoas pararem de fumar. Faça com que todos preparem uma mensagem sincera sobre os motivos pelos quais o ente querido deve parar de fumar. Faça uma pesquisa sobre programas e maneiras realmente eficazes de reduzir ou interromper o hábito e escolha o melhor caminho para seu ente querido. Houve recentemente grandes melhorias em medicamentos para fazer com que a pessoa pare de fumar, então tenha essa informação em mãos. Marque a reunião familiar.

Passo 2 – Faça o convite

Faça o convite para a reunião familiar, na qual cada pessoa dirá à pessoa amada por que ela deve parar de fumar. Não a ataque, não a importune nem a agrida verbalmente. Dê voz às suas preocupações de uma maneira carinhosa e gentil. Veja um exemplo de como fazer isso:

Relatório de testemunha: *Kelly, seu pai e sua mãe fumam, e a maioria de seus amigos também, durante todo o dia, e todos os dias. Fumar é parte de sua vida desde sempre. Fiquei preocupado com você porque vejo que fuma cada vez mais.*

Avanço rápido: *Eu amo você, mas tenho medo de que esteja abreviando seu futuro.*

Resolução: *Eu vejo você como nosso avô e como um grande amigo para todos nós, e queríamos que parasse de fumar para tê-lo conosco durante muito mais tempo. Nós o apoiaremos por todo esse processo que será terrivelmente desafiador: perder seu "melhor amigo" e escolher a vida.*

Vale a pena mencionar, também, que não há motivação mais convincente e inspiradora do que um pedido feito por uma criança, quando dito mais ou menos assim: *Papai, por favor, pare de fumar; nós não queremos que você morra.*

Depois que todos fizerem seu relatório de testemunha, peça que seu ente querido entre num tratamento para parar de fumar. Ajude-o a definir uma data para abandonar o cigarro, de preferência naquela hora mesmo. Não deixe para depois. Se algo é postergado, será adiado novamente e novamente, indefinidamente. Arrume folhetos, como os do Instituto Nacional do Câncer. Mencione os grupos de apoio em sua região, incluindo as datas das reuniões e os endereços dos encontros. Pode ser que ele fique indiferente ou zangado ou que aja com sarcasmo quando você tocar no assunto. Ou que faça exatamente o oposto daquilo que é pedido. Isso se aplica especialmente aos homens. Nós temos um radar que se liga automaticamente quando sentimos que somos controlados. Em vez de fazer aquilo que a esposa pede, a pessoa teimará em se manter onde está. Se durante a reunião familiar ele disser *não*, faça uma pausa e reúna todo mundo novamente dali a uma hora. Repita o pedido. Apenas tente motivá-lo mais uma vez, mas não o importune. Para muita gente, demora mais tempo para que a gravidade daquilo que é dito penetre mais profundamente. Essas pessoas precisam de um tempo para refletir. Seja paciente.

Passo 3 – Apoie a mudança

Para que possa parar de fumar, a pessoa precisa superar o vício físico da nicotina, assim como a dependência psicológica do cigarro. Terapias como adesivos de nicotina ou medicamentos ajudam com os componentes químicos e físicos. Mas derrubar o vício psicológico é a parte mais difícil. Para muita gente, o hábito de fumar é relaxante e faz parte das atividades diárias. Mude a rotina familiar. Ajude seu ente querido a evitar situações que possam induzir a uma falha no processo. Por exemplo, se o ritual matutino for tomar uma xícara de café e fumar um cigarro, então o incentive a tomar o café mais tarde, ou a deixar de tomar café durante as primeiras semanas. Ele talvez precise evitar certas situações, como ir ao bar com os amigos ou o jogo de cartas semanal, até que a vontade de fumar diminua. Ajude-o a encontrar alternativas para reduzir o estresse, como, por exemplo, fazer exercícios, ioga, pescar ou fazer meditação. Faça essas atividades com ele sempre que seu ente querido se sentir frustrado e tiver vontade de acender um cigarro.

Proporcione incentivo psicológico. Muitas pessoas não se veem motivadas a mudar porque acreditam que não conseguem. Dê-lhes estímulo: "Querido, você está indo muito bem; estou orgulhosa de você". Tente se concentrar nas melhores características dele. Fale sobre como parar de fumar o deixou melhor: com mais saúde, economizou dinheiro, faz mais atividades sociais, melhorou a pele, os dentes, as roupas não cheiram mal, tem mais autoconfiança, melhorou a intimidade do casal e muitas outras coisas. Comemore os sucessos e incentive-o a continuar em abstinência. Recompense o progresso com alguma coisa especial: um jantar, um passeio a dois, um presente.

Você também pode conseguir bons resultados falando menos e sendo um modelo a ser seguido, de forma que ele possa perceber o que está perdendo: caminhadas e passeios, sentir-se em forma, ter mais energia e assim por diante. As chances são de que seu ente querido tenha interesse em seguir por um caminho mais saudável. Tanto os homens quanto as mulheres mostram interesse em desenvolver um estilo de vida mais saudável quando seus parceiros participam ativamente das atividades com eles.

Em geral, uma pessoa que tenha êxito em parar de fumar teve uma média de seis tentativas anteriores. Então, se houver algum retrocesso, não chame atenção para isso nem fique irritado. Lembre seu ente querido apenas de que isso é um processo de aprendizado e que a recaída é algo coerente com a natureza da dependência crônica do tabaco. Você não desejará que ele pense que falhou. Incentive-o a voltar rapidamente ao processo de deixar o cigarro. Aquela falha não foi nada mais do que descer do trem numa estação errada. Entre novamente no trem e volte a tentar. Praticamente todo mundo pode deixar de fumar, até mesmo os mais dependentes de nicotina. Você apenas precisa estar lá com ele. Sem dúvida nenhuma, a vontade passará e, com o tempo, o desejo ardente de acender um cigarro desaparecerá.

Passo 4 – Cuide-se

É muito claro que a pessoa amada deve acabar com esse hábito de fumar antes que seja tarde demais. Proíba que ela fume dentro e fora de casa e em sua presença. Pode ser que seu ente querido não goste disso, mas reduzir as oportunidades de que ele possa fumar ajuda a pessoa a parar de vez. Pode ser que, no fim das contas, você deva deixá-lo lidar com isso com o médico. E combine com o médico para que diga à pessoa amada, por repetidas vezes, que a coisa mais importante que ela pode fazer para melhorar a saúde é parar de fumar.

FAÇA COM QUE QUALQUER UM PERCA PESO

Seu marido, sua esposa, seu filho, seus pais ou outra pessoa de quem goste está com sobrepeso e a situação está piorando. Todos nós conhecemos as estatísticas alarmantes sobre a obesidade crescente no país, mas a maioria das pessoas não sabe o que dizer numa situação dessas, nem como dizer, ou mesmo não sabe nem o que pode dar certo para resolver o problema. É por essa razão que as pessoas vivem me perguntado: "Como posso ajudar a pessoa amada a perder peso?".

E eu preciso perguntar de volta: "Você está pronto para mudar seu estilo de vida?".

Muitas vezes, é preciso que o estilo de vida de uma família mude para que seja possível ajudar alguém a perder peso. A mudança deve começar com aqueles que são mais próximos ou que estejam mais envolvidos. Não espere que seu ente querido desenvolva hábitos alimentares mais saudáveis ou comece a fazer exercícios se você não fizer também. Você não pode esperar que uma pessoa comece a comer cenouras em fatias se o restante do grupo continuar se empanturrando de nachos. Isso é simplesmente um absurdo.

Uma advertência: se a pessoa que você ama estiver muitos quilos acima do peso, ou à beira de um transtorno alimentar, você deve intervir com uma reunião familiar formal, com a possível presença de um médico ou de um terapeuta, e com um plano predefinido de internação ou um plano de mudança já estruturado. A obesidade mórbida e os transtornos alimentares são ameaças à vida e precisam de uma intervenção imediata. Para casos menos urgentes, como alguém que precise perder nove ou dez quilos, e necessite de um ajuste em seu estilo de vida, veja o que tenho a dizer.

Passo 1 – Esquematize seu círculo de mudanças

Ajudar o ente querido a perder peso é desafiador, mesmo sob as melhores circunstâncias. É difícil estimular um parente ou amigo a tomar medidas quanto a conseguir um peso mais saudável sem correr o risco de prejudicar seu relacionamento. A maioria das pessoas acima do peso sabe que deveria se livrar de alguns quilos, e isso as incomoda. É por isso que puxar esse assunto desencava os sentimentos negativos sobre elas mesmas – e em relação a você, porque trouxe o assunto à baila.

Para vencer esses desafios, acredito firmemente que se deva transformar esse objetivo de perder peso numa questão de família, e fazer com que a família seja seu círculo de mudanças. Se forem apenas você e seu cônjuge ou parceiro, tudo bem; mesmo um "círculo de um" dará certo. Um estudo recente, trazendo lições das redes sociais, sugere que, se um cônjuge é bem-sucedido em perder peso, isso pode se transmitir para o outro. Esse estudo, realizado pela Universidade de Connecticut, diz que os casais não apenas mostram uma tendência de ganhar peso, também podem emagrecer em conjunto, mesmo se apenas um deles estiver fazendo uma dieta de maneira mais formal. Os cônjuges dos pacientes que compareciam aos programas de perda de peso perdiam em torno de cinco quilos em um ano.

Qualquer que seja sua situação, convide seu ente querido e outros membros da família a se reunirem em um grupo (ou como casal) e realizarem algumas mudanças em seu estilo de vida: fazer comida mais saudável, serem mais ativos, assistirem menos à TV, e assim por diante. Não tem importância se alguns dos participantes do círculo não precisarem perder peso. O que interessa é o apoio daqueles com quem você vive e convive no jantar ou no almoço. O apoio pode significar a diferença entre o sucesso e o fracasso. Todos podem se beneficiar de um modo de vida mais saudável, então todo mundo deveria se engajar nisso se desejar que seu ente querido perca peso e seja mais feliz.

Passo 2 – Faça o convite

Reúna todos, inclusive a pessoa amada. Tenha em mente que a maioria das pessoas é bastante sensível quando o assunto é peso. Sejamos honestos. A magreza é igual à atratividade em nossa sociedade. As pessoas que não se enquadram nesse padrão ideal podem começar a questionar a autoestima, especialmente se, para começo de conversa, a confiança estiver abalada. Seria melhor abordar a questão do peso com seu ente querido em termos de como isso afeta sua saúde em vez de falar sobre a aparência dele. Isso poderá motivá-lo a entrar em ação, especialmente se o excesso de peso estiver ameaçando a saúde em curto prazo, ou se um evento qualquer, como um ataque cardíaco, servir de alarme. Isso nem sempre funciona, mas vale a pena tentar.

Aqui está uma sugestão de abordagem honesta, franca e sem ridicularizar – e como uma família:

Relatório de testemunha: *Decidimos nos reunir em família porque queremos a ajuda de todos para alcançar um estilo de vida mais saudável. Alguns de nós ganham peso ao longo dos anos, e a gente não sabe bem como fazer para perder peso. Outros não fazem muito exercício, ou exercício suficiente. Mas há uns poucos que estão se saindo bem, então acho que seria legal se nos ajudássemos mutuamente.*

Avanço rápido: *Nós nos informamos que estar com sobrepeso e fora de forma pode reduzir alguns anos de vida. Mas, mesmo que nosso desejo imediato seja caber em roupas de número menor, não seria legal se alcançássemos essa meta? Pensem em como seria melhor comprar roupas! Consigo pensar em um milhão de motivos para emagrecer, mas, acima de tudo, eu adoraria que todos nós estivéssemos em melhor forma. Vejo a gente fazendo um bocado de coisas juntos, como andar de bicicleta, nadar e se divertir – se fizermos uma escolha mais saudável.*

Resolução: Quando conversamos alguns dias atrás, pareceu que todos concordaram em fazer algumas mudanças em nosso estilo de vida. Foi duro fazer isso antes por conta própria. Mas agora estamos juntos como uma família. Vamos nos ajudar mutuamente a comer melhor e a fazer mais exercícios, e gostaria que todos tomassem parte nisso. E vamos começar agora.

Essa é a maneira mais produtiva de abordar o assunto porque é honesta, direta e isenta do ridículo – então, faça com que todos na sala expressem seus sentimentos, prós e contras, em relação a esse novo começo, e a como se sentem mais estimulados por não precisarem fazer isso sozinhos. Se quiser que as coisas sejam um pouco mais formais, pode dizer: "Nós nos inscrevemos nos Vigilantes do

Peso, nos Comedores Compulsivos Anônimos, ou na clínica de controle de peso etc." Ou ainda: "Inscrevi nossa família na academia e todo mundo poderá frequentá-la".

Também recomendaria que cada pessoa presente assinasse um acordo de mudança, dizendo que se compromete a apoiar e a ajudar o outro a fazer as melhorias necessárias no estilo de vida dele.

Caso alguém demonstre resistência, recue temporariamente, mas continue com o plano familiar. A pessoa chegará à conclusão, no final, de como deve proceder. E, como aconteceu no estudo que mencionei antes, a pessoa perderá peso automaticamente porque o estilo de vida da família mudou. E, nesse meio-tempo, procure sinais de que ela se mostra mais aberta a recomeçar. Quando ela estiver mais receptiva, agarre a oportunidade. Investigue em profundidade ao dizer: "Como posso ajudar você?". Continue a encorajar a pessoa a fazer exercícios, a comer melhor e de outras maneiras que ajudem a perder peso.

Passo 3 – Apoie a mudança

Providencie apoio para cada um de vocês das seguintes maneiras:

Mude o panorama. Seria ótimo pensar que as pessoas fazem suas próprias escolhas e se mantêm nelas sem sofrer influência daquilo que as rodeia. Mas não é isso o que acontece na vida real. O comportamento é uma dessas situações específicas. Veja o caso, por exemplo, do restaurante onde há um bufê no qual você pode ser servir à vontade por um preço fixo. Você comerá mais. Se você se servir num prato maior, comerá mais. Se trouxer para mais perto o pacote de bombons, comerá mais. Então, não permita que seu ente querido lute para mudar seus hábitos alimentares no ambiente errado; mude de ambiente em nome dele. Retire todas as comidas calóricas da casa e encha os armários com alimentos saudáveis. A pessoa amada perderá peso porque o ambiente apoiará suas escolhas. Em outras palavras, ajude-a a controlar o ambiente. Não permita que o ambiente a controle. A lógica é que, se você deseja que alguma coisa seja feita, facilite as coisas, e não as dificulte.

Reforce o comportamento desejado. Escolha fazer críticas positivas. Descubra maneiras de cumprimentar a pessoa amada por suas conquistas – por fazer exercícios, por escolher comidas saudáveis, por andar de bicicleta com você... Comemore quando alguns quilos sumirem: "Uau, você está ótima!". Ou: "Percebi que você está com mais energia". Ou ainda: "Essas roupas ficaram muito bem em você!". Acentuar as coisas positivas estimula a autoestima (o que, por sua vez, a perda de peso).

Ajude a pessoa amada a construir sua autoimagem. Todo mundo tem uma autoimagem baseada na educação, na realidade cotidiana e nas influências sociais. A autoimagem tende a se enredar com os pensamentos negativos. As pessoas com problema de sobrepeso costumam dizer a si: "Estou gorda... Nunca perderei peso... Sou relaxada". Você pode ajudar seu ente querido a deter esse trem descontrolado ao lhe dizer para visualizar a imagem daquela pessoa magra e em forma que ele gostaria de ser. Faça-o escrever num papel alguns de seus "objetivos para entrar em forma". Pergunte à pessoa amada: "Que tipo de roupa você usará?", "De que maneiras sua vida será diferente?", "Quando você estiver magra, como se sentirá mental e emocionalmente?". Ao usar as respostas a essas perguntas, ela criará sua autobiografia como uma pessoa mais magra e manterá essa nova vida em primeiro plano. Esse exercício contribuirá para criar uma autoimagem mais forte e mais positiva.

Nunca repreenda seu ente querido. Dizer coisas do tipo: "Não coma tudo isso; você ficará ainda mais gordo" apenas chama a atenção para aquilo que ele já sabe, aumentando a sensação de culpa e diminuindo a autoestima (e fazendo talvez com que ele coma outro saquinho de batatas fritas). Da mesma forma, não diga à sua esposa: "Quando você estava em forma, realmente me deixava maluco!". Isso só magoa a pessoa e envia uma mensagem de rejeição, destruindo a autoconfiança (outro cenário perfeito para se matar de comer). Tenha em mente que sua esposa é aquela mesma pessoa de quem você gostou tanto que se casou com ela. Fazê-la saber que ainda gosta dela é a melhor maneira de encorajá-la a fazer melhores escolhas.

Nunca consinta que seu ente querido use um pote de sorvete ou um pedaço de bolo para aliviar as frustrações e as decepções. Isso só lhe ensinará a usar a comida como consolo. Também evite usar guloseimas para "subornar" suas crianças a deixar de lado os brinquedos ou como recompensa por terem comido cenouras e brócolis. Essas atitudes apenas as empurrarão mais fundo num comportamento emocional com a comida. Nutrir e cuidar da pessoa amada não quer dizer apenas dar comidas saborosas, mas também alimentos saudáveis e nutritivos. Lembre-se de que um abraço, um beijo e algumas palavras suaves geralmente fazem com que as dores e o estresse vão embora – e sem as calorias...

Faça com que seja divertido se exercitar. Segundo os especialistas, todos nós deveríamos fazer entre trinta minutos e uma hora de atividades físicas ao menos cinco dias por semana. Então, faça coisas de que gosta – nadar, jogar basquete, aulas de dança etc.

E não policie demais as comidas. Como a maioria das pessoas que fazem dieta sabe, a maneira mais segura de se tornar obcecado com a comida é exagerar. Mas algumas restrições são importantes, como comer um cookie em vez de três, ou comer sobremesa de vez em quando, e não todos os dias.

Demonstre amor e respeito. Por meio de todas essas atitudes, compartilhe tudo de uma forma que demonstre seu amor incondicional e seu respeito contínuo pelo ente querido, independentemente daquilo que ele decidir fazer. Esse conselho se aplica a qualquer comportamento que você pretenda mudar.

Passo 4 – Cuide-se

Continue com seu próprio estilo de vida saudável. Dessa maneira, motivará a pessoa amada pelo exemplo. Se nada aconteceu até agora, aguarde as coisas mudarem quando o ente querido começar a ver o progresso que conseguiu e a perceber como essa nova postura afetou a vida dele. Ele então desejará entrar nesse barco, e você ficará espantado ao ver como ele se dará bem. E, antes que você perceba, ambos estarão se motivando.

ELIMINE O HÁBITO DE APOSTAR EM JOGOS DE AZAR

O apostador-problema é aquele sujeito que aposta mais do que pode bancar e não consegue parar de fazer isso, seja jogando bingo, videogames, roleta, loteria ou nos cavalos. Ele pode até mentir que não joga ou jogar durante mais tempo do que havia planejado. O que ocorre é que a compulsão em fazer apostas e jogar é uma doença crônica e progressiva. Ela destrói famílias e o futuro financeiro das pessoas. Caso exista alguém em sua família que sofra desse mal, você pode ajudar a "virar o jogo".

Passo 1 – Estruture seu círculo de mudanças

Reúna todos aqueles que são afetados pelo vício de seu ente querido. Defina o tratamento ou os grupos de aconselhamento dos quais ele possa participar, como os Jogadores Anônimos. O único requisito para que a pessoa possa ser aceita nessa irmandade é que ela tenha vontade de parar de jogar. Localize um terapeuta ou profissional de saúde mental que já trate de pessoas com vício pelo jogo. Verifique em sua região os hospitais ou clínicas que possuam programas de recuperação onde você possa inscrever seu ente querido. Crie um plano de mudança que seja bem explícito. E então agende a reunião familiar.

Passo 2 – Faça o convite

Os jogadores compulsivos têm grande dificuldade em aceitar o fato de que, no jogo, eles são os perdedores, que fizeram escolhas erradas e magoaram e prejudicaram a si e aos outros. Você, portanto, precisará ser muito claro ao apresentar os fatos, então use todas as ferramentas, como o relatório de testemunha, o avanço rápido e a resolução.

Veja abaixo um exemplo de abordagem usando essas ferramentas e que deve ocorrer durante a reunião familiar:

Relatório de testemunha: *Brandon, está muito claro para nós que você sofre de um problema grave. Só nesta semana, num episódio de descontrole no jogo, descobrimos que você perdeu mais de dez mil dólares.*

Avanço rápido: *Na primeira vez, aquilo era o seu segredo. Mas, na segunda vez, seu problema se tornou um caso de família, porque alguns de nós nos juntamos para pagar seu aluguel. Não podemos suportar mais ver você perder tudo que tem e sentimos que é para onde você se encaminha.*

Resolução: *Brandon, nós queremos que você se livre desse vício, para que possa viver a vida de forma mais produtiva e plena de realizações, contribuindo de maneira mais significativa com sua família. Agora, nós nos reunimos para que possamos ajudá-lo, apoiá-lo e garantir sua recuperação desse vício contra o qual luta. Hoje, juntos, empregamos todos os nossos recursos para apoiar sua recuperação, em vez de apoiar seu problema. Estamos firmes para apoiar sua cura e sua mudança.*

Peça ao ente querido que concorde com o plano de mudança que preparou e diga que começará esse plano hoje mesmo. Garanta que exista um acordo de mudança assinado depois da reunião familiar para a prestação de contas. Esse acordo assinado formaliza o plano, detalha as responsabilidades assumidas pela pessoa querida e informa sobre as consequências de ele não aderir ao que foi combinado.

Passo 3 – Apoie a mudança

A melhor maneira de apoiar seu ente querido durante o processo de recuperação é focar sua atenção em ajudá-lo a evitar situações de risco, limitando também o acesso ao dinheiro. Ao contrário de muitos outros problemas, lidar com um problema de compulsão ao jogo exige um plano de contingência financeira, de forma que é importante conversar com um conselheiro financeiro ou um advogado antes de abordar a pessoa dependente. Peça a essas pessoas que o aconselhem sobre a melhor maneira de lidar com a questão do dinheiro, tendo como base sua própria situação financeira, e depois faça com que esse aconselhamento faça parte do plano de recuperação. Embora cada situação seja diferente, aqui estão algumas sugestões que você poderia considerar:

Controle o acesso ao dinheiro vivo. Com a ajuda dos conselhos dos peritos em finanças, submeta a pessoa dependente a uma mesada restrita ao básico, deixando fora de alcance todas as outras tentações. Feche as contas conjuntas e deixe uma conta aberta em seu nome apenas, para evitar acesso aos fundos durante o tempo em que a dependência for um problema. Tais atitudes deveriam cobrir todas as possibilidades de acesso ao dinheiro, desde contas correntes até contas de investimento ou de poupança. E, se houver recursos de um negócio de família, eles também deveriam ficar fora de alcance, especialmente se esses recursos puderem ser vendidos ou liquidados. Informe aos demais parentes sobre o problema que é tratado, para evitar que seu ente querido peça dinheiro emprestado a eles. Embora essas restrições possam parecer infantis, é importante lembrar que o dinheiro representa para esse jogador compulsivo a mesma coisa que as bebidas representam para um alcoólico.

Comemore as mudanças positivas à medida que acontecerem, um dia de cada vez. Embora aquelas mudanças monetárias possam parecer muito punitivas, as decisões rápidas e eficazes que são tomadas em relação a como o dinheiro é obtido exercem um impacto direto e imediato sobre o comportamento destrutivo. Assim, enquanto alguém pode enxergar essa forma de apoio um pouco negativamente, eu a vejo como algo que estimula a cura e um comportamento mais saudável.

Quando o dinheiro está disponível para um jogador compulsivo, rapidamente passa pelas mãos dele e desaparece em uma grande variedade de formas. Tenho uma paciente neste exato momento internada em uma clínica de recuperação para jogadores compulsivos, e o vício dela lhe causou crises de abstinência tão complicadas quanto aquelas que observamos nos dependentes de crack, heroína ou metanfetamina. O vício induz ao caos, enquanto a intervenção e o tratamento criam as bases para a cura e para a saúde. A atitude de "fechar o banco", para mim, é um passo positivo e precioso no caminho de resgatar um futuro que parecia perdido.

Prepare uma estratégia para que as dívidas sejam pagas de forma disciplinada e constante. É bastante frequente que as famílias com recursos paguem num instante as dívidas de jogo para evitar os constrangimentos que o jogador compulsivo causou. Porém, essa forma rápida de tirar seu ente querido de um impasse é normalmente um erro. As ações têm consequências, e o dependente deve ser obrigado a reverter os danos que causou. As pessoas que tomam decisões erradas não aprendem nada se o problema for rapidamente resolvido por outras pessoas.

Inscreva-se num serviço de relatório de crédito. Esses serviços em geral enviam alertas por e-mail toda vez que alguém checa o saldo para conseguir mais crédito ou na tentativa de arrumar um empréstimo. Se o cônjuge abriu uma nova linha de crédito para conseguir novas fontes de recurso para suas apostas, esse serviço é uma boa maneira de descobrir isso.

Passo 4 – Cuide-se

Quando alguém vive com um jogador compulsivo, pode ser capturado por esse vício, ficando preocupado ao extremo para saber onde ele ou ela está e o que está fazendo.

Angela, uma cliente que lutou contra o vício de jogo do marido, teve a gota d'água numa madrugada, quando irrompeu numa casa de blackjack às 3 da manhã, em Los Angeles. Ela implorou ao gerente que mandasse seu marido embora quando ele fosse jogar. Naquela noite, com um bebê nos braços e uma criança de dois anos, de pijama, correndo atrás dela, Angela percebeu que sua vida estava destroçada, que ela chegara ao fundo do poço e que desejava sair daquela situação.

Implorar ao gerente que mandasse embora o marido foi um começo, e, quando me encontrei com ela na semana seguinte, ela explicou quanto estava esgotada por causa da falta de sono durante os últimos dois anos, período em que o marido mergulhou fundo no jogo. Embora dissesse que o bebê era um anjo e que raramente acordava durante a noite, isso de nada adiantou, porque ela ficava acordada do mesmo jeito, imaginando por onde aquele homem andaria, o homem por quem havia se apaixonado, e como ele desperdiçava o tempo e o dinheiro dos dois. Angela descobriu que se culpava pelo comportamento do marido e, quando nos sentamos para conversar sobre o que ela poderia fazer para iniciar a mudança, teve vergonha de contar aos outros o que sua pequena família estava enfrentando.

A terapia ajudará você a compreender que o comportamento de seu ente querido não é sua culpa, e também que você não está só. Encontre um terapeuta que possa ajudá-lo a tratar dessas questões. Além disso, compareça a grupos de apoio, como o dos Jogadores Anônimos, participe de um programa dos 12 passos para cônjuges ou amigos próximos de jogadores compulsivos. Esses grupos podem auxiliá-lo a encontrar as respostas para perguntas do tipo: Qual é o papel como cônjuge (ou pai, ou pessoa querida) de um jogador compulsivo? Como pode ajudar a pessoa a se inscrever nos Jogadores Anônimos? Se a pessoa querida continuar a jogar, como pode conviver com o problema? Os J.A. têm uma grande quantidade de informações que ajudam a lidar com as diversas crises que surgem quando alguém que você ama é um jogador-problema.

DESEMBARACE UMA PESSOA DA TEIA DA INTERNET

Não há uma concordância da parte dos profissionais da saúde mental sobre a gravidade do vício em internet. Alguns deles acreditam que seja apenas uma diversão, mas outros argumentam que esse vício é da mesma classe do alcoolismo. A verdade é que se torna muito fácil alguém se ver preso à internet, e isso não é brincadeira. Assim como as drogas e o álcool podem causar uma reação fisiológica, a internet também faz isso. Para aqueles que estão jogando, apostando ou negociando ações *online*, o fluxo de adrenalina que ocorre fornece um estímulo neuroquímico real. Já presenciei dependências de internet em quantidade suficiente para saber que esse é um problema verdadeiro, e com o potencial de destruir relacionamentos.

Os sinais de dependência de internet são semelhantes aos sinais de outros vícios, como fadiga extrema, um interesse declinante por outros *hobbies*, um declínio no desempenho profissional, o uso da internet como fuga de outros problemas e o distanciamento dos amigos, potencialmente originado pela confiança excessiva nos "amigos" *online*. Esse vício pode tomar diferentes formas, como por exemplo:

- *vício em sexo virtual: por* sites *pornôs ou* chats *adultos;*
- *vício em relações na* web*: amizades* online *feitas em* chats *ou* sites *pornôs;*
- *compulsão pela* web*: por* sites *de apostas, de compra e venda,* sites *de leilão;*
- *sobrecarga de informações: surfar compulsivamente pela* web *ou por* sites *de informação;*
- *compulsão por jogos* online.

Caso observe alguns desses comportamentos em seu ente querido, veja minhas sugestões:

Passo 1 – Estruture seu círculo de mudanças

Se você suspeita que seu parceiro – ou seu filho – passa tempo demais *online*, prepare o círculo de mudanças e chame a família, amigos e companheiros de trabalho, se for o caso. Quando elaborar o plano de mudança, tenha em mente que não existe um tratamento-padrão para cuidar do vício em internet, mas um programa normal conteria o aconselhamento individual, uma terapia familiar, um programa dos 12 passos, ou ainda o tratamento de um problema subjacente, como por exemplo, a depressão. O que se torna vital é que seu ente querido faça o programa dos 12 passos. As pessoas dependentes em internet quase sempre evitam o contato com outras pessoas. Então, um grupo de apoio pode criar a oportunidade de construir relacionamentos *offline* e aperfeiçoar o sistema de interação social do dependente. Quando tudo estiver preparado, realize a reunião familiar.

Passo 2 – Faça o convite

Antes que alguém possa ser curado de um vício pela internet, precisa reconhecer que está enredado nisso – assim como acontece com os outros tipos de vícios. Então, quando apresentar seu relatório de testemunha, será preciso que descreva factualmente aquilo que viu. Esteja preparado para apresentar provas desse vício de forma a se contrapor às negações, como as contas de telefone – no caso de conexão discada – e outros tipos de documento. Veja aqui um exemplo de mensagem de mudança:

RELATÓRIO DE TESTEMUNHA: *Jana, nós estamos muito preocupados com você. Observamos a maneira compulsiva como checa seus e-mails, ficando acordada até altas horas surfando pela internet, às vezes até a manhã seguinte, e gastando muito dinheiro* online. *Você sabe que esse seu uso da internet já lhe custou três empregos.*

AVANÇO RÁPIDO: *Se não buscar ajuda, estamos preocupados com o fato de que essa inclinação continue e que você não seja mais capaz de se agurentar. A gente sente que você se importa mais em ficar* online *do que com seus amigos. Queremos que você consiga ajuda e nós a ajudaremos a fazer isso.*

Resolução: *Esta família ama você, Jana. Nós a amamos tanto que estamos reunidos, como amigos e como família, para ajudá-la a mudar. Sabemos que chegará o dia em que será capaz de desfrutar da companhia de seus amigos e de seus familiares e de se sair bem em seu emprego assim que esse problema estiver resolvido.*

E, do mesmo modo que acontece com outros tipos de dependências e problemas, você deverá pedir a seu ente querido que comece a realizar o plano de mudança imediatamente.

Passo 3 – Apoie a mudança

A facilidade de acesso à internet faz com que esse vício seja especialmente difícil de ser eliminado. Se um apostador compulsivo é mantido longe dos cavalos, por exemplo, o risco de que ele jogue é bem menor. Se um alcoólico não tem acesso a bebidas, é mais fácil que ele se mantenha sóbrio. Mas, se o indivíduo usa o computador no trabalho e para outras coisas, a tentação está bem ali à sua frente, olhando para ele. Você pode ajudar a pessoa querida a romper esse hábito, mas precisa usar a estratégia certa. Aqui estão minhas recomendações:

Explique, de maneira gentil e ponderada, que você estabeleceu um claro limite de tempo para o uso do computador, de forma a reduzir o período online *– por exemplo, uma hora por dia em vez das atuais oito horas.* Mantenha esse limite de tempo para todos os membros da família, inclusive você. Essa medida é projetada para controlar o ambiente, de forma que o ambiente não os controle. Talvez seja preciso agendar esses tempos em horários específicos e deixar o agendamento por escrito num local visível. E atenha-se a ele. Quando surgirem demandas por privacidade, segredos, ou se perceber um comportamento suspeito, investigue.

O uso abusivo da internet cresce rapidamente nos locais de trabalho. Algumas empresas simplesmente passaram a proibir o uso da internet no escritório, de forma a evitar apostas *online*, *sites* de pornografia ou *chats*. Se você tiver funcionários que façam uso excessivo da internet, peça-lhes que mantenham um registro do tempo de uso do computador, de forma que possam prestar contas do tempo que permanecerem *online*. Incentive-os também a se levantar e dar uma volta, fazer alongamentos, exercícios de respiração, de meditação – tudo que possa obrigá-los a fazer uma pausa e sair da frente do computador. Essa pausa não apenas contribui para romper padrões pouco saudáveis em relação ao uso da internet, mas também ajuda a relaxar as pessoas e deixá-las aptas a cuidar da próxima tarefa.

Trabalhe em parceria com a pessoa querida para identificar os gatilhos que acionam esse abuso online. Um *chat* em particular, ou determinado horário do dia, ou o humor da pessoa antes de se conectar – tudo isso pode se transformar num gatilho e acionar uma conduta inapropriada. Ajude seu ente querido a preparar um plano para lidar com esses gatilhos, como ler um livro, fazer exercícios, ligar para um amigo ou fazer trabalhos domésticos – qualquer coisa que o ajude a manter abstinência de seu comportamento problemático.

As crianças também representam um alto risco de desenvolver vício em internet. Para que saiba quais foram os *sites* que seu filho acessou, dê uma checada nos arquivos temporários e no histórico de seu navegador. Esse histórico é uma lista de todos os *sites* visitados durante certo período de tempo, normalmente vinte dias, e pode ser acessado pelo menu de seu navegador, clicando no botão "Histórico" tanto no Internet Explorer quanto no Firefox. Seu computador também armazena todos os textos, imagens e outros materiais das páginas acessadas durante o período em que seu filho ficou navegando. Mas ele pode aprender rapidamente como deletar esses registros. Se você for checar os arquivos temporários e não achar nada, pode ter certeza de que foram excluídos, o que significa a necessidade de mais investigações.

Instale programas que filtrem ou bloqueiem o acesso a sites *de pornografia, assim como a outras páginas questionáveis.* Programas como NetNanny, CyberPatrol e SurfControl, geralmente utilizados pelos pais para bloquear o acesso dos filhos a conteúdos inadequados, podem também ajudar as pessoas a controlar o uso da internet. Os programas podem ser configurados para bloquear automaticamente os aplicativos *online* (como *sites* de pornografia, *chats* e jogos *online*), fechando o navegador se o usuário tentar acessar esse material. Isso não é ser manipulador; é gerenciar o ambiente para apoiar a mudança.

Gosto de programas como o NetNanny, mas sugiro que se mantenha longe desse tipo de programa de monitoração a não ser que seja absolutamente necessário. Porque eles enviam relatórios sempre que um *site* for visitado e uma tecla for acionada. E, para falar francamente, muito do que se descobre sobre os hábitos de alguém na internet pode ser doloroso. Então, restrinja o uso do computador com o NetNanny, mas não caia na armadilha de monitorar cada teclada e cada *site* visitado.

Passo 4 – Cuide-se

Se você não tomar cuidado, acabará passando noites inteiras fazendo o papel de polícia da internet. E isso pode drenar sua energia e acabar com o seu bem-estar. Fisicamente falando, poderá ter dificuldade para dormir e problemas com a digestão, problemas cardíacos, além de sofrer de fadiga crônica. Psicologicamente falando, pode ficar deprimido e emocionalmente entorpecido. Abra mão de tanto controle e deixe que o plano de mudança faça seu trabalho de ajudar a pessoa querida. Construa uma vida para si que não envolva a monitoração, 24 horas por dia, do uso do computador em casa. Vá com parentes ou amigos ao cinema, ao teatro, faça outras atividades e curta sua vida. Escolha viver a vida que deseja.

LIVRE UMA PESSOA DO VÍCIO EM SEXO

Literalmente, milhões de homens e mulheres – maridos, esposas ou mães, irmãs ou filhas – acordam com a percepção de que a pessoa que eles amam tem um interesse obsessivo por sexo, e que esse interesse compulsivo é prejudicial para eles ou para seus relacionamentos. Estima-se que de 1% a 6% das pessoas sofre de vício em sexo, os homens têm maior probabilidade de se tornar dependentes do que as mulheres. Isso se deve ao fato de que os homens podem ficar rapidamente excitados por um estímulo visual; já para as mulheres, falando em termos gerais, o sexo é apenas parte de um relacionamento.

Então, o que diferencia uma pessoa que é dependente de sexo daquela que apenas foi pega com as calças arriadas? Os critérios gerais são três: em primeiro lugar, aquele que é dependente de sexo demonstra perda de controle, seja se ligando a parceiros pouco recomendáveis, seja mostrando uma compulsão em se envolver sexualmente com alguém; em segundo lugar, o dependente mantém seu comportamento apesar das consequências adversas (como ficar um tempo preso ou ser pego pela namorada ou pela esposa em situação constrangedora); em terceiro lugar, ele demonstra sintomas físicos ou psíquicos quando é privado do sexo.

Um indivíduo que sofre de um comportamento sexual descontrolado deve procurar ajuda especializada, ou o comportamento se agravará. Eu me recordo de um cliente, Stephen Hayes, de 47 anos, que era dependente de sexo e usava a internet para alimentar seu vício. No caso dele, aquilo que de início se mostrou um pequeno desejo de ver alguma pornografia *online* se tornou uma necessidade irresistível. Com o passar do tempo, ele passou a se masturbar enquanto ficava grudado a imagens pornográficas exibidas na tela do computador, mesmo no trabalho. O comportamento de Stephen se agravou. Ele começou a frequentar sex shops, assistia a filmes pornôs em seu computador, ia a casas de massagem e bares de strip-tease. Embora fosse casado, saía com prostitutas e procurava outras parceiras sexuais por meio de anúncios em jornais e revistas.

Existe ajuda para o vício sexual. Embora não fosse fácil, sua esposa Jane foi corajosa o suficiente para procurar ajuda. Ainda que decepcionada e prestes a preparar os papéis do divórcio, ela deixou seus sentimentos de lado, mobilizou parentes e amigos e entregou a mensagem de mudança. Assim que Stephen percebeu que precisava de ajuda, começou a fazer terapia, compareceu às reuniões dos Compulsivos Sexuais Anônimos, e se reuniu à esposa em terapia de casal, mesmo depois de seu casamento sofrer uma grave ruptura. Levou muitos anos para que ele aprendesse a redirecionar seu comportamento; mas, felizmente, hoje aprendeu a fazer amor, em vez de fazer sexo.

Passo 1 – Estruture seu círculo de mudanças

Se você acha que seu parceiro sofre de compulsão sexual, sugiro que mantenha o círculo de mudanças restrito – talvez apenas você e mais dois parentes ou amigos, e um terapeuta qualificado – porque esse vício abriga vergonha, culpa e constrangimento. Outra dificuldade para você será fazer com que a pessoa admita uma coisa que ela não enxerga como um problema. Mais uma razão para convidar um terapeuta.

É essencial que o dependente sexual e aqueles que foram afetados por seu comportamento reconheçam que não podem se recuperar sozinhos. Eles devem buscar ajuda. E essa ajuda está disponível por meio dos profissionais habilitados e pelos grupos de apoio. Na verdade, centenas de grupos de apoio seguros, confidenciais e sem custo nenhum ajudam as pessoas com problemas e seus entes queridos a encontrar alívio e a se livrar desse vício. Porém, assim como com qualquer outro vício, é necessário elaborar um plano de mudança. Alguns medicamentos podem ser úteis para reduzir o impulso sexual ou para diminuir aqueles pensamentos sexualmente importunos. Além do mais, esses medicamentos podem contribuir para que a pessoa avalie as consequências antes de agir motivada por uma necessidade sexual ou por um impulso. A recuperação é possível para todos que estiverem dispostos a tomar as medidas necessárias.

Passo 2 – Faça o convite

Converse com seu parceiro e discuta suas observações e preocupações, ou faça com que um amigo terapeuta os ajude, caso se sintam entorpecidos pelo choque. Seja qual for sua decisão, é melhor que o assunto seja trazido à tona assim que possível, e descreva com clareza como você realmente se sente em relação a tudo isso. Algumas sugestões para o diálogo:

Relatório de testemunha: *Dan, eu te amo demais e nosso relacionamento é muito importante para mim. Eu já peguei você mentindo para mim diversas vezes e não faz muito tempo, e agora descobri que você está muito envolvido com pornografia.*

Avanço rápido: *Tenho muito medo de que essa situação fique ainda pior, de que você acabe preso por algum crime ligado a abuso sexual, e que nossas vidas sejam destruídas.*

Resolução: *Dan, eu estou 100% ao seu lado e eu te amo. Esta é uma zona livre de vergonha. Eu tenho esperança de que as coisas melhorarão se você concordar em mudar e remediar essa situação. Eu te amo e não existe nada que eu não possa fazer para ajudá-lo, mas uma coisa eu não estou mais disposta a fazer: ficar parada e observar você ficar cada vez mais doente. Quero que vá procurar ajuda e quero que faça isso agora mesmo.*

Passo 3 – Apoie a mudança

Viver com uma pessoa dependente de sexo é emocionalmente doloroso, cria isolamento e é extremamente difícil. Não é muito diferente de sofrer abuso emocional. Mas nada desse comportamento é relacionado a você. Você não deveria tentar satisfazer um dependente ao, por exemplo, perder peso, fazer implantes de silicone nos seios ou participar de atividades sexuais que violem seus valores.

Se o seu ente querido concordar em buscar ajuda, por favor, tenha em mente que a mudança não se torna permanente da noite para o dia, mas pode começar a qualquer momento. Honre os desejos dele, mas também reafirme a capacidade de recuperação dele, ao decidir que caminharão juntos por esse período de renovação, de cura e de reconstrução da confiança. Para poder ultrapassar esse período, defina algumas regras básicas – principalmente, manter a fidelidade, comparecer às sessões de terapia e tentar manter honestidade total. Desenvolva sua compreensão quanto a esse vício. Mantenha uma atmosfera emocionalmente saudável em seu lar.

Passo 4 – Cuide-se

Consiga ajuda para você. Esse passo sempre soa mais fácil, mas é muito difícil passar por ele sozinho. Sugiro que busque ajuda ao comparecer aos grupos de apoio para parceiros de dependentes sexuais. Você descobrirá que não é só você que vive com os efeitos do vício sexual de alguém, e descobrirá também que existe esperança.

A estrada da recuperação é parecida com aquelas estradinhas do interior em péssima manutenção: cheia de buracos, solavancos, pistas sem marcação e trechos sem asfalto. Encare o processo de recuperação como uma viagem por um território que não foi mapeado. E você pode aliviar sua carga se conseguir manter o bom humor, um sentido de propósito e de comunhão, enquanto desenvolve sua compaixão pelo dependente e por todos os que enfrentam esse mesmo desafio.

Preciso também acrescentar que é muito importante refletir cuidadosamente se pretende ficar com alguém que sofre desse tipo de compulsão. Por conta de sua natureza, ele poderá trair você muitas e muitas vezes. Se a mudança não perdurar, consulte um advogado de família e analise as opções. Você merece respeito, e sua primeira responsabilidade é consigo e com seus filhos.

A vida pode nos trazer todo tipo de mágoas, e lidar com um ente querido que seja dependente sexual está no alto da lista. É por isso que dar apoio pode ser tão difícil. Em determinadas circunstâncias, é melhor tratar de sua saúde emocional, e é exatamente isso o que recomendo que faça. Quando você se sentir injustiçado por alguém em sua vida, pode ser muito complicado deixar para trás essa dor, e nem todos têm essa disposição. Mas as pessoas que se prendem às decepções e à raiva, com sentimentos de vingança, pagam um preço muito alto em sua saúde física e em sua energia emocional, correndo maiores riscos de desenvolver doenças crônicas, como problemas cardíacos. Quando odiamos outra pessoa, sentimos a dor desse ódio vezes sem conta. Isso o deixa emocionalmente exausto. Insistir e se demorar na situação lhe dá mais poder, assim como à pessoa que o magoou. A única maneira de curar isso é perdoar e deixar para trás.

O perdão é, na verdade, uma coisa que você faz para si. Você não estará fazendo pela pessoa que transgrediu ou que foi injusta, e nem mesmo precisa expressar seu perdão para essa pessoa. Isso não quer dizer que deva gostar do que ela fez, mas deve, sim, liberar o ocorrido do ponto de vista emocional. Quando se sentir pronto, reescreva mentalmente a história do ocorrido. Em vez de olhar a si como uma vítima, coloque-se como uma pessoa poderosa que triunfou frente a uma experiência dolorosa. Ao se retratar num lugar de vitória, sua confiança aumentará, e você poderá lidar com as decepções futuras. Então, não permita que essa experiência o arraste para baixo. As consequências de ficar preso e não perdoar são altas demais.

DETENHA O COMPORTAMENTO OBSESSIVO DE QUALQUER PESSOA

Todos nós passamos por incômodos e aborrecimentos de vez em quando. E todos também possuímos pequenos rituais reconfortantes. Talvez você prefira guardar seus DVDs em ordem alfabética, ou pendurar as roupas no armário pela cor. Mas isso não é necessariamente um problema, a menos que fique muito irritado quando pegar algum DVD fora de lugar e fique tão consumido por esse aborrecimento que praticamente se sinta paralisado. Quando esses aborrecimentos consomem a pessoa e provocam ansiedade extrema, isso se chama obsessão. E, quando a pessoa se prende aos rituais de forma incessante, isso se chama compulsão.

Uma pessoa que apresente obsessões e compulsões é alguém que sofre de transtorno obsessivo-compulsivo, ou TOC. Alguns dos rituais associados ao TOC são lavar as mãos repetidamente ou tomar banho várias vezes ao dia – muitos dos que sofrem de TOC são obcecados pelos germes e pela contaminação. Outros são pessoas que armazenam coisas escondido, lotando seus quartos de jornais velhos e outros itens, com medo que alguém vá jogar fora alguma coisa de valor. Outras pessoas ainda são os verificadores, que acordam diversas vezes durante a noite para checar se a porta está mesmo trancada, ou até mesmo deixam o trabalho para ir em casa certificar-se de que o ferro está mesmo fora da tomada. Há os que sofrem de tricotilomania, distúrbio caracterizado por arrancar cabelos. Como uma agulha que fica presa num risco naqueles antigos discos, o TOC faz com que o cérebro fique preso num pensamento ou em uma necessidade específica.

O TOC vira nossa vida de cabeça para baixo. Uma família inteira pode ser afetada por uma pessoa que sofre de transtorno obsessivo-compulsivo. As pessoas da família não podem ir a lugar nenhum, por exemplo, porque a pessoa com TOC precisa passar por tantos rituais – tomar banho durante três horas etc. – que todo mundo acabará se atrasando. O TOC desorganiza a vida familiar e por isso se torna tão imperativo que a família seja catalisadora das mudanças

Passo 1 – Estruture seu círculo de mudança

O TOC é uma desordem que não pode ser curada sozinha, e não é um hábito que a pessoa pode quebrar como parar de fumar ou de roer as unhas. As pessoas que sofrem de TOC têm falta de objetividade e de informação para poder lidar de forma eficaz com esse transtorno multifacetado, por isso a mudança sem dúvida requer as observações e percepções de parentes próximos, até mesmo de colegas de trabalho ou empregadores – e, sem dúvida nenhuma, de um terapeuta qualificado. Há diversas formas de proceder ao tratamento, incluindo medicação adequada, terapia comportamental, ou a combinação das duas, então será preciso que você pesquise os planos de tratamento mais adequados. A terapia familiar também pode ser uma boa ideia, uma vez que esse transtorno quase sempre causa problemas na vida familiar e no ajustamento social. A terapia familiar promove a compreensão sobre o TOC e pode ajudar a reduzir os conflitos internos. Ela também pode motivar os familiares e ensiná-los a ajudar seu ente querido.

Passo 2 – Faça o convite

Um grande problema ao lidar com esse transtorno é que muita gente sabe que existe algum problema, mas não faz ideia de que possa ser TOC. E, embora em algumas situações essa desordem possa romper e desorganizar a vida da pessoa, muitos indivíduos vivem normalmente e escondem suas atitudes compulsivas por causa do medo ou da vergonha. É por isso que a família, ao lado do terapeuta, deve se reunir no círculo de mudanças e ajudar a pessoa querida a enxergar e compreender o problema, usando recursos de relatório de testemunha, da árvore genealógica e outras estratégias que derrubem os bloqueios. O fato de a pessoa simplesmente saber que seu problema é tratável pode criar motivação suficiente para que ela vá ao consultório do terapeuta.

Durante a reunião familiar, cada pessoa deve comunicar-se de forma clara, direta e positiva. Declare aquilo que deseja que aconteça, em vez de criticar seus parentes pelos comportamentos do passado. Será bom falar sobre os efeitos daquele comportamento em sua vida e explicar que existe ajuda e apoio. É importante que todos no círculo falem com verdadeiro carinho. Veja alguns exemplos:

Relatório de testemunha: *Jennie, saiba que amo você demais. Durante muito tempo, observo você lavar as mãos constantemente e ficar brava quando alguém tira alguma coisa do lugar em seu quarto. Já vi você com medo de sair, já vi você colocar a mão numa maçaneta de porta em público e se sentir ameaçada e alterada. Sabe, as pessoas com esse seu problema têm muito medo de se contaminar com germes, principalmente nas maçanetas das portas. Sei que essa situação já lhe custou a companhia de amigos, empregos, uma posição em sua igreja e em sua comunidade.*

Avanço rápido: *Todos estão reunidos aqui nesta noite porque queremos convidá-la a entrar em um processo de mudança que a ajudará a retomar um modo de vida mais funcional e mais feliz. Queremos ajudá-la a encontrar um caminho para que fique melhor, e assim esse transtorno não tomará conta de sua vida.*

Resolução: *Jennie, nós lhe damos apoio e queremos que entre em tratamento agora mesmo. De fato, existe uma razão para a presença do dr. Shaw. Ele lhe dirá que sua condição é tratável e que existem medicações que podem ser tomadas e que lhe farão bem. Com a orientação dele, existe uma maneira para que você possa ser ajudada, e essa maneira é muito bem-sucedida em tratar desses transtornos.*

Os comentários negativos e as críticas podem deixar o TOC ainda pior, ao passo que uma abordagem calma e um ambiente tranquilo podem melhorar os resultados do tratamento. Seja o que for que faça, não diga à pessoa que ela deve parar com os rituais. Ela não poderá concordar com isso, e as pressões para parar só deixará o comportamento dela ainda pior.

Trabalhei recentemente com Brenda, uma professora da escola dominical, que vivia sozinha desde que o marido, com quem estivera casada por 32 anos, falecera há cinco anos. Brenda, que tem duas filhas já crescidas e que a amam demais, é uma guardadora de coisas compulsiva. Embora ela sempre demonstrasse uma tendência a se apegar às coisas, seu comportamento se tornou muito mais extremado depois que perdeu o marido. A compulsão ficou tão intensa que a casa inteira se viu tomada por coisas, e quase não havia espaço para as pessoas se movimentarem. A família estava muito preocupada; eles me chamaram, e ao pastor, para que participássemos de uma reunião familiar de forma a convencê-la a buscar ajuda. Como parte desse processo, e que também fazia parte do apoio familiar, eles disseram que ela deveria se mudar por um tempo e morar com uma das filhas. Sim, Brenda foi literalmente retirada de sua casa. A família não pediu a ela que limpasse a bagunça. Esse tipo de limpeza forçada não dá certo, porque esses guardadores compulsivos podem ficar tão traumatizados com isso que às vezes tentam o suicídio.

A melhor maneira de lidar com o ente querido que sofra de TOC é ser o mais gentil e paciente possível. Mostre a ele que existe ajuda e que você gostaria que ele tentasse o curso de ação que foi pesquisado. O terapeuta pode então completar os detalhes sobre o que o tratamento pode realizar. O ideal é que, a reunião seja seguida por uma sessão de terapia.

Passo 3 – Apoie a mudança

A melhor forma de apoio é não participar dos rituais. As pessoas com TOC quase sempre tentam envolver os familiares em seus rituais compulsivos. Para manter a paz, os parentes entram no jogo, ajudando a guardar coisas, a fazer a checagem ou a lavar as coisas. Se você fez isso no passado, é melhor tentar mudar esse padrão.

Tornar-se o líder do plano de mudança não será apenas apoiar as ideias e as ações que pede que seu ente querido adote, mas também cumprimentá-lo pelos progressos que ele conseguir: "Pai, eu amo você e estou muito orgulhoso por tudo aquilo que faz para deixar sua casa mais segura. Acho que os medicamentos que toma começaram a dar resultado, porque você está muito mais calmo. Como se sente?".

Passo 4 – Cuide-se

É compreensível que você se preocupe com a pessoa que está sofrendo com o TOC. E, como resultado disso, é provável que você não se cuide direito. Você pode desistir de fazer suas próprias atividades e se isolar dos amigos e colegas. Isso pode acontecer durante algum tempo antes que perceba que está esvaziado emocional e psicologicamente. O estresse causa problemas para dormir, exaustão e irritabilidade constante. Não deixe que isso aconteça. Fique em contato com seu próprio sistema de apoio; não se isole por causa desse problema. Mantenha seus interesses separados da família. Avalie a necessidade de ter apoio profissional e dedique algum tempo todos os dias só para você.

AJUDE ALGUÉM A SAIR DA TRISTEZA E CHEGAR À ALEGRIA

Quando alguém que você ama apresenta esses momentos de tristeza, fica difícil saber o que fazer a respeito. Será que ele precisa de um abraço? Ou de uma barra de chocolate? Uma conversa mais profunda sobre algum tema mais sério? Ou uma chacoalhada mesmo? É um jogo de adivinhações. E, se a depressão começar a subjugar um cônjuge ou parceiro, torna-se uma experiência aterradora e complicada. A primeira coisa a fazer é determinar se seu ente querido está mesmo deprimido. Esteja alerta para os sintomas da depressão: tristeza, sensação de vazio, de inutilidade, de desamparo, ou de culpa excessiva; demonstração de falta de interesse por atividades usuais; falta de energia; dificuldade em se concentrar ou em tomar decisões; problemas de memória; agitação, insônia; mudança de apetite e pensamentos suicidas.

Passo 1 – Estruture seu círculo de mudanças

Se aqueles sintomas persistirem, é hora de agir. Peça ajuda aos parentes mais próximos, ao seu médico, ao clérigo ou a outra pessoa que não seja da família, como um terapeuta, e que possa validar suas preocupações durante a reunião familiar. Prepare um plano em conjunto com o grupo e defina qual seria o melhor tratamento. A depressão pode ser cuidada por uma grande variedade de ferramentas, inclusive antidepressivos ou uma terapia cognitivo-comportamental (TCC). A TCC se baseia na ideia de que todos os estados de humor – e suas desordens associadas – se originam em nossos pensamentos. Então a terapia se foca no ajuste das atitudes e das crenças que temos ao reconhecer e refutar os pensamentos negativos assim que ocorrerem. Por exemplo, algumas pessoas reagem a um erro generalizando fazendo afirmações do tipo: "Eu sou um fracasso". A TCC ajudará esse paciente a avaliar com mais precisão o evento, do tipo: "Espere um minuto... eu tenho uma longa história de sucesso nesse assunto". A ideia é se contrapor aos erros de pensamento.

É também bastante importante checar na dieta e nas práticas físicas de seu ente querido, para ver como se integram à vida dele. Uma das clientes que tenho agora, Jeanette, tem um histórico expressivo de depressão acompanhada de comportamento compulsivo e dependência de álcool. As partes mais eficazes de seu plano de mudança foram os ajustes que a ajudamos a fazer naquilo que ela come – e como come –, além de fazê-la se inscrever em um programa de exercícios físicos consistente. Então, não deixe de prestar atenção nestas duas coisas: o que você põe no tanque e com que frequência bota o motor para correr. A nutrição e os exercícios são importantes.

Passo 2 – Faça o convite

Uma vez que você acredita que existe um problema, o próximo passo é a reunião familiar. Mencione que ele parece infeliz nos últimos dias. Tente não usar palavras como "doente" ou "doido, maluco". As pessoas não precisam ser rotuladas; elas precisam ser ajudadas. Faça com que seu ente querido saiba que o bem-estar dele é importante para você. Se houver um terapeuta presente, convide-o a mostrar que a depressão é um problema médico, e não uma fraqueza moral, e esse problema pode ser tratado com terapia ou medicação. Aconselhe seu ente querido a procurar ajuda para a depressão. Apresente o plano: uma visita ao médico da família, uma clínica de saúde mental, um conselheiro religioso ou um terapeuta. Aqui está um exemplo de diálogo:

RELATÓRIO DE TESTEMUNHA: *Jason, amo muito você. Estive muito preocupada durante as últimas semanas porque você está muito triste e nem joga mais basquete com seus amigos. Também estive preocupada porque você dorme muito, mas ainda continua cansado.*

Avanço rápido: *Estou muito preocupada, também, porque, se você estiver deprimido, isso só ficará pior e você mergulhará ainda mais fundo na tristeza.*

Resolução: *Jason, sua mãe sofria de depressão, assim como sua avó. Essas coisas quase sempre acontecem nas famílias, por isso não precisa ter vergonha nem se sentir culpado. Mas, ao contrário do que aconteceu no passado, quando as pessoas não sabiam o que fazer em relação à depressão, hoje em dia há ajuda para isso. Quero que você volte a ser a pessoa que é – uma pessoa alegre, divertida e cheia de energia – e, com ajuda, sei que voltará a ser assim. Todos nós aqui o amamos e nosso compromisso é ajudá-lo a passar por isso, atravessarmos juntos até o outro lado, onde há luz e bem-estar.*

Se a pessoa querida nunca fez terapia e for um homem, então a batalha será árdua. Os homens podem chamar o mecânico, mas não pedirão ajuda para um problema pessoal. Mas, se deixarmos a questão do gênero de lado, reafirmar seu amor e devoção pelo ente querido pode facilitar a ida dele à terapia.

Mas e se ele resistir? Reitere então suas preocupações; peça a outros familiares para expressar o amor por meio de expressões de apoio; e deixe bem claro como a mortalha da depressão fará com que ele se afaste das coisas que normalmente apreciaria – tudo isso sem fazer julgamentos. Por exemplo, "Eu sei que você adora jogar basquete" *versus* "E a troco de quê você nunca mais jogou basquete?".

Passo 3 – Apoie a mudança

Enquanto a pessoa querida buscar ajuda para depressão, sua atitude deve ser superior. Permaneça compreensivo. Seja otimista em relação ao tratamento. Reafirme à pessoa querida que ela se sentirá melhor no final de todo o processo.

Esteja sempre ao lado dela. Ofereça um ombro amigo para que seu ente querido chore ou apenas escute enquanto ele faz das tripas coração. Seja paciente. Mostre a ele que você se importa. Tente não oferecer conselhos instantâneos ou reassegurar suas certezas. Pergunte como pode ajudar. Se for preciso, vá com ele às reuniões.

Desafie de forma suave a negatividade e a falta de esperança. Quando puder, e de maneira gentil e solidária, levante a questão da negatividade pouco realista da pessoa, dando exemplos de situações onde ela foi bem-sucedida. Incentive uma autoimagem mais positiva.

Você possivelmente se deparará com tarefas diárias. As pessoas deprimidas não são preguiçosas. Elas estão doentes. As tarefas domésticas, por exemplo limpar a casa, pagar as contas ou dar comida para o cachorro podem parecer esmagadoras. Você poderá ser obrigado a assumir essas tarefas durante algum tempo. Seu ente querido não se sentirá bem fazendo isso, como se estivesse com uma tremenda gripe. Ajude, tudo bem, mas não encoraje o abandono. Procure não fazer todas as coisas no lugar da pessoa, mas esteja lá para apoiá-la naquilo que fazer sozinha.

Organize atividades diárias para ajudar seu ente querido a sair do abatimento. Quando eu era criança e meus pais nos levavam, os quatro filhos, naquelas longas viagens de carro, eles criavam um monte de jogos para brincarmos no carro. Meus pais eram espertos. Eles sabiam que, se nos mantivessem ocupados, não nos comportaríamos mal, brigando uns com os outros. Nem ficaríamos perguntando a toda hora: "Quando chegaremos?". Basicamente, papai e mamãe aplicavam uma eficiente ferramenta comportamental. Os carros de hoje têm até DVD, então fica ainda mais fácil manter as crianças em paz, mas eu sempre prefiro as conversas em vez dos DVDs.

Se a pessoa que você ama estiver deprimida, você pode planejar as atividades diárias dela. A ação é um dos melhores antídotos para a depressão, então, ter uma agenda planejada pode ser bem terapêutico. Isso dará a seu ente querido um sentido de direção e de controle. E também o distrairá dos pensamentos que evocam a depressão, dando-lhe uma estrutura que ajuda a fazer coisas positivas ao longo do dia.

Essas atividades podem ser: sair da cama e se vestir; ir fazer compras no mercado; visitar um museu ou uma biblioteca; fazer exercícios; almoçar com um amigo; visitar amigos; fazer terapia; sair para jantar; fazer uma consulta com uma nutricionista; ir ao cinema; ver TV; ler um livro; ir para a cama.

Finalmente, ofereça esperança em qualquer forma que ele possa aceitar. Isso pode ser a fé em Deus, o amor dele pelos filhos ou qualquer outra coisa que ele queira manter em sua vida. Descubra o que funciona melhor e relembre disso todas as vezes em que ele sentir que não pode mais suportar. Ame-o de maneira incondicional e faça-o saber que você não gosta é daquela doença, e não dele.

Passo 4 – Cuide-se

Os sentimentos de depressão são contagiosos, então tome cuidado com você. Lidar com uma pessoa deprimida pode ser emocionalmente exaustivo e pode levar a um sentimento de esgotamento. Então, de tempos em tempos, dedique um tempo para se afastar da situação e recarregar suas baterias. Faça atividades que lhe deem prazer e restaurem o otimismo e a sensação de bem-estar. Mantenha um estilo de vida ativo e saudável. Quando a pessoa que a gente ama está em depressão, pode parecer muito egoísta curtir a vida, mas será muito mais saudável para você manter-se ativo.

Tudo bem se sentir-se com raiva, nervoso e frustrado. Esses sentimentos são uma resposta válida para uma situação bastante cansativa. Faça parte de um grupo de apoio. Converse com um amigo próximo ou vá a um terapeuta. O importante é extravasar suas frustrações em vez de permitir que elas se instalem dentro de você.

Lembre-se: você não é responsável por atitudes, ações e pensamentos de seu amigo deprimido. Você não tem a capacidade de fazer com que um cônjuge ou amigo deprimido se sinta mais feliz, nem fez com que ele ficasse deprimido antes. O comportamento de uma pessoa em depressão não é um indicativo da pessoa “real”. Essa pessoa está debilitada. Ela pode estar assustada, taciturna ou dolorida. Ou com raiva. Quando alguém deprimido se deixa golpear pela raiva, é porque na verdade está com raiva de si e do modo como se sente. Se você foi vítima dessa raiva, aconteceu apenas porque estava por perto. E, quando seu cônjuge não estiver no clima para fazer amor, não leve isso para o lado pessoal. A perda do impulso sexual é um sintoma clássico da depressão. Isso não quer dizer que ele não ame você. Os relacionamentos podem mesmo passar por essas dificuldades e ainda ficar mais sólidos.

Não se sinta intimidado com a perspectiva de mudar alguém que lide com esses problemas. Expressar seus sentimentos e suas esperanças por uma vida melhor de alguém é um processo muito saudável – do ponto de vista físico, emocional e espiritual. O que é importante observar é que o processo não apenas conduz a uma vida mais satisfatória e recompensadora para seu ente querido, mas também faz o mesmo para todos aqueles que se envolveram na vida dele. Convidar as pessoas que amamos para participar desse processo, para que expressem seus sentimentos livremente, para vivenciar o amor e para que falem abertamente é um dos maiores presentes que podemos dar a alguém.

Capítulo 12

Doze maneiras de quebrar os hábitos mais desagradáveis

Não sei quanto a você, mas eu tenho uma lista mental que chamo de "Coisas que eu não preciso aturar". Essa lista contém de tudo, como hábitos intoleráveis (ela não leva o lixo para fora; ele usa o garfo pra coçar as costas); péssimas maneiras (ele grita com o garçom se o serviço demora); comportamento afrontoso (ela conta piadas de mau gosto em horas inapropriadas); ou aquele comportamento melodramático (ela é a rainha do drama e transforma qualquer coisa mundana numa choradeira suficiente para usar três caixas de lenço de papel). Se a sua lista se parece um pouco com minha, saiba que são basicamente imperfeições ou comportamentos que você deseja consertar nas pessoas que ama.

Pode ter certeza de que esses hábitos não representam ameaça à saúde de ninguém nem desrespeitam a lei, mas também não há nada de errado em se pretender quebrá-los. Na verdade, é até bom que você queira pôr fim em um hábito desagradável de alguém, porque assim você poderá salvar uma relação. É essa a conclusão de um estudo fascinante chamado "Social Allergies in Romantic Relationships" (Alergias Sociais em Relacionamentos Românticos), patrocinado pelas pesquisas em saúde do governo americano e efetivado pela Universidade de Louisville, no Kentucky. Esse estudo mapeou o final de 160 relacionamentos cruzando qualquer conexão entre os hábitos desagradáveis e o sucesso ou o fracasso da relação. Os pesquisadores descobriram que aquelas pequenas irritações, com o tempo, podem deixar as pessoas tão desgostosas e ressentidas que elas preferem terminar o relacionamento a continuar nele. O estudo foi publicado na revista acadêmica *Personal Relationships.*

Esse estudo também gerou uma lista dos hábitos mais irritantes que podem provocar uma ruptura no casal, a ponto de levá-los à separação. De acordo com essas descobertas, os homens não gostavam dos seguintes hábitos nas mulheres: serem possessivas, críticas e mandonas demais; os atrasos; falar demais; perguntar a toda hora se as roupas caem bem e levar bagagem demais nas viagens. Por sua vez, as mulheres reclamaram do seguinte: cutucar o nariz; arrotar; vestir-se com desleixo; comportamento tosco; beber demais; flatulência e a recusa em pedir informações quanto estão perdidos. Pode ser difícil de acreditar, mas tudo isso cria conflitos que se espalham em todos os aspectos do relacionamento.

Eu acredito que você deva intervir nos maus hábitos, seja de forma direta ou mais diplomática, ou então eles podem atrapalhar sua sanidade mental, estragar sua vida em toneladas de minúsculas formas, debilitar sua paz de espírito e somar-se às cargas emocionais que você já carrega na vida. Permitir que um ressentimento cresça é criar uma bomba-relógio! Mas a questão é: como fazer com que a pessoa mude o comportamento sem que ela reclame de sua intromissão, chamando-o de resmungão, controlador e... bem, de coisa pior? Com alguma ação clandestina, estratégia e o conhecimento de algumas ferramentas psicológicas atemporais, você será capaz de fazer com que a pessoa amada pare de irritá-lo e de salvar seu relacionamento. Aqui estão doze ferramentas que o ajudarão. Cada uma delas está baseada em um simples princípio comportamental: as pessoas são aquilo que fazem. Quando muda aquilo que fazem, nós as mudamos também.

1. A TÉCNICA DO DESCOLAMENTO

As pessoas ficam na defensiva se acham que são criticadas. Então, nunca insinue que há alguma coisa errada com elas, mas apenas em suas atitudes. A estratégia psicológica aqui é, então, descolar o problema da pessoa; em outras palavras, chute o problema para longe, e não a pessoa.

Para aplicar essa técnica, fale e pense sobre o hábito em questão como algo externo a ambos, como uma "coisa". Essa "coisa" se torna então um inimigo comum e incômodo, que vocês compartilham e com o qual precisam lidar juntos, e não um problema que um de vocês criou ou algo que ele fez com você. Usar essa ideia mantém o tom acusatório longe da conversa. Você perceberá que fica menos irritado quando fala sobre isso, e o descolamento o ajudará a se distanciar e a resolver o problema.

Vamos supor que seu namorado deixe uma trilha de destroços no apartamento que vocês dividem. Há uma pilha de pratos sujos com manchas de mofo coloridas atolada na pia. Jornais velhos jazem espalhados pela sala como se fossem destruídos por um elefante. Você se vê forçada a gastar suas horas de folga andando de aposento em aposento como uma caçadora de minas, xingando e resmungando o tempo todo.

Em vez de falar palavrões, use a técnica do descolamento. Não grite com ele por ser relaxado; concentre-se no problema – que é a desordem. Diga a ele como você se sente sobre isso. Use mensagens com "eu" e "nós". Pergunte-lhe como vocês dois poderiam resolver o problema da "desordem" de uma forma satisfatória. Talvez se revezando para levar o lixo, ou também se revezando para fazer alguma tarefa de forma que nenhum dos dois se aborreça em fazer determinado serviço. Uma vez que a pessoa enxerga o problema fora dela e não sendo ela, fica mais propensa a fazer algo para resolver o comportamento desagradável. Quando separa o comportamento da pessoa, você ainda pode continuar amando-a, mas não o comportamento. Essa é a verdadeira base do amor incondicional, e uma força poderosa para realizar a mudança.

2. VINCULE CONSEQUÊNCIAS AOS COMPORTAMENTOS

Se você alguma vez se perguntou o que motiva as pessoas a fazer certas coisas, não precisa mais procurar a resposta. Basta observar os eventos que se seguem a seus comportamentos e você saberá quais os motivos que as levam a fazer o que fazem. Os eventos que se seguem aos comportamentos são chamados de consequências. O comportamento é fortalecido ou enfraquecido pelas consequências. E uma maneira poderosa de reforçar o comportamento que se deseja é oferecer consequências positivas.

As consequências positivas podem ser tão simples quanto demonstrar uma sincera expressão de apreço, um sorriso, um presente, um bilhete de agradecimento ou apenas dar cumprimentos. Os exemplos mais simples são estes: para encorajar em sua esposa a correta administração do orçamento da casa, espere até que ela tome uma decisão acertada (como não comprar por impulso alguma coisa que ela realmente deseja) e então a cumprimente pela sua sabedoria e força ao tomar aquela decisão. Ou quando você percebe que seu filho guarda os brinquedos, diga: "Realmente gostei de você fazer isso". Elogiar a criança cria uma autoimagem mais forte e aumenta a probabilidade de que ela se comporte em sintonia com essa imagem.

Essas trocas amáveis mostram às pessoas que convivem conosco quanto as amamos. Então, sempre que seu ente querido fizer alguma coisa positiva, diga a ele, de forma respeitosa e sincera, que você realmente gostou daquilo que ele fez. Ele possivelmente fará a mesma coisa outras vezes, ou repetirá essa conduta mais frequentemente.

Procure não criticar nem qualificar a conduta dele. Concentre-se nos aspectos positivos, e não na falta de perfeição. Dizer algo como: "Obrigado pelo café, mas você se esqueceu do adoçante" só lhe trará ressentimento.

A capacidade de expressar consideração por alguém e lhe dar incentivo é uma parte essencial no processo de mudança da pessoa que você ama. Todo mundo gosta de se sentir estimado. Todo mundo gosta de ser incentivado. Essas coisas nos fazem bem. Eu sei quanto gosto de me sentir incentivado e apreciado.

Você ofereceu alguma demonstração de estima e de incentivo hoje?

3. EXTINÇÃO

Tudo o que fazemos é mantido pelo reforço, ou pela compensação. Quando fazemos alguma coisa, precisamos sentir que vale a pena. Ela precisa valer o esforço. Quando não recebemos mais os reforços para que aquele comportamento se mantenha, com o tempo, paramos de realizá-lo. O processo de eliminar os reforços (de retirar ou de reter) é chamado de extinção.

Um exemplo clássico ocorre quando um bebê tem um chilique na hora de dormir. Quando papai e mamãe colocam o bebê para dormir e saem do quarto, ele começa a chorar e a gritar. Os pais respondem a isso voltando para o quarto e ficando lá até o bebê adormecer, e isso pode demorar, digamos, duas ou três horas. Nem é preciso dizer que o bebê ganhou ao conseguir a atenção dos pais. Ao praticar a extinção, os pais podem manter a supremacia e eliminar esses chiliques. Tudo o que eles precisam fazer é sair do quarto e não voltar, mesmo que a criança chore. Com o tempo, ela chorará menos e de repente até cairá no sono logo que os pais saírem. Os pais removeram o reforço – neste caso, a atenção – e os ataques acabaram.

A extinção é uma ótima ferramenta para usar quando o reforço é a atenção. Pense em algumas pessoas que você conhece. Por acaso elas dizem coisas detestáveis ou insultuosas só para se exibir? Elas tagarelam o tempo todo sobre a vida delas? Elas fazem brincadeirinhas preconceituosas? Muita gente tem uma necessidade excessiva e pouco saudável de se afirmar e de chamar a atenção. Se esse comportamento lhe dá nos nervos, pratique a extinção, simplesmente ignorando essas pessoas, ou educadamente se retirando da presença delas. Isso enviará um sinal inequívoco, e, agindo assim, com frequência verá esse comportamento se dissipar gradualmente (até se extinguir), ao menos em sua presença. A extinção deve ser usada cuidadosamente, porém. Não é a melhor maneira de mudar situações de risco quando há abuso de álcool, drogas ou se alguém come compulsivamente, tudo para chamar a atenção.

4. MAIS DISSO, MENOS DAQUILO

A gente sempre quer que nosso ente querido se comporte mais de uma maneira e menos de outra. Por exemplo, digamos que seu marido a critique demais (e a outras pessoas também), sempre procurando defeitos na comida que você faz ou no jeito como você cuida da casa, e que você gostaria que ele a criticasse menos. Você pode mudar esse comportamento ao fazer com que ele tenha uma *reação competitiva* e menos danosa, com um elogio, por exemplo – algo que fique difícil para ele criticar ao mesmo tempo. Um elogio compete com uma crítica. Então, quando o ouvir começando a reclamar, diga: "Bem, do que você gosta em relação a...". Quanto mais ele elogiar, menos criticará. Para que uma resposta competitiva dê certo, precisará ser difícil de fazer ao mesmo tempo que o comportamento indesejado – como elogiar e criticar ao mesmo tempo.

5. SENSIBILIZAÇÃO AO HÁBITO

Quem sabe alguém em sua família mantenha o hábito infeliz de roer as unhas ou cutucar o nariz, e você já está farto disso. Veja abaixo um processo em 4 partes para quebrar esses hábitos. Funciona assim:

1. Faça-o ter consciência do hábito. *Faça-o se olhar no espelho todos os dias enquanto cutuca o nariz ou rói*

as unhas. Ajude-o a perceber como o corpo dele se movimenta e quais os músculos que entram em ação enquanto ele faz isso.

2. Mostre-lhe como criar respostas mais competitivas. *Uma das chaves para eliminar hábitos indesejáveis é substituí-los por outro melhor – e é por esse motivo que as respostas competitivas são tão poderosas. Como descrevi antes, uma resposta competitiva é um comportamento antagônico ao hábito. Para que a resposta possa ser definida como "competitiva", ela deve ser executada com os mesmos músculos ou partes do corpo utilizados pelo mau hábito. Para o caso de quem vive roendo as unhas, a resposta seria segurar um lápis na mão, apertar os punhos, ou colocar as mãos nos bolsos até que a vontade passe. Se ele aprender a fazer isso sempre, parará com o mau hábito com o passar do tempo. Quando fazemos com que o novo hábito se torne incompatível com o antigo, este naturalmente ficará mais fraco, até que os dois não possam mais coexistir.*
3. Treino de relaxamento. *O estresse anda de mãos dadas com a vida cotidiana. Muitos hábitos se desenvolvem com a necessidade de lidarmos com o estresse, como forma de aliviar o nervosismo, ou ainda como um jeito de resolver as tensões interiores. Fazer uma série de respirações profundas é uma boa maneira de aliviar o estresse e a ansiedade que acionam os hábitos nervosos. Quando seu ente querido mostrar sinais de que se sente sobrecarregado ou ansioso, ajude-o a parar por alguns minutos e a fazer exercícios de respiração. Isso o acalmará, limpando a mente daquela*

confusão desnecessária, e também lhe dará uma melhor sensação de controle sobre as coisas.

4. Reforço. *As pessoas agem mais ou menos como os cães de Pavlov. Como expliquei anteriormente, quando elas fazem algo positivo, responda com um reforço positivo – como um elogio ou um aplauso –, e elas terão maior probabilidade de repetir esse comportamento. Quando a pessoa querida se esforçar para quebrar os maus hábitos, louve o trabalho dela, e ajudará a parar os hábitos de uma vez por todas.*

6. SIGA A REGRA DA PESSOA MORTA

Quando queremos que alguém faça alguma coisa, geralmente começamos nosso pedido com um *não*, o que na verdade diz a elas o que não fazer. Essa é uma violação da "regra da pessoa morta". Essa regra simplesmente declara: nunca peça a alguém para fazer algo que uma pessoa morta faria. Só quem já morreu é capaz de não agir ou de não se comportar do jeito X ou Y.

Uma forma de obter um acesso mais assertivo é abordar a pessoa fazendo as solicitações de maneira mais positiva. Vamos avaliar uma cena típica do dia a dia doméstico. Seu marido sempre deixa a louça suja na pia, nunca a coloca na máquina de lavar louças. Se você disser: "Não ponha a louça suja na pia", tudo o que seu marido sabe é que ele não deve colocar a louça suja na pia. Mas isso não significa que compreendeu em sua essência o que realmente você quer. Ele poderia "simplesmente" obedecer você e colocá-la no balcão, mas isso ainda não a deixaria satisfeita, não cumprindo exatamente o que é necessário para o caso. Seria melhor se você dissesse, num tom e numa colocação mais positiva e assertiva: "Por favor, ponha a louça na lava-louças", que é o comportamento que você pretende induzir para obter o resultado que almeja. Então, peça a alguém para fazer as coisas que somente uma pessoa "viva" possa fazer, e terá resultados melhores.

Essa regra da pessoa morta também funciona bem com as crianças. Seu filho poderá pensar que tudo aquilo que ele faz está errado, se a única coisa que ouvir de você é "não faça isso" ou "pare de fazer aquilo". Quando as crianças escutam continuamente *não*, "não faça isso" ou "pare", as palavras perdem impacto e elas simplesmente se desligam. Em vez de dizer: "Não derrube o leite", diga "Segure o leite com as duas mãos, assim". Diga a seus filhos o que eles podem fazer, em vez de ficar dizendo o que não podem fazer, e os resultados serão melhores.

7. ALERTAS

Você já se cansou de bajular e se repetir constantemente? Então, use alertas mais vezes. Eles servem como lembranças, ou pistas, para fazer alguma coisa. A gente conta com os alertas todos os dias, como quando paramos num sinal ou checamos nossa agenda. Os alertas são muito úteis quando se deseja que a pessoa faça algo, mas você não quer ficar importunando. Exemplo: você quer que sua esposa tome os remédios, ou, no caso de ela ter diabetes, que ela monitore os níveis de açúcar no sangue. Use alertas. Os *post-its*, por exemplo, servem muito bem para isso e evitam confrontos. Coloque-os no espelho do banheiro ou na tela do computador. Ou então faça um lembrete gentil de que está na hora de tomar os comprimidos ou de monitorar a diabetes.

Para que esses alertas funcionem melhor, junte-os com um benefício. Por exemplo: "Tomar seus remédios o fará se sentir melhor". Isso lembra à pessoa a compensação positiva. Quando a compensação é positiva, a pessoa estará mais inclinada a fazer aquilo que você pediu. E, também, quando seu ente querido fizer a coisa certa depois de ser alertado, elogie-o por tê-lo feito. O comportamento desejado poderá então se tornar uma segunda natureza, e você não precisará mais fazer os alertas.

Um alerta que demorei para entender acabou se tornando um elemento que uso frequentemente hoje em dia: uma Caixa de Deus.

Uma Caixa de Deus pode ser um jarro, uma caixa, um vaso, ou algo que você monte (seja criativo e faça uma colagem numa garrafa!), e que tenha uma abertura ou uma fenda por cima, por onde você possa enfiar algo. Minha primeira Caixa de Deus foi uma antiga garrafa de leite, onde eu enfiava pedaços de papel nos quais eu escrevera alguma coisa para "entregar" a meu Deus. Dessa forma, eu dava alguma coisa a Deus e então aceitaria suas orientações, ou alertas.

Difícil, não? Nem tanto. Escrever como nos sentimos, aquilo que temos intenção de fazer, e ideias de como chegar lá são ferramentas muito úteis para deixar o plano de mudança menos invisível. EU QUERO FICAR MELHOR é ótimo e muito legal como ideia, mas será muito melhor transformar essa ideia em realidade ao acrescentarmos algum esqueleto acoplado com um plano de ação.

A Caixa de Deus pode ser uma ótima ferramenta para alertar uma pessoa a conversar com Deus. E a conversa ocorre em uma via de mão dupla. Entendeu?

8. MODELAGEM

Se pretender que alguém se comporte de forma diferente, deixe-o aprender com você. Isso se chama modelar, e já falei bastante sobre esse tema. Nós aprendemos linguagens, crenças, atitudes, maneiras e maneirismos, hábitos, respostas emocionais e incontáveis comportamentos ao observar outras pessoas. Nós adquirimos muitos de nossos hábitos, como expressões verbais e linguagem corporal, daquelas pessoas com quem nos identificamos, como parentes, parceiros ou irmãos.

Aqui está um exemplo. Talvez conheça alguém que seja um muquirana, ou que pelo menos apresente tendências de uma pessoa sovina. Ele se gaba de que pagou menos por alguma coisa e caçoa daqueles que pagaram mais. Quando a conta do restaurante chega, ele deixa uma gorjeta miserável para o garçom. Claro, muitas pessoas se gabam de ser frugais, acreditando que essa parcimônia seja uma grande capacidade de gerenciar o dinheiro. Mas existe uma grande diferença entre ter habilidade de economizar alguns trocados e insistir em fazer isso a toda hora.

Se você mora com alguém sovina e isso o incomoda, faça-o ver você realizar atos generosos. Fazer uma doação financeira para uma causa que valha a pena causará boa impressão, por exemplo. Quando você realizar um ato altruísta, diga-lhe o que fará e por qual motivo: "Estou doando duzentos dólares para o Natal das crianças carentes neste ano para ajudar os organizadores a comprar presentes para elas". Encontre causas e movimentos dos quais ele possa participar também. Leve-o junto para seu trabalho voluntário na ONG dos sem-teto. Ou então comece a recolher doações em família e peça a todos para contribuir semanalmente. Ao final do mês, decidam para onde esse dinheiro irá. Essas coisas contribuirão para que ele faça a conexão de que está no ato de doar aos outros a nossa capacidade de viver uma vida melhor.

A modelagem também parece ser uma das melhores maneiras de instigar comportamentos morais em nossas crianças. Praticamente todas cometem um erro de conduta ocasionalmente. Mas, quando seu filho age de maneira rude, egoísta ou insensível em relação aos colegas, você fica preocupado: Por que ele é tão grosseiro? Por que ela está tão agressiva? Por que ela não consegue deixar alguém mais falar? As crianças não vieram a este mundo com regras de boa conduta social. Elas precisam aprendê-las, e aprendem a se comportar de forma imoral ou de forma mais digna por meio da modelagem.

No clássico estudo feito nos anos 1960, "a experiência Bobo Doll", o psicólogo Albert Bandura fez com que um grupo de crianças entre 3 e 6 anos assistissem a um filme onde adultos gritavam e agrediam de várias formas um boneco inflado (aqueles bonecos tipo joão-bobo). Mais tarde, quando foram deixadas sozinhas com o joão-bobo, as crianças imitaram os adultos, agredindo o boneco do mesmo jeito que viram antes.

Essa experiência, assim como diversas outras, mostra que aprendemos pela observação. Nosso comportamento e nossa personalidade são produtos de nossas observações.

É a pura verdade: somos apenas um bando de imitadores. Falando sério, se seus filhos veem os pais agindo de modo rude, grosseiro ou utilizando de violência entre eles, são grandes as chances de que passem a resolver seus conflitos com as mesmas técnicas. Mas, se você se comportar de uma forma mais carinhosa e mais adequada, seus filhos perceberão e aprenderão com essa atitude. Mostre pelo exemplo o tipo de comportamento que espera que seus filhos aprendam. Isso se aplica a todo o tipo de comportamento, de praticar a honestidade até evitar a violência, o tabagismo e o uso de drogas.

9. CONTROLE MENTAL

A maioria dos maus hábitos é acionada por pensamentos e reflexões inúteis. Quanto mais tempo esses pensamentos vagarem pela mente, mais se sentirão em casa e mais sabotarão as ações da pessoa. Para ajudar as pessoas a lidar com pensamentos negativos, os terapeutas usam uma técnica chamada de "pensamento estático", uma forma de controlar a mente e os pensamentos. No minuto em que o pensamento negativo surge, a pessoa diz a si mesma – seja em voz alta ou em silêncio –: "Pare!". Então, relaxa por alguns segundos e muda para um pensamento mais útil. Algumas pessoas são aconselhadas a usar um elástico no pulso e a puxá-lo assim que o pensamento negativo vier à mente. O objetivo dessa técnica é parar com os pensamentos destrutivos antes que eles fiquem descontrolados. Antes que um desses pensamentos se transforme numa tempestade! Sugira essa técnica a seu ente querido como uma maneira de controlar a mente e deter a forma negativa de pensar.

Exemplo: alguém em sua vida é maníaca por compras. Ela compra coisas para esquecer momentaneamente de seus problemas. Logo, logo, ela está cheia de dívidas, mas continua comprando e ficando cada vez mais endividada. Ela não é obcecada pelos objetos materiais, mas está dependente no pico de adrenalina que cada compra lhe traz. Esse círculo vicioso ameaça seu meio de vida e sua paz de espírito. Como amiga ou ente querido, você pode ajudar essa pessoa a colocar um fim nessa espiral ao ensiná-la a interromper esse comportamento.

Geralmente, o que estimula essa farra de compras nos compradores compulsivos é um pensamento como: "Eu preciso ir àquela loja". Aponte para essa pessoa que um pensamento desse tipo não é saudável e que ela deveria parar de agir assim. Mencione ainda que essa necessidade não dura mais do que trinta minutos, se não tiver oportunidade de se alojar na pessoa. Leve-a para fazer outra coisa que lhe faça bem, sem ser ficar metida no shopping center com os cartões de crédito – como por exemplo passear, ligar para as amigas, fazer alguma coisa para alguém, enfim, qualquer coisa que não a deixe se fixar em seu comportamento compulsivo. Trabalhe em conjunto com seu ente querido pra descobrir condutas menos destrutivas.

10. SE... ENTÃO...

Seu filho de 4 anos tem crises nervosas todas as vezes que você o deixa com a babá? E sua menina de 12 anos se rebela sempre que pede que faça o dever de casa? E seu filho adolescente vive fazendo corpo mole para limpar o quarto? É desafiador criar seres humanos carinhosos e responsáveis – se duvida, pergunte a seus pais... Mas você pode ter êxito se tentar uma técnica chamada "se... então...".

Ela é baseada na premissa psicológica de que comportamentos mais prazerosos contrabalançarão aqueles menos prazerosos. Em outras palavras, uma atividade pode agir como uma recompensa por outra atividade. Seus pais e seus avós usavam essa técnica todo o tempo, quando diziam "Coma suas ervilhas e então ganhará a sobremesa".

Por exemplo, seu filho adora jogar videogame, mas detesta fazer o dever de casa. Você, como pai ou mãe, quer que a lição seja feita e também quer que seu filho passe menos tempo jogando. Um comportamento (jogar videogame) acontece sempre e é confiável, porque ele gosta disso; o outro (fazer o dever de casa) acontece com menos frequência e não é um comportamento confiável. Então, ofereça o tempo para que seu filho jogue videogames assim que ele terminar as lições. Um comportamento agirá como uma recompensa para o outro. Não é difícil, concorda? Basta procurar por tarefas agradáveis que possam ser usadas como prêmio para aquelas mais chatas, e certamente terá cooperação.

11. ESTABELECENDO REGRAS

Outra ferramenta bem acessível para os pais é estabelecer regras. Como pai ou mãe, você já sabe que estabelecer regras e fazer com que sejam cumpridas faz parte de sua descrição de tarefas. E criar regras não exige nenhum doutorado. Mas manter-se fiel a elas é o problema. Isso pode se tornar um cabo de guerra – no qual alguns pais sempre perdem, especialmente quando enfrentam choradeiras, beicinhos e acessos de raiva. Mas, paradoxalmente, o fato de não existirem regras mostrou que isso gera crianças mais rebeldes e desafiadoras. As pesquisas feitas desde os anos 1960 descobriram que os filhos de pais permissivos têm mais tendência a apresentar problemas na escola e mais probabilidade de usar drogas e abusar das bebidas na adolescência. Se as regras são frouxas ou não existem, as crianças não se sentem seguras. Elas não se concentram direito, não pensam direito nem aprendem direito.

Então, estabeleça regras – e se mantenha calmo e transparente quanto a elas. "Nada de jogar bola dentro de casa", dito de forma calma é mais eficaz do que gritar: "Eu já disse que não pode!". Exponha a regra, explique brevemente a razão de ela existir e quais as consequências previstas caso seja infringida: "Não se jogam brinquedos. Alguém pode se machucar ou o brinquedo pode se quebrar". Se a criança continuar: "Tirarei isso de você agora e guardarei até amanhã". Quando estabelecer regras, garanta que fará com que sejam cumpridas de forma consistente.

12. REAJA COM CALMA

Não deixe que os outros o provoquem. Recomendo que as pessoas esperem entre dez segundos até um dia antes de responder a uma situação em que estejam emocionalmente envolvidas. As pessoas que reagem de maneira extremada às situações quase sempre disseminam muito de seu próprio estresse. Se alguém se mostrar irascível em relação a você, não reaja. Impeça-se teimosamente de ficar nervoso. Isso é bem difícil de fazer, mas você sabe que escolhe seus próprios pensamentos. Quando você permanece calmo, o problema se desativa, a solução aparece e o estresse se dissipa. E o mau comportamento de alguém não mais lhe perturbará tanto.

Quando nosso cãozinho Bandit fica sozinho, ele late e faz um pouco de barulho, mas logo se acalma. Quando Bandit late e Oliver late de volta, um alimenta o comportamento do outro e continuam! E, antes que você perceba, nossa outra cadela Harriet já chegou para ver do que se tratava aquela barulheira toda e começa a latir feito doida também. Os latidos se alimentam uns aos outros e crescem assustadoramente. Não sei como eles não se cansam, a garganta deve doer! Mas lá vão eles, de repente param e depois prosseguem, mais alto a cada vez. Nós não somos muito diferentes dos cães nessa situação. Ouvimos um latido. Latimos de volta. Ou não.

Caso se encontre em uma interação difícil, não se deixe sequestrar emocionalmente pelo outro. Treine-se para perceber quando é sequestrado, ao prestar atenção nas pistas corporais que recebe, como o coração acelerado ou a palma das mãos suada. Então, dê uma pausa, respire profundamente uma ou duas vezes e comece a pensar (e não a sentir).

Outra forma de reagir sem extremismo é parar de rotular o comportamento das pessoas de modo tão severo. Algumas vezes a gente fica tão irritado com alguém que o chamamos de todos os nomes que veem à mente. E isso apenas piora a situação. O truque é mudar o rótulo do comportamento de nosso ente querido. Em vez de chamá-lo de "taciturno", comece a pensar nele como "pensativo"; faça com que "exigente" se transforme em "cuidadoso"; que "imprevisível" se torne "espontâneo"; e que "nervosinho" vire "ardente". Você terá maior aceitação pelos hábitos do outro e ele não mais o deixará tão louco da vida.

Deixe-me acrescentar ainda que todos precisamos lidar com pessoas irritantes e com hábitos irritantes todos os dias. Não importa seu aborrecimento, é também apropriado contar como o comportamento da pessoa o afeta, e expressar aquilo que gostaria que acontecesse – sem que isso venha a prejudicar seu emprego ou o seu relacionamento. Se uma pessoa o decepciona, aproxime-se dela de maneira amistosa para discutir a situação sem causar nenhum tipo de confronto. Tentem chegar a uma solução que seja de benefício mútuo.

Existe ainda um ingrediente a mais para o sucesso dessas ferramentas, e que vai além da aplicação das técnicas. Tais ferramentas, assim como o completo processo de mudança, devem ser inspiradas pelo amor. Como demonstro no decorrer deste livro, a maior força que possuímos para influenciar a mudança é nossa capacidade de fazer as pessoas se sentirem amadas, embora esse seja o recurso que menos usamos. O grande psiquiatra americano Karl A. Menninger disse certa vez: "O amor cura as pessoas – tanto as que o recebem quanto as que o dão".

Não existe nada mais que inspire a vida dentro de nós do que o amor. Isso explica por que as pessoas que são sozinhas e sem amor mostram maior tendência de sentir ansiedade, por que elas bebem e fumam mais, comem *junk food* e desenvolvem outros comportamentos que provocam doenças. Só o fato de saber que o amor está vivo pode ajudar na reabilitação.

O amor é uma ação que fortalece a autoestima e o amor-próprio, ao ajudar as pessoas a enxergar e conhecer as próprias forças. O amor se concentra nos ativos, e não no passivo. O amor oferece mais alegria do que qualquer bem material pode prover. O amor brilha!

E, no final, só o amor importa. O amor é quanto damos de nós, quanto compartilhamos com o outro e como medimos nossas vidas. Pergunte-se o que deveria ser feito para que as pessoas em sua vida se sentissem mais amadas. Responda a essa pergunta, tome medidas baseadas em sua resposta, e você descobrirá que o amor é a força mais poderosa que possui para realizar a mudança.

Epílogo

Desenvolva o sentido de urgência

Não importa com o que você lide, essa situação pode se desenvolver de três maneiras. Tudo pode ficar pior, pode permanecer na mesma ou pode ficar melhor. Se você não fizer nada, provavelmente o comportamento da pessoa amada continuará a piorar ou, na melhor das hipóteses, ficará estagnado. O que se sabe de fato, porém, é que muitas dessas condições de saúde se desenvolvem de modo progressivo. Elas piorarão. A maioria dos vícios, por exemplo, são problemas de saúde primários, crônicos, progressivos e, muitas vezes, fatais. Comportamentos como violência doméstica ficam progressivamente piores também. Eles progredirão numa escalada até que o agressor seja pego pelas autoridades ou que a vítima decida sair de casa. Um retrato trágico de como a violência doméstica pode seguir numa escalada sem fim é quando ela termina em assassinato.

Embora possamos ficar profundamente preocupados com um ente querido que esteja ferido ou que viva no meio de um caos gerado por algum tipo de comportamento, sempre achamos que podemos fazer muito pouco para ajudá-lo. Então, permanecemos naquele estado letárgico, fazendo corpo mole, achando que as coisas melhorarão (não acontecerá muito provavelmente), ou decidimos apenas conviver com o caos, como se fosse uma coisa perfeitamente normal. No campo das pesquisas sobre vício, um estudo bastante citado – sobre famílias em que um de seus membros é dependente – nos diz que, em média, demora sete anos para que essa pessoa se manifeste com franqueza, o que prenuncia um pedido de ajuda. Sete anos! Veja quanto tempo: 2.555 dias e noites até que se dê um pontapé no traseiro e comece a fazer alguma coisa... Ou até que a tragédia apareça...

Nossa relutância em agir me lembra a história do sapo na panela. Se você largar um sapo vivo em uma panela de água fria, ele ficará ali dentro enquanto a água permanecer numa temperatura confortável. No entanto, se você colocar um sapo em uma panela de água fria, colocá-la no fogão e, em seguida, aquecer a água apenas alguns graus de cada vez, o sapo ficará lá sentado até que seja fervido. A pobre criatura simplesmente se acomoda à mudança gradual de seu ambiente e não percebe que está perigosamente em água que ficará muito quente dentro de instantes.

Essa é certamente uma situação angustiante para o sapo. Mas você se preocupará menos com ele quando avaliar o fato de que isso nos acontece, em grande parte, da mesma maneira. Esse é um padrão de comportamento aparentemente inofensivo à primeira vista. Mas, pouco a pouco, nós passamos a aceitar compromissos cada vez maiores, até que isso se torne o caminho mais fácil, o caminho natural para viver. Nós nos acalmamos pensando: "Ele está bem", "Está melhor nos últimos três dias", "Ela passou bem todos os dias do mês passado", "Ele me disse que foi o médico que prescreveu e que toma conforme o prescrito", "Ela realmente não queria dizer aquilo".

Se tivermos sorte e formos chacoalhados até acordar, então perceberemos as coisas: "Caramba, está ficando quente por aqui!". E, de fato, quando dermos uma boa olhada, descobriremos que estamos mergulhados em água quente até o queixo. Até o queixo!

Infelizmente, você não pode simplesmente sair dessa situação da mesma forma que entrou nela. Precisará se esforçar muito, aumentar a rotação do motor. A mudança requer ação e determinação. Então, decida-se por agir agora. Use o programa descrito neste livro. Faça algo sobre a situação em que está, não importa em que ponto se situe, não importa se você se sente imobilizado. O que lhe peço é que não enfraqueça, não esmoreça. Deixe que este livro o ajude a se soltar agora.

Caso você ainda não esteja convencido, pegue um sapo e realize aquela experiência simples. Melhor ainda: você pode verificar periodicamente a água em sua própria panela.

Sentiu o calor?

Então, pule fora!

Apêndice

Recursos

Centros de Tratamento

Existe todo tipo de ajuda, disponível a custos diferentes, em diversas localizações geográficas e com diferentes abordagens de tratamento. Aqui está apenas uma amostra de centros de tratamento que muitas vezes indico quando trabalho com as famílias. Um livro pode ficar desatualizado, mas você pode encontrar mais indicações, e sempre atuais, no *site* www.changesomeoneyoulove.com.

Nenhum dos centros listados pagou para ser incluído, nem nós temos nenhuma relação financeira com nenhum centro de tratamento com os quais trabalhamos. Não recebemos nenhum tipo de pagamento para "colocar" as pessoas em tratamento.

SEABROOK HOUSE TREATMENT CENTERS

Álcool e dependência química

www.SeabrookHouse.org e www.SeabrookWest.org

Eu adoro a Seabrook House e o trabalho que fazem. É um lugar para a cura e um dos poucos centros de tratamento classe A que aceitam seguros e oferecem cuidados de qualidade. Fundada por Jerry e Peg Diehl em 1974 como uma associação privada sem fins lucrativos, a Seabrook House ganhou reconhecimento internacional como um dos programas mais efetivos do país. Hoje, o centro é dirigido pelo filho Ed, embora Peg, com 83 anos, continue sendo "o anjo de plantão", como gosto de chamá-la.

Oferecendo três unidades distintas, Seabrook House pode receber 157 pacientes. Dei a eles meu piano de cauda ano passado, para que usassem como bem entendessem, e estou envolvido no trabalho de base. Muitas vidas são recomeçadas ali, e lindas músicas são tocadas. Se a pessoa que você ama vive em New Jersey e é do sexo feminino, eles têm um programa de recuperação custeado pelo Estado que é de baixo custo – ou nenhum – para mulheres com filhos.

NEW DIRECTION FOR WOMEN

Álcool e dependência química para mulheres acima de 18 anos

www.NewDirectionsForWomen.org

Este centro foi fundado em 1977 por uma das mulheres que ajudaram em minha recuperação, Muriel Zink. Adoro o programa e a paixão com que ela se envolve com os amigos e as famílias no momento em que eles vivem. O NDFW tem um programa no qual a mãe solteira pode vir durante a gravidez ou com a criança, e começar a tarefa de se curar primeiro ficando limpa e sóbria. Esse centro é apenas para mulheres e o tratamento orientado para o sexo feminino é uma ferramenta poderosa para mudanças permanentes.

FUNDAÇÃO CARON E CARON RENAISSANCE

Álcool e dependência química, e tratamentos com diagnóstico duplo

www.Caron.org

O Caron está entre os meus centros de tratamento favoritos por diversas razões. O acompanhamento para o diagnóstico duplo é legítimo, e o nível de atendimento dos pacientes é um dos melhor avaliados no meio. O fato de o seguro ser limitado significa que eles começam com o tratamento com pagamento adiantado e depois apresentam o recibo para que o cliente apresente à seguradora.

A parte espiritual e o programa para a família são soberbos. O padre Bill está na Caron desde o começo (ou logo depois de sua criação) e acompanhou milhares de pessoas pelos componentes espirituais do processo da recuperação. A Caron tem uma história rica e reveladora em seu trabalho. A paisagem e as instalações são maravilhosas. Os programas para os adolescentes se destacam, já que é um pacote de cinco dias de avaliação, para confirmar se o ente querido é ou não dependente. Entre aqueles de custos mais elevados, não há centro melhor que o Caron.

HOSPITAL E CENTRO DE RECUPERAÇÃO WILLINGWAY
Álcool e dependência química
www.willingway.com

O Willingway é dirigido por uma família, e o Diretor Médico, dr. Hobert Moodey, é o filho dos fundadores, John e Dot, os quais estavam em recuperação. O que começou nos anos de 1950 na casa da família cresceu e se tornou um dos mais respeitados centros de tratamento do país para tratamento de dependência aguda de álcool e drogas. Na minha avaliação, eles possuem uma das melhores unidades de desintoxicação do país.

SHADES OF HOPE
Tratamentos para desordens alimentares
www.ShadesofHope.com

Fundado por Tennie McCarty, Shades of Hope está entre os melhores centros de tratamento para desordens alimentares, incluindo: bulimia, bulimia com uso de laxantes, anorexia, desordem dismórfica corporal, compulsão alimentar excessiva e obesidade mórbida.

Eu adoro o trabalho deles, e já testemunhei verdadeiros milagres acontecerem por lá. O tratamento das desordens alimentares (que não são à base de dietas) é uma área do universo dos tratamentos de saúde em que alguns locais de luxo fizeram um desserviço para o trabalho vital que é realizado por lugares com o Shades. Ele fica a quize minutos de Abilene, no Texas, e é um ótimo local para se sentir melhor. Os clientes são mulheres, em sua maioria.

ROSECRANCE ADOLESCENT TREATMENT CENTER

Dependência de álcool e dependência química de adolescentes

www.Rosecrance.org/programs/adolescents.asp

O Rosecrance fornece tratamento intensivo para adolescentes entre 12 e 19 anos, e que lidem com o vício. Admiro muito esse programa de acompanhamento, e o programa-irmão é o Monarch Recovery Program, para as adolescentes.

PRIDE INSTITUTE

Internamento intensivo e cuidados com tratamento prolongado

www.pride-Institute.com

O PRIDE é minha primeira escolha para tratamento das pessoas que são gays. É a principal fornecedora de tratamentos de saúde para a comunidade GLTB, nos casos de dependência química, sexual e tratamentos de saúde mental. Os programas abordam grande variedade de vícios por meio de sessões com pequenos grupos, seções individuais e educação em grupo. Um dos membros de minha equipe encontrou uma base sólida de recuperação ao fazer um tratamento no PRIDE, anos atrás. Eles são aceitos por várias empresas de seguro e se localizam em Eden Prairie, Minnesota.

MOUNTAINSIDE ADDICTION TRETAMENT CENTER
Tratamento de álcool e drogas
www.Mountainside.org

Esse é outro centro que faz um trabalho impressionante. De fato, uma comunidade vibrante ligada à recuperação dos pacientes nasceu em torno de Canaan como resultado do trabalho bem-sucedido desse centro. O Mountainside opera um café nas redondezas para aqueles que estão no programa extensivo. O centro incorpora elementos de programas de aventura e está situado em chalés de montanha bastante confortáveis.

Não há um programa de desintoxicação aqui, no entanto. Também não há tratamento para pessoas com vícios diversos, uma vez que eles não têm uma equipe médica residente para gerenciar a recomendação de medicamentos. Mas a esse preço, poucos fazem um trabalho melhor no que se refere aos tratamentos tradicionais para dependência de drogas e de álcool.

ST. CHISTOPHER'S INN FOR MEN
Tratamento pra drogas e álcool
www.StChristophersInn-graymoor.org

Operado durante cem anos pelos Frades Franciscanos da Expiação, o St. Christopher's Inn faz um trabalho excelente sem se preocupar se a pessoa é capaz ou não de pagar pelo tratamento. Eu sou um grande fã do SCI, e quem trabalha lá faz um verdadeiro trabalho de amor ao próximo. Se uma pessoa está disposta a aceitar a ajuda, pode encontrá-la no St.Christopher's Inn. A arquitetura é bem agradável, e as acomodações são do estilo dormitório coletivo – sem luxo, mas funcional.

HANLEY CENTER
Álcool e tratamento da toxicodependência
www.HanleyCenter.org

A localização do Hanley na Flórida faz com que seja um lugar agradável para a reabilitação durante os meses de inverno.

Recebo respostas muito positivas de pessoas que participaram dos programas do Hanley. O Centro de Reabilitação de Idosos é o programa mais conhecido, mas a reputação foi construída ao longo dos anos pelo tratamento de dependência química e de álcool.

Durante um tempo fez parte da rede de centros da Hazelden, mas há alguns anos que eles trabalham sozinhos. Oferecem tanto tratamentos específicos por sexo quanto por idade, e os serviços incluem tratamentos para alcoolismo e substâncias químicas, dirigidos para homens, mulheres e adultos em geral. Eu apoio a missão e o trabalho dele.

GOSNOLD TREATMENT CENTER
Álcool e drogas
www.Cosnold.org

O Gosnold oferece tratamentos a baixo custo e aceita a maioria dos seguros-saúde. Situado em Cape Cod, tem uma rica história de fazer o melhor, ou seja, tratamentos poderosos para a dependência química e de álcool. Boa parte dos pacientes tem histórico de dependência dos opiáceos, e o trabalho dele nesse campo é dos melhores. Os programas de longo prazo são também excepcionais e, por esse custo, ninguém faz melhor que eles. Utilizo esse centro por muitos anos, e continua a merecer minha confiança.

HAZELDEN TREATMENT CENTERS
Dependência química e de álcool
www.hazelden.org
A rede Hazelden representa alguns dos melhores centros de tratamento para a recuperação da dependência de substâncias como drogas e álcool, e ajuda as pessoas desde 1949. Foi aqui que o programa de recuperação de 12 passos se consolidou nos ambientes residenciais. O programa Springbrook, em Newberg, Oregon, é mais conhecido pelo programa de tratamento para profissionais de saúde – médicos, enfermeiros, farmacêuticos, e assim por diante.

BETTY FORD CENTER
Tratamento para álcool e toxicodependência
www.bettyfordcenter.org
Desde o início, o centro Betty Ford trata de homens e mulheres sofrendo de dependência química. O centro reserva metade do espaço para os homens e a outra metade para as mulheres. O tratamento é específico para cada sexo e homens e mulheres ficam em locais separados. Hoje, o centro oferece programas para todo o sistema familiar que se vê afetado pelo vício. O programa para a família é de primeira qualidade e estabeleceu o padrão para os demais.

Para informações complementares, visite nosso site: www.changesomeoneyoulove.com, e, para outras informações, sugiro estes sites:

AL-ANON/ Alateen
www.Al-Anon.org
Essa é a base para o grupo de apoio aos que são dependentes. Há uma riqueza de informações aqui para apoiar um ente querido durante a mudança e recuperação.

ALCOÓLICOS ANÔNIMOS
www.AA.org

Alcoólicos Anônimos é uma irmandade de homens e mulheres que partilham experiências, forças e esperanças uns com os outros de forma a poderem resolver o problema comum e ajudar os outros a se recuperar do alcoolismo. O único requisito para os novos membros é o desejo de parar de beber. Não há taxas nem mensalidades para ser membro do A.A., que são autossuficientes através de contribuições e doações. Os A.A. não estão ligados a nenhuma seita, denominação religiosa, organização política ou instituição. O propósito primordial é ficar sóbrio e ajudar outros alcoólicos a alcançar a sobriedade. O *site* é uma maravilhosa fonte de informação e ajuda a localizar as reuniões em sua área de residência.

ASSOCIATION FOR MARRIAGE AND FAMILY THERAPY
www.TherapistLocator.net

Esse recurso ajudará a localizar um terapeuta especializado em problemas no casamento e na família na área específica de residência. Os terapeutas ali listados são membros da American Association for Marriage and Family Therapy. O diretório fornece informações sobre a localização das clínicas e consultórios dos terapeutas, descrição de suas práticas, sua formação, licenças médicas, participação ou não em seguros-saúde, especializações e idiomas que falam. Depois de conseguir a lista dos terapeutas de sua região, basta ligar e avaliar qual deles melhor se encaixa em suas necessidades.

CELEBRATE RECOVERY E FRIENDS IN RECOVERY
www.celebraterecovery.com e www.friendsinrecovery.net
Esses dois programas de recuperação são baseados em ensinamentos da igreja e da Bíblia. Seus princípios foram extraídos das escrituras sagradas. E os *sites* ajudam a encontrar grupos de apoio em sua região.

DEBTORS ANONYMOUS
www.debtorsanonymous.org
Eles oferecem apoio na recuperação de pessoas com problemas financeiros causados pelo vício compulsivo de gastar, dando esperança de obter uma vida mais saudável, feliz e mais próspera. O texto básico do grupo, *The Currency of Hope*, é uma leitura obrigatória.

GAMBLERS ANONYMOUS
www.gamblersanonymous.org
Os Jogadores Anônimos é uma irmandade de homens e mulheres que ajudam a si e aos outros a se recuperar de problemas com o jogo. O único requisito para os novos membros é o desejo de parar de jogar. O *site* tem um diretório para ajudar a localizar as reuniões em sua região.

GREYSHEETERS ANONYMOUS (GSA)
www.Greysheet.org
Esse é um grupo de pessoas que trabalha na recuperação do ato compulsivo de comer. É rígido e eu amo o que eles fazem. Não há taxas nem mensalidades para adesão. O objetivo principal do GSA é se alimentar com três pratos de refeição por dia previamente pesados e ajudar outros que sofram de compulsão alimentar a alcançar o mesmo objetivo.

NARCÓTICOS ANÔNIMOS
www.na.org
Essa é uma associação internacional, orientada para ajudar na recuperação de dependentes em drogas e que realiza mais de 43.900 reuniões semanais em mais de 127 países no mundo. O *site* mostra informações sobre como localizar as reuniões em sua região.

NATIONAL ALLIANCE ON MENTAL ILNESS
www.NAMI.org
A NAMI é a mais conhecida e a maior organização para pessoas com problemas mentais e suas famílias. Fundada em 1979, ela tem afiliados em todos os Estados e em mais de 1.100 comunidades locais pelo país. O *site* é uma rica fonte de informações, apoio e detalhes sobre as pessoas que lutam contra as doenças mentais.

NATIONAL ASSOCIATION FOR CHILDREN OF ALCOHOLICS
www.NACOA.net
Aqui há informações úteis tanto para crianças quanto para adultos. Adoro o livro *An Elephant in the Living Room*, de Jill M. Hastings e Marion H. Typpo, que ajuda as famílias com crianças a abordar com delicadeza o tema do vício e da doença mental.

NATIONAL INHALANT PREVENTION COALITION
www.lnhalants.org
Muitas informações sobre produtos inalantes e dicas sobre como quebrar o ciclo.

NACIONAL INSTITUTE ON ALCOHOL
ABUSE AND ALCOHOLISM
www.NIAAA.NIH.gov

O NIAAA fornece a liderança no esforço nacional para reduzir o consumo de álcool e problemas relacionados. O *site* está cheio de informações e de peças educativas.

NATIONAL INSTITUTE ON ALCOHOLISM AND DRUG DEPENDENCE
www.NCADD.org

Marty Mann (1904-1980) fundou o NCADD e dedicou a vida a ensinar o público que o alcoolismo é uma doença evitável e passível de tratamento, e não uma falha moral. Ela era a prova viva de que os alcoólicos são capazes de recuperação. A missão de seu instituto é derrubar o estigma dessa doença e de outras dependências de drogas.

COMEDORES COMPULSIVOS ANÔNIMOS
http://www.comedorescompulsivos.com.br/

Os Comedores Compulsivos Anônimos oferecem um programa de recuperação usando os 12 Passos e 12 Tradições dos CCA. As reuniões em vários lugares do mundo e outras ferramentas fornecem uma experiência repleta de amizade, força e esperança, na qual os membros respeitam a privacidade do outro. Eles não cobram mensalidades ou outras taxas, já que a organização é apoiada por meio das contribuições dos membros. Essa organização não trata apenas de discutir a perda de peso, ganho ou manutenção, e nem mesmo de dietas ou de obesidade. Ela aborda temas legados ao bem-estar físico, emocional e espiritual. Não se trata também de uma organização religiosa e ela não promove nenhum tipo de dieta em particular. Se você deseja que alguém que ama pare de comer compulsivamente, esse é um ótimo lugar para começar, descobrindo as reuniões que ocorrem em sua região.

SUBSTANCE ABUSE & MENTAL HEALTH SERVICES ADMINISTRATION

www.SAMHSA.gov

A visão é: a vida em comunidade para todos. Para concretizar essa missão, a agência foca especialmente em construir a resistência e na facilitação da recuperação das pessoas em risco de problemas mentais ou causados pela utilização de drogas. Você encontrará inúmeras informações nesse *site*, e muitos recursos para analisar cuidadosamente.

A SPEAKERS

www.a-speakers.org

Esse é um ótimo recurso com gravações em áudio de diversos grupos, desde o Al-Anon até os Narcóticos Anônimos, além de Comedores Compulsivos e muitos outros.

BIBLIOGRAFIA

BANDURA, A; ROSS, D., et al. Transmission of aggressions through imitation of aggressive models. *Journal of Abnormal and Social Psychology*, 63:575-582. 1961

BOOKWALA, J. 2005. The role of marital quality in physical health during the mature years. *Journal of Aging and Health*, 17:85-104.

CENTERS FOR DISEASE CONTROL AND PREVENTION. National Center for Health Statistics. 2009. www.cdc.gov/nchs.

CHRISTAKIS, N. A.; FOWLER, J. H. The spread of obesity in a large social network over 32 years. *New England Journal of Medicine*, 357:370-379. 2007.

_______. Dynamic spread of happiness in a large social network: longitudinal analysis over 20 years in the Framingham Heart Study. *British Journal of Medicine*, 337:a2338. 2008.

CUNNINGHAM, M. R.; SHAMBLEN, S. R., et al. Social allergies in romantic relationships: behavioral repetition, emotional sensitization, and dissatisfaction in dating couples. *Personal Relationships*, 12: 273-295. 2005.

DE VOGLI, R., CHANDOLA, T., and MARMOT, M. G. 2007. Negative aspects of close relationships and heart disease. *Archives of Internal Medicine*, 167:1951-1957.

DICLEMENTE, C. C., PROCHASKA, J. 0.1982. Self-change and therapy change of smoking behavior: a comparison of processes of change in cessation and maintenance. *Addictive Behaviors*, 7:133-142.

GARRETT, J., LANDAU J., et al. The ARISE Intervention. Using family and network Links to engage addicted persons in treatment. *Journal of Substance Abuse Treatment*, 15333-343. 1998

HUSLIN, A. Are you really ready to clean up your act?; maybe you need to understand your bad habits. *Washington Post,* January 7, online. Accessed February 2008. 2007.

KOTTKE, T. E.; BATTISTA, R. N., et al. Attributes of successful smoking cessation interventions in medical practice. A meta-analysis of 39 controlled trials. *Journal of the American Medical Association,* 259:2883-2889. 1988

LANDAU, J.; GARRETT, J. Invitational intervention: the ARISE model. *Alcoholism Treatment Quarterly,* 26:12. *2008*

LANDAU, J.; GARRETT J., et al. Strength in numbers: the ARISE method for mobilizing family and network to engage substance abusers in treatment. A Relational Intervention Sequence for Engagement. *The American Journal of Drug and Alcohol Abuse,* 26:379-398. 2000

WALKER, M. S.; LARSEN, R. J., et al. Smoking urges and relapse among lung cancer patients: findings from a preliminary retrospective study. *Preventive Medicine,* 39:449-457. 2004

Este livro foi impresso pela Prol Editora Gráfica
para a Editora Prumo Ltda.